Chefsache

Reihe herausgegeben von

Peter Buchenau, The Right Way GmbH, Oberterzen, Schweiz

Die Management-Reihe „Chefsache" beschäftigt sich mit Führungsthemen und Aufgabengebieten, die für die Führungskräfte von Morgen wichtig sind. Neben klassischen Themen wie Organisation, Führung, Human Ressource Management oder Vertrieb nehmen Gender-, Diversity- und Gesundheitsthemen oder Soft Skills eine besondere Stellung ein – laut dem Institut für Führungskultur im digitalen Zeitalter sind dies jene wichtige Faktoren für ein erfolgreiches Agieren am Markt. Das Führungsverhalten wird sich demnach in den nächsten Jahren massiv verändern. Künftige Chefs, die sich deren Relevanz bewusst sind, sie verstehen und berücksichtigen, werden zu den Gewinnern von Morgen gehören. Die Chefsache-Reihe besteht aus Autoren- und Herausgeberwerken. Erfolgreiche Manager bringen ihre Erfahrungen ein und bieten den Leserinnen und Lesern die Möglichkeit, sich Fachwissen anzueignen und im eigenen beruflichen Kontext umzusetzen. Peter Buchenau als Initiator der Chefsache-Serie lädt regelmäßig Führungskräfte aus unterschiedlichsten Institutionen ein, ihre Expertise in der Buchreihe auf verständliche und anschauliche Weise umsetzungsorientiert einzubringen. Die Fachbücher sind Werke von Profis für Profis, aus der Praxis für die Praxis. Zur Zielgruppe zählen Führungskräfte der zweiten und dritten Führungsebene in Konzernen, Unternehmer im klein- und mittelständischen Bereich sowie Selbstständige.

Charlotte Anabelle De Brabandt · Burkard Schemmel

Chefsache Hyper-diverse Teams

Talente gewinnen, inspirieren und entwickeln

Springer Gabler

Charlotte Anabelle De Brabandt
Boston, USA

Burkard Schemmel
Berlin, Deutschland

ISSN 2730-6887   ISSN 2730-6895 (electronic)
Chefsache
ISBN 978-3-658-45342-8   ISBN 978-3-658-45343-5 (eBook)
https://doi.org/10.1007/978-3-658-45343-5

Die Deutsche Nationalbibliothek verzeichnet diese Publikation in der Deutschen Nationalbibliografie; detaillierte bibliografische Daten sind im Internet über https://portal.dnb.de abrufbar.

Planung/Lektorat: Claudia Rosenbaum
Springer Gabler ist ein Imprint der eingetragenen Gesellschaft Springer Fachmedien Wiesbaden GmbH und ist ein Teil von Springer Nature.
Die Anschrift der Gesellschaft ist: Abraham-Lincoln-Str. 46, 65189 Wiesbaden, Germany

Wenn Sie dieses Produkt entsorgen, geben Sie das Papier bitte zum Recycling.

Geleitwort

In einer sich rasant verändernden Welt sind Unternehmen mehr denn je gefordert, sich kontinuierlich anzupassen und zu erneuern. Die Globalisierung, der technologische Fortschritt und der demografische Wandel stellen Organisationen vor immer neue Herausforderungen. Um wettbewerbsfähig zu bleiben, müssen sie ihre Strukturen, Prozesse und Denkweisen überdenken und innovative Lösungen finden.

Eine der wichtigsten Ressourcen für den langfristigen Erfolg eines Unternehmens sind seine Mitarbeitenden. Talentierte und engagierte Menschen mit unterschiedlichen Hintergründen, Perspektiven und Erfahrungen sind der Schlüssel zu Kreativität, Innovation und nachhaltiger Leistungsfähigkeit. Diverse Teams bringen eine Vielfalt an Ideen und Lösungsansätzen mit sich, die es Unternehmen ermöglichen, komplexe Probleme effektiv anzugehen und neue Märkte zu erschließen.

Dieses Buch beleuchtet die Bedeutung von Talentgewinnung, Inspiration und Entwicklung in hyperdiversen Teams. Es zeigt auf, wie Organisationen durch eine offene, inklusive Unternehmenskultur, innovative Rekrutierungsstrategien und gezielte Fördermaßnahmen die besten Talente anziehen und an sich binden können. Darüber hinaus werden Wege aufgezeigt, wie Mitarbeitende unterschiedlicher Herkunft, Fähigkeiten und Perspektiven bestmöglich inspiriert und in ihrer persönlichen und beruflichen Entwicklung unterstützt werden können.

In Zeiten des Wandels sind Agilität, Offenheit für Neues und die Fähigkeit, aus Vielfalt Stärke zu schöpfen, entscheidende Erfolgsfaktoren. Dieses Buch soll Führungskräften und Mitarbeitenden Anregungen geben, wie sie die Potenziale hyperdiverser Teams bestmöglich nutzen und so ihre Organisation zukunftsfähig machen können.

Ich wünsche Ihnen eine inspirierende Lektüre!

Oberterzen, Schweiz   Peter Buchenau

Inhaltsverzeichnis

Einleitung

1.1 Zunehmende Bedeutung von Diversity in Unternehmungen

In Deutschland vollzieht sich ein Prozess, der Unternehmungen auf Jahre, wenn nicht Jahrzehnte hinaus vor große Herausforderungen stellt und stellen wird. Doch damit ist die Bundesrepublik nicht allein. In den meisten Ländern Europas ist dieselbe Entwicklung zu verzeichnen. Die Rede ist vom demografischen Wandel. Die Lebenserwartung der Menschen steigt, während die Geburtenrate sinkt. Das hat Auswirkungen auf alle Bereiche der Gesellschaft, von der Sozialversicherung über das Gesundheitssystem bis zum Bildungswesen. Vor allem ist eins der wichtigsten Basiselemente der Gesellschaft, das Wirtschaftssystem, betroffen. Denn die Unternehmungen haben immer mehr Schwierigkeiten, hinreichendes und geeignetes Personal zu finden.

Die demografische Entwicklung Europas bereitet auch der Europäischen Kommission Sorgen. Nicht zuletzt verringert das Schrumpfen der Einwohnerschaft den Anteil des Kontinents an der Weltbevölkerung. Doch vor allem einer drohenden sinkenden Wirtschaftsleistung will die Kommission entgegenwirken. Deshalb entwarf sie ein Konzept mit vier Säulen, dass sie 2023 vorlegte. Benannt werden: die Vereinbarkeit von Beruf und Familie, die Unterstützung der jüngeren Generation beim Zugang zu Arbeitsmarkt und Wohnraum sowie politische Maßnahmen für den Einsatz bzw. Verbleib der älteren Generationen auf dem Arbeitsmarkt. Die vierte Säule ist mit dem Zusatz „bei Bedarf" versehen. Sie sieht gesteuerte legale Migration zur Mobilisierung von Talenten vor (Commission.europa 2023).

Demgegenüber stehen zahlreiche Erkenntnisse, die einen großen Bedarf über diese vier Säulen hinaus deutlich machen. Dringend nötig ist zusätzlich eine weitaus bessere Inklusion von diversen Menschen in Unternehmen, neben der deutlich verbesserten Beteiligung von Frauen. Denn der demografische Wandel ist nicht das alleinige Problem. Hinzu kommt eine gravierende Beschleunigung der Entwicklung von technischen Errungenschaften und

C. A. De Brabandt, B. Schemmel, *Chefsache Hyper-diverse Teams*, Chefsache, https://doi.org/10.1007/978-3-658-45343-5_1

deren Anwendung, denen sich keine Unternehmung entziehen kann. So sehen sich Unternehmen vor zwei gravierende Entwicklungslinien gestellt, bei denen eine qualitativ und quantitativ unzureichende Belegschaft droht, wenn nicht eine grundlegende Umstellung der Unternehmensmodelle erfolgt.

Allein die Strukturveränderung durch demografische Prozesse erfordert, dass Unternehmungen auf die individuelle Disposition ihrer Mitarbeitenden eingehen müssen, um weiterhin auf dem Markt erfolgreich zu sein. Sie müssen Talente finden, fördern und an sich binden. Schon die Rekrutierung geeigneter Personen wird ohne das Einbeziehen diverser Menschen grundsätzlich nicht mehr möglich sein.

Die generelle Bedeutung von Diversity kann man nicht überschätzen. Für den Kundenkreis gilt es, die natürliche Verschiedenheit von Menschen immer stärker und konsequent einzubeziehen. Menschen verschiedenen Alters haben verschiedene Denkansätze und Bedürfnisse, ebenso wie Menschen mit Behinderungen. Menschen mit unterschiedlicher ethnischer Herkunft haben unterschiedliche Vorstellungen, Erfahrungen und Anforderungen an Waren und Dienstleistungen. Das gleiche gilt für unterschiedliche Geschlechter. Oft führen solche und weitere Unterschiedlichkeiten in Kernbereichen der Persönlichkeit zu Vernachlässigung und unberechtigten Beurteilungen und diese wiederum zu Diskriminierung. Sowohl im Umgang mit der Kundschaft wie auch mit der Mitarbeiterschaft stehen die Zeichen der Zeit darauf, für Gleichbehandlung zu sorgen und jede individuelle Disposition ernst zu nehmen und zu achten.

Zugleich sorgt eine rasante technologische Entwicklung, an deren Ende zurzeit die Künstliche Intelligenz steht, für weitreichende und tiefgreifende Veränderungen. Ohne Automatisierung und den Einsatz technologischer Instrumente bis hin zu Robotern kann sich dauerhaft kein Betrieb mehr halten. Zudem muss die Entwicklung von Produkten sich immer stärker auf differenzierte Bedürfnisse innerhalb der Kundschaft einstellen, wenn Kundenkreise erhalten und erweitert werden sollen. Auch hierbei spielt Diversity eine entscheidende Rolle, denn diverse Menschen sind ein großer Teil der Kundschaft.

Von Familienbetrieben über den Mittelstand bis zu den Großbetrieben braucht es einen unternehmerischen Geist, der sich neu auszurichten weiß. Wo früher starre Ebenen herrschten, die Anweisungen – wenn nicht Befehle – von oben nach unten kommunizierten, braucht man nun flache Hierarchien. Sie korrespondieren am besten mit Diversität. Demnach sind neue Geschäftsmodelle gefragt.

Allein die heute etablierte Wissensgesellschaft erfordert eine Neuorientierung in Unternehmungen. Schnelligkeit und Effizienz sind Anforderungen, die sie mit sich bringt. Sie bilden die Basis für eine ökonomische Durchsetzungsfähigkeit auf umkämpften Marktpositionierungen. Wissen darf sich nicht mehr auf die Unternehmensleitung beschränken, sondern ist ein essenzieller Faktor im gesamten Betrieb. Eine differenzierte Mitarbeiterschaft ist erforderlich, um breites und tiefes Wissen zu gewährleisten und in konkrete Handlungen umzusetzen. Das ist neben konsequenter Fort- und Weiterbildung nur unter Einbeziehung von diversen Menschen realisierbar.

In deutschen – wie auch in europäischen – Unternehmungen herrscht seit Jahren ein Mangel an Talenten. Kompetente Mitarbeitende sind jedoch erforderlich, um dem

Wettbewerb standzuhalten, geschweige denn, um sich einen durchschlagenden Wettbewerbsvorteil zu sichern. Die Führungsebene sollte erkennen, dass sie Vielfalt einbeziehen muss, wenn sie eine moderne Unternehmensstruktur und -kultur aufbauen will, mit der sie an die Anforderungen der Zeit anpassungsfähig bleibt. Diversity ist nicht nur eine Ressource, sie ist eine wirtschaftliche Notwendigkeit.

Dabei gilt es selbstverständlich, diverse Menschen optimal zu inkludieren. Vorurteile und Diskriminierung haben keinen Platz in einem innovativen Unternehmen. Vielmehr gilt es, ein Betriebsklima zu etablieren bzw. zu erhalten, in dem gegenseitiger Respekt selbstverständlich ist. Insofern trägt innovatives unternehmerisches Handeln zum Erhalt und zur Weiterentwicklung von demokratischem Denken und demokratischen Prozessen bei.

Ebenso ergänzt sich Diversität mit Nachhaltigkeit und Erhalt der Umwelt. Eine Unternehmenskultur, in der gegenseitige Anerkennung herrscht, stellt sich auch der hochaktuellen Problematik, ökologisch verantwortbar zu handeln. Die Wertschöpfungskette erfolgreich auf Nachhaltigkeit einzustellen, gelingt dann am erfolgreichsten, wenn die Unternehmung Inklusion auf allen Ebenen realisiert.

Selbstverständlich beanspruchen solche Prozesse Zeit, und die Balance zwischen wirtschaftlich notwendigen Entscheidungen und Herausforderungen durch den Anspruch an Nachhaltigkeit ist immer wieder neu auszurichten. Doch nicht nur ethische Verantwortung führt zur Vermeidung von Umweltsünden. Recycling und Eliminierung von Plastik als allgemeine soziale Aufgabe hat mittlerweile in das Denken der Bevölkerung Einzug gehalten. Ebenso fragen viele Menschen nach den Produktionsbedingen eines Artikels und der Art der verwendeten Ressourcen. Daher wird es für Unternehmungen immer wichtiger, diese Faktoren von vorneherein einzubeziehen, um die Anforderungen einer modernen Kundschaft zu erfüllen. Hinzu kommen zunehmend differenziertere gesetzliche Bestimmungen, die es einzuhalten gilt.

Unternehmen brauchen schon deshalb innerbetrieblich diverse Menschen, weil sich im Kundenkreis diverse Menschen befinden. Viele Unternehmungen sind international vernetzt. Auch deswegen benötigt man Menschen mit Kenntnissen aus den unterschiedlichsten Gebieten der Erde. Das große Plus einer diversen Belegschaft besteht zudem in dem unschlagbaren Vorteil, dass diverse Teams die besten Ergebnisse erzielen. Sie zeichnen sich durch Innovationskraft, Inspiration, einen hohen Level an Wissen sowie ideale gegenseitige Ergänzung aus. Ihre Ergebnisse bedienen die Erfüllung von Bedürfnissen, steigern die Effizienz und gewährleisten betriebliches Wachstum. Dies ist mittlerweile durch zahlreiche Studien belegt.

Eine unternehmerisch sinnvolle Unternehmensstruktur beinhaltet deshalb eine gute Pflege der Mitarbeiterschaft. Sie reicht von verschiedenen betrieblichen Angeboten bis zum Abgeben von Verantwortung an Teams. Mitarbeitende müssen nicht nur wissen, sondern auch spüren, dass sie willkommen sind und wertgeschätzt werden. Diverse Talente harren oft noch darauf, entdeckt zu werden, nicht zuletzt deshalb, weil sie aufgrund ihrer Diversität immer noch chronisch unterschätzt werden. Es ist an der Zeit, dass Unternehmen die Steine zur Seite räumen, die ihnen noch in den Weg gelegt werden, und die Hürden abbauen, die ihnen einen angemessenen Platz im Arbeitsleben verwehren. Das ist die

große unternehmerische, soziale und Erfolg versprechende Aufgabe des Unternehmer-
tums in einer globalisierten Welt. Sie ist nur in mehreren Schritten zu bewältigen. Doch
„der Mensch, der den Berg abbaute, war der gleiche, der anfing, kleine Steine zur Seite zu
räumen" (Konfuzius).

1.2   Buchgliederung

Dieses Buch widmet sich zunächst der Darstellung der aktuellen Situation, in der Unternehmen sich befinden. Sie ist durch eine globalisierte Welt geprägt, in der die Anforderungen an alle Arten von Unternehmungen einem grundlegenden Wandel unterliegen. In Deutschland ist der Mittelstand stark vertreten, und gerade diese kleinen und
mittleren Betriebe müssen sich umstellen, wenn sie einem Prozess standhalten wollen, der
immer schnellere und effektivere Vorgehensweisen und Ergebnisse erfordert.

Deshalb erörtert Kap. 2 die Erwartungen und Anforderungen an Unternehmungen in
unserer Zeit. Grundlegende Faktoren, an die es sich anzupassen gilt, sind der demografische Wandel, die nunmehr etablierte Wissensgesellschaft und die fortschreitende
Technologie. Daraus ergibt sich, dass Unternehmen ihre Mitarbeiterschaft heute mit anderen Augen sehen müssen. Sie müssen ihren Unternehmenszweck und ihre Wertvorstellungen gut kommunizieren. Zudem müssen sie einbeziehen, dass Mitarbeitende ihre
Arbeit als sinnstiftend erleben wollen. Darüber hinaus braucht eine innovative Unternehmung neue Definitionen über die notwendigen Qualifikationen. Alle diese Punkte können
nur erfüllt werden, wenn die Mitarbeit diverser Menschen in einer Unternehmung zur
Selbstverständlichkeit wird.

Kap. 3 widmet sich der Frage, wie eine innovative Organisationsform aussehen kann.
Das betrifft eine neue Einstellung sowohl gegenüber dem Kundenkreis wie auch der Mitarbeiterschaft. Die in Kapitel II dargestellten Faktoren müssen in der neuen Form konkret
umgesetzt werden. Dabei spielt Diversity eine entscheidende Rolle.

Kap. 4 zeigt auf, inwiefern diverse Talente in modernen und erfolgreichen Unternehmen unverzichtbar sind. Insbesondere Diversity in Teams innerhalb von flachen Hierarchien wird zum Kernpunkt einer zukunftsorientierten Struktur.

Kap. 5 widmet sich der Frage, wie das Personalmanagement das Gewinnen von diversen Talenten realisieren kann. Das betrifft nicht nur organisatorische Faktoren und die Anwendung neuer Methoden, sondern auch Überlegungen zu unternehmensinterner Offenheit gegenüber Diversity.

Im Kap. 6 wird erörtert, wie eine Unternehmung eine Kultur aufbauen kann, die Diversity als Selbstverständlichkeit ansieht. Dazu werden Führungskräfte benötigt, die mit
gutem Beispiel vorangehen. Wertschätzung von diversen Mitarbeitenden soll sich als roter
Faden durch alle Ebenen der Unternehmung ziehen. Doch auch externe Unterstützung ist
eine wichtige Säule.

Kap. 7 geht darauf ein, wie einzelne diverse Talente entdeckt und gefördert werden
können. Zudem zeigt es auf, dass Unternehmen ihre Personalplanung durchleuchten und

anpassen sowie den Fortschritt von Diversity messen sollten. Unternehmensintern muss interkulturelle Kompetenz gefördert und eine Arbeitsklima von gegenseitiger Akzeptanz geschaffen werden. Nach außen sollte kommuniziert werden, dass die Unternehmung Diversity wertschätzt und realisiert.

Kap. 8 geht darauf ein, wie ein Unternehmen Diversity konkret in der Praxis umsetzen kann. Dabei kommt zur Sprache, wie nicht-diverse Mitarbeitende in den Prozess einbezogen werden können, sowohl durch Schulungen wie durch Teamwork. Mögliche Konfliktsituationen werden beleuchtet. Zudem werden Hinweise zum Stellenwert von Zielvereinbarungen, Bewertungen und Wertschätzung gegeben.

Kap. 9 erstellt eine Zusammenfassung und ein Fazit. Diversity ist ein Prozess, eine wirtschaftliche Notwendigkeit, und bringt klare Wettbewerbsvorteile mit sich.

Kap. 10 informiert über die gesetzlichen Grundlagen, basierend auf der Frage von Gleichstellung.

Literatur

Commission.europa 2023, Demografie-Instrumentarium, abgerufen 06.04.2024, https://commission.europa.eu/strategy-and-policy/priorities-2019-2024/new-push-european-democracy/impact-demographic-change-europe_de

Status quo: Erwartungen und Anforderungen

2

2.1 Demografie

Die Demografie wird unter dem Gesichtspunkt des „demografischen Wandels" immer wichtiger. Unter diesem Begriff versteht man die Entwicklung der Bevölkerung. Insbesondere die Veränderungen im Hinblick auf die Geburten- und Todesrate sind von großer Bedeutung. Zu demografischen Daten zählen auch die Zu- und Wegzüge aus einem Land. In Deutschland spielt der demografische Wandel seit 1970 eine große Rolle, weil die Sterberate immer stärker unter der Geburtenrate liegt (bpb 2022).

Auf der Suche nach Talenten stehen die Unternehmungen aufgrund des demografischen Wandels vor großen Herausforderungen. Um sie zu bewältigen, ist es unumgänglich, nach diversen Mitarbeitenden Ausschau zu halten. Insbesondere Bereiche, die Fachwissen erfordern, werden in den kommenden Jahrzehnten immer schwieriger zu besetzen sein. Der Arbeitsmarkt gehört zu den großen gesellschaftlichen Bereichen, in denen gravierende Maßnahmen nötig sind, um wirtschaftliche Effizienz und Wohlstand zu erhalten.

Der demografische Wandel ist in ganz Europa verbreitet, und seine Auswirkungen sind bereits spürbar. Wenngleich es Staaten innerhalb der Europäischen Union gibt, für die ein Wachstum der Bevölkerung prognostiziert wird, so gibt es auch viele Mitglieder, bei denen die Einwohnerschaft sich reduzieren wird.

Die erwerbstätige Bevölkerung verringert sich. Die Lebenserwartung steigt, weil die gesundheitliche Disposition der Menschen und die medizinische Versorgung so gut sind, wie es in der Vergangenheit noch nie der Fall war. Ein Teil der Menschen ist in der Lage und willens, länger zu arbeiten, als es der reguläre Renteneintritt vorsieht.

Gleichzeitig erhöht sich der Anteil der älteren Menschen, die teilweise viele Jahre über den Renteneintritt hinaus leben, was den Bedarf an Pflege- und Betreuungsmöglichkeiten erhöht.

© Der/die Autor(en), exklusiv lizenziert an Springer Fachmedien Wiesbaden GmbH, ein Teil von Springer Nature 2024
C. A. De Brabandt, B. Schemmel, *Chefsache Hyper-diverse Teams*, Chefsache, https://doi.org/10.1007/978-3-658-45343-5_2

Ländliche Gebiete leiden am stärksten unter dem demografischen Wandel. In Bezug auf den Arbeitsmarkt ist zu befürchten, dass es Talente gibt, die in ihrer dortigen Heimat verbleiben, aber keiner adäquaten Arbeit nachgehen können. Mangelnde verkehrstechnische Infrastruktur verstärkt das Problem.

Das größte Problem ist, dass die Bevölkerung sich verringert und das Verhältnis von älteren und jüngeren Menschen sich drastisch verschiebt. Insgesamt gesehen, wird die Zahl der älteren Bürgerinnen und Bürger in Europa zunehmen. Die 15- bis 29-Jährigen verringerten sich in den Jahren 2011 bis 2021 von 18,1 % auf 16,3 %. Dieser Trend ist nicht aufzuhalten und wird sich verstärken, und zwar vor allem in den ländlichen Regionen. Während heute (2023) 20 % der europäischen Bevölkerung älter als 65 Jahre sind, werden im Jahr 2050 ca. 30 % zu erwarten sein.

Auch der Prozentsatz der Bevölkerung Europas an der Bevölkerung der Welt verringert sich. Während es heute noch 6 % sind, sind für 2070 nur noch 4 % zu erwarten. Das bedeutet, dass Europa und insbesondere die Europäische Union an weltweiter Bedeutung verlieren, wenn der Trend anhält. Das wird auch bei Unternehmungen Konsequenzen haben. Die Bemühungen um diverse Talente werden sich deutlich verstärken müssen.

In Deutschland sieht es nicht besser aus als durchschnittlich in Europa. Mit der alternden Bevölkerung ist der Rückgang der Geburtenrate verbunden. Sie sank im Jahr 2022 um 5,6 %, gemessen am Durchschnitt der Raten in den Jahren 2019 bis 2021. Das entsprach 739.000 Neugeborenen. Ein niedriges Niveau war auch in den ersten drei Monaten des Jahres 2023 zu verzeichnen, in dem 162.000 Kinder geboren wurden (Statistisches Bundesamt 2023).

Die Jahrgänge der sog. Babyboomer werden zwischen 2039 und 2050 ca. 80 Jahre alt sein. Damit erreicht die Zahl der hochbetagten Menschen eine neue Rekordhöhe. 2018 lebten ca. 5,4 Mio. Menschen ab 80 Jahren in Deutschland. Im Jahr 2050 werden es zwischen 8,9 und 10,4 Mio. sein. Damit verschiebt sich die Altersstruktur immer stärker hin zu einem sozial und wirtschaftlich problematischen Ungleichgewicht zwischen erwerbstätigen und nicht erwerbstätigen Menschen. Denn die Mitglieder der nachwachsenden Generationen sinken. Das ist ein berechenbarer Faktor, denn die maximale Zahl der Frauen, die gebären können, ist bekannt. Potenzielle Mütter sind zwischen 15 und 45 Jahre alt.

Die Geburtenrate lag 2022 bei 1,36 Kindern pro deutsche Frau. Das war ein Rückgang um 9 % gegenüber dem Vergleichsjahr 2021 mit 1,49 Kindern. Bei ausländischen Frauen ging die Rate 2022 um 6 % auf 1,88 Kinder zurück, gegenüber 2,01 Kindern 2021. Statistisch müsste eine Frau jedoch 2,1 Kinder zur Welt bringen, um die Bevölkerung auf einem gleichbleibenden Level zu halten.

Gleichzeitig wird sich die Einwohnerschaft mit großer Wahrscheinlichkeit systematisch verringern (wenn nicht einige Faktoren, die zu der statistischen Erhebung führten, sich stark verändern, wie etwa die Geburtenrate oder die Zahl der einwandernden Menschen). Während sie für 2035 bei ca. 83 Mio. liegen wird, wird sie für 2060 mit ca. 78 Mio. Menschen angenommen (bpb 2022).

Zur gleichen Zeit stellen Arbeitnehmende Anforderungen an die Arbeitsbedingungen und verlangen Mitbestimmung, Teilhabe und Freiräume. Sehr deutlich sichtbar wird dies bei flexibler Arbeit, die während der Pandemie entstand und nunmehr ein fester Bestandteil der Arbeitsrealität vieler Menschen ist und bleiben soll. 2020 arbeitete jede/jeder fünfte Beschäftigte im Home-Office. 2019 war es noch jede/jeder siebte (commission. europa 2023).

Die Herausforderung des demografischen Wandels wird in Europa und in Deutschland ohne Zuwanderung und insbesondere ohne Einbeziehung diverser Menschen nach heutigem Stand nicht zu bewältigen sein. Insofern ist es nicht nur sozial, sondern auch wirtschaftlich wichtig, dass sich Unternehmungen um diverse Talente zu bemühen. Das gilt nicht nur für Großunternehmen, sondern auch für kleine und mittlere Betriebe.

2.2   Grundlegende Entwicklungstendenzen

2.2.1   Automatisierung

Der Markt stellt immer höhere Anforderungen an die Unternehmungen. Das ist einerseits eine Konsequenz aus der Globalisierung, die immer mehr Firmen auf der ganzen Welt miteinander verknüpft. Es ist andererseits auch dem technologischen Fortschritt geschuldet. Er zieht eine enorme Beschleunigung der Produktions- und Kommunikationsprozesse nach sich. Auch Dienstleistungen werden in immer schnellerer Taktung erwartet.

Entsprechend steigt der Druck, neue Produkte oder Serviceangebote im Wirtschaftsprozess zu etablieren. Von der Entwicklung bis zur Platzierung auf dem Markt (Time-to-Market) müssen Monate bis Jahre eingeplant werden. Da diese Zeit immer kürzer werden soll, um Effizienz zu erzielen, sind die Führungskräfte auf eine Vielzahl von Talenten angewiesen. Die Wettbewerbsfähigkeit eines Unternehmens hängt entscheidend damit zusammen, dass sie auf allen Ebenen über eine kompetente und motivierte Mitarbeiterschaft verfügt.

Vielfache Qualifikationen sind gefragt. Unternehmen brauchen immer mehr Mitarbeitende, die zu aktuellen und sich langfristig etablierenden Faktoren passen. Dazu zählt neben der Schonung von Ressourcen und Achtung der Nachhaltigkeit die Automatisierung. Sie ist die Grundlage für Prozessoptimierung. Dafür ist wiederum eine gute Datenanalyse die Basis, was entsprechende Fachkenntnis im IT-Bereich voraussetzt. Eine amerikanische Studie ergab, dass sich mehr als die Hälfte der Unternehmen damit beschäftigen, ihre Prozesse zu automatisieren (deloitte 2023). Darüber hinaus müssen Unternehmen zu jeder Zeit mit unvorhersehbaren Ereignissen rechnen, auf die schnell zu reagieren ist. Ein Beispiel ist die Unterbrechung der Lieferketten, die infolge der Covid-19-Pandemie teilweise verheerende Folgen hatte, und zwar sowohl für die Verbraucherinnen und Verbraucher wie für die Unternehmen.

Schon aus diesen Faktoren geht hervor, dass Vielfalt und Inklusion in der Mitarbeiterschaft von Unternehmungen des einundzwanzigsten Jahrhunderts eine immer größere Rolle spielen.

Einer der wichtigsten Faktoren bei der Automation ist die Robotergestützte Prozessautomatisierung, kurz RPA genannt. Hierbei erlernen und automatisieren Softwareroboter (BOTs genannt) bestimmte Arten von Tätigkeiten. Es handelt sich um immer wiederkehrende, manuelle, zeitaufwändige und fehleranfällige Verrichtungen (Czarnecki 2018).

Die Automatisierung muss jedoch skalierbar sein, damit die Betriebsprozesse durchgeführt werden können. Skalierbarkeit bedeutet, dass ein elektronisches System (Hard- und Software) seine Leistung steigern kann, wenn Ressourcen (z. B. weitere Hardware) hinzugefügt werden. Die Steigerung muss korrekt sein, also entweder linear oder proportional erfolgen (Wikipedia Skalierbarkeit 2024).

Die weltweite Unternehmung namens Automation Anywhere ließ eine Studie durchführen, die die Anforderungen durch Automatisierung und für die Skalierbarkeit herausarbeitete. Das Forscherteam der „Making Work Human"-Studie kam von der University of London. Unter anderem kamen die folgenden Ergebnisse dabei heraus (Automation 2019).

1. **Unternehmenskultur**

   Mit den neuen technologischen Anforderungen durch Automatisierung muss sich auch die Unternehmenskultur weiterentwickeln. Kurzzeitige Anwendungen im Bereich Automatisierung reichen für grundlegende Änderungen nicht aus. Es bedarf einer langfristigen Planung und systematischen Umstellung. Das betrifft nicht nur die betrieblichen Ablaufprozesse, sondern die gesamte unternehmerische Haltung, die sich auf allen Ebenen widerspiegelt. Die neue Unternehmenskultur muss bewusst definiert, transparent gemacht und gelebt werden.

2. **Kompetenzen**

   Automatisierung betrifft früher oder später jeden Arbeitsplatz. Das bedeutet, dass die Mitarbeiterschaft hinter den Änderungsprozessen stehen muss. Dafür müssen sie die entsprechenden Kompetenzen erhalten. Eine kurzfristige Umstellung sichert langfristig nicht Effizienz, wenn die Mitarbeitenden nicht dahinterstehen bzw. wenn sie überfordert sind.

3. **Authentizität**

   Das Vorantreiben der technologischen Neuerungen sollte in überschaubaren Grenzen gehalten werden, um das Vertrauen der Mitarbeitenden in die Unternehmung zu erhalten. Die betrieblichen Prozesse sollten nachvollziehbar bleiben. Eine plötzliche radikale Umstellung zahlt sich langfristig nicht aus. Veränderungsprozesse betreffen die Mitarbeitenden, deshalb ist es wichtig, dass sie von ihnen auch unterstützt werden.

4. **Belastbarkeit**

   Sowohl die Führungsebene wie die Mitarbeiterschaft brauchen den Mut zu Veränderungen. Automatisierung ist ein Entwicklungsprozess, bei dem neue Fähigkeiten erlernt werden müssen, um sie einsetzen zu können.

5. **Geschlechtsneutralität**

   Vertrauen in Automatisierungsprozesse ist für weibliche und männliche Mitarbeitende gleichermaßen notwendig. Daher sollte darauf geachtet werden, neue Technologien geschlechterneutral einzusetzen.

Die Studie ergab auch, dass gut gesteuerte Automatisierungen in Betrieben die Arbeit menschlicher machen. Ein Vergleich brachte hervor, dass Unternehmen, die „Digital Workers" einsetzen, in Hinblick auf mehr Humanität in der Arbeitswelt ein Drittel besser beurteilt wurden.

Punkt 5 der Studie zeigt bereits, dass Unternehmungen ihren Blick auf die weiblichen Mitarbeitenden werfen sollten, um den Veränderungen in der Arbeitswelt standzuhalten. Der Anteil der Frauen an Fachleuten für Technologie ist gering, z. B. sind nur 22 % der weltweiten IT-Experten und IT-Expertinnen weiblich.

Doch es gibt noch eine weitere Notwendigkeit. Auch alle diversen Menschen sind in Veränderungsprozesse einzubeziehen. Ohne ihre Mithilfe können sie nicht gelingen. Das ist mittlerweile nicht nur eine moralische, sondern auch eine ökonomische Anforderung an eine Gesellschaft, die sich radikalen Neuerungen gegenübersieht.

2.2.2 Wissensgesellschaft

Der Ausdruck Begriff „Wissensgesellschaft" hat sich etabliert. Für die hoch industrialisierten Volkswirtschaften in aller Welt wird eine Wissensgesellschaft als gegeben vorausgesetzt. Doch was bedeutet das konkret?

Der soziologische Begriff besagt, dass die Faktoren Wissen und Kompetenz eine zentrale Rolle für das Wachstum in modernen (also hoch industrialisierten) Gesellschaften spielen. Wissen ist sozusagen ein Rohstoff, auf den wirtschaftliche Prozesse nicht verzichten können. Das impliziert, dass notwendiges Wissen, das ad hoc nicht vorhanden ist, in kürzester Zeit beschafft werden muss und kann. Das gilt für kollektives Wissen ebenso wie für individuelles (Politlexikon 2020).

Eine Unternehmung muss demnach nicht nur darauf achten, dass die Führungsebene über genügend Wissen verfügt, um die Produktivität und Effizienz zu erhalten und weiterzuentwickeln, sie muss auch dafür sorgen, dass alle Mitarbeitenden Zugang zu Wissen haben und dieses optimal anwenden können.

Schon hier wird deutlich, wie differenziert die Arbeitnehmerschaft der Zukunft aussehen muss, um dieses Wissen auf allen Ebenen einbringen zu können. Daraus folgt unter anderem, dass die Mitarbeit diverser Mitarbeitender immer notwendiger wird, und zwar in quantitativer wie in qualitativer Hinsicht.

Wissen und Bildung hängen zusammen. Sie werden neben Kapital zu einem immer wichtigeren Produktionsfaktor. Während bislang Innovationen aus individuellem Erfindergeist und wissenschaftlichen Forschungen entstanden, ist jetzt Wissen in jeder Stufe der meisten wirtschaftlichen Prozesse gefragt. Die Arbeitskräfte selbst sind involviert. Dies gilt vor allem, aber nicht nur, für den Einsatz technologischer Instrumente.

Schon hier wird deutlich, dass nicht alle Arbeitskräfte das aktuell erforderliche Wissen haben. Berufliche Fort- und Weiterbildung wird also immer wichtiger werden. Ein Unternehmen wird immer mehr zu einem lernenden System. Doch das wird nicht nur inhaltlich nötig sein, sondern sich ebenso stark darauf beziehen, im Bereich Diversity einen angemessenen Wissenslevel in der gesamten Belegschaft zu erzielen.

Dies zu erreichen, wird dadurch begünstigt, dass eine allgemeine Änderung im Arbeitsprozess zu erwarten ist. Wo früher in vielen Bereichen festgelegte Tätigkeiten zu erledigen waren, ist heute weit mehr Kreativität und Selbstständigkeit erforderlich. Die Wissensgesellschaft benötigt weniger das gehorsame Ausführen von Anweisungen und mehr die Übernahme von Verantwortung durch die Arbeitnehmenden, und zwar für die Ausführung ihrer Arbeit wie auch für die Ergebnisse (Wissensgesellschaft 2024).

Die Anwendung von Wissen ist unabdingbar, aber Mitarbeitende müssen gleichzeitig neue Fähigkeiten entwickeln. Eine Studie aus dem Bereich des Personalmanagements zeigt, dass dazu auch soziale Kompetenzen gehören (Charta der Vielfalt 2024). Das kommt nicht zuletzt daher, dass immer mehr Menschen aus verschiedenen Lebensabschnitten und mit unterschiedlichen Wertvorstellungen zu inkludieren sind. Innerhalb der Erweiterung von Wissen und Kompetenzen sollten Unternehmen also auch mehr Offenheit für Diversity fördern.

Der amerikanische Autor Richard Florida vertrat schon 2002 die These, dass die USA sich auf dem Weg von einer industriellen in eine Wissensgesellschaft befindet. In seinem Buch „The Rise OF The Creative Class" führt er aus, dass dieser Übergang eine breite Vielfalt an unterschiedlichen Lebens- und Arbeitsstilen hervorbringt. Über seine Erkenntnisse berichtet der Organisationsberater und Politologe Andreas Merx (2006). Florida bezieht sich auf die Entwicklung von Metropolen. Seine Vorstellungen wurden inzwischen verschiedentlich in Deutschland übernommen. Das ist insofern nicht überraschend, als man annehmen darf, dass die von ihm beschriebenen Entwicklungen in Deutschland mit zeitlicher Verzögerung folgen werden.

Florida proklamiert einen grundlegenden Strukturwandel für das städtische Leben. Dabei schließt er Unternehmen ein, und dabei wiederum Dienstleistungsbetriebe. Für ihn wird sich der Arbeitsmarkt stark ändern, sodass die Unternehmen sich umstellen müssen.

Er sieht Wissen als Basis für den Erfolg an, weil in der globalisierten Wirtschaft neue Ideen einen Vorteil bieten. Der zweite entscheidende Faktor ist für ihn Kreativität. Beides benennt er als relevante Wachstumsressourcen und Produktivkräfte der Zukunft. Das bringt ihn zu dem Schluss, dass Diversity eine immer größere Rolle spielen wird. Seine Begründung lautet wie folgt.

Kreatives und innovatives Denken und Handeln bedürfen eines Klimas von Offenheit für neue Ideen, um sich zu entfalten. Das bedeutet, dass auch andere als die gewohnten Einflüsse akzeptiert werden. Andersdenkende Menschen sind in einem solchen Umfeld willkommen. Kreative Lösungen entstehen da, wo Wissensaustausch unvoreingenommen und intensiv praktiziert wird. Das hat zur Folge, dass sehr unterschiedliche Perspektiven und Kompetenzen einfließen. Dies wiederum geschieht, wenn Menschen verschiedener Ethnien und unterschiedlicher Kulturen zusammenarbeiten. Differierende Lebens- und Arbeitsformen erweisen sich als fruchtbar für erfolgreiche innovative Prozesse.

Florida weist darauf hin, dass soziale Fähigkeiten wie Toleranz und gegenseitige Anerkennung die Basis für diese Prozesse bilden. Er fordert ein diskriminierungsfreies Klima,
in dem Individualität respektiert wird (Florida 2014).

Diese Überlegungen sind auf zukunftsorientierte Unternehmen anwendbar. Es geht
darum, in einer Wissensgesellschaft Inspirationen zuzulassen, die ohne Vielfalt nicht möglich wären. Dazu reicht Integration nicht aus. Integration bedeutet, dass man eine kleine
Gruppe als Gruppe in einer größeren Gruppe akzeptiert. Das ist überholt. Es geht um Inklusion. Jedes Individuum muss in jeder Gruppe in seiner Persönlichkeit anerkannt und
wertgeschätzt werden. Für Unternehmungen steht an, diese gesellschaftliche Aufgabe im
betrieblichen Kontext umzusetzen.

2.2.3   Technologie, Outsourcing und Partnering

Oft besteht die Angst, dass Technologien Arbeitsplätze gefährden könnten. Es existieren
gegensätzliche Ansichten und Einschätzungen darüber, ob hinreichend neue Arbeitsplätze
entstehen, wenn technologische Prozesse menschliche Arbeitskraft ersetzen.

Fest steht allerdings, dass technische Innovationen im Hinblick auf diverse Menschen
die Zahl der einsatzfähigen Arbeitskräfte vergrößern. So machen es Assistenzsysteme
Menschen mit Behinderung möglich, erwerbstätig zu sein. Das war ihnen lange Zeit ver-
wehrt. Statt eine übliche Arbeitsstelle annehmen zu können, wurden sie oft in Werkstätten
für Menschen mit Behinderung mehr oder weniger abgeschoben. Weiterhin helfen Sprach-
programme bei der Verständigung im beruflichen Alltag. Das macht den Einsatz von Mitarbeitenden mit unterschiedlichen Muttersprachen möglich.

Solchen Überlegungen sollten sich ausdrücklich auch mittelständische Betriebe stellen,
die sich in naher Zukunft ohne digitale Technik nicht mehr auf dem Markt behaupten können.

Insbesondere der IT-Bereich bietet in der heutigen Zeit die Möglichkeit, Outsourcing
zu betreiben. Hier kann man spezialisierte Dienstleistungen und Aufgaben ansiedeln, die
außerhalb des Kerngeschäfts liegen. Durch diese Verlagerung reduziert sich der interne
Bedarf an Fachkräften, was auch eine Kostensenkung bedeutet.

IT-Outsourcing beinhaltet, dass man größere Chancen hat, Arbeitskräfte zu finden. Das
beruht zum Teil darauf, dass hier auch diverse Menschen zum Einsatz kommen. Geografische Grenzen werden mühelos überwunden. Gerade Outsourcing-Partnerunternehmen
verfügen oft über gut etablierte Diversity- und Inklusionsprogramme und einen entsprechend vielfältigen Talent Pool.

Durch das IT-Outsourcing profitieren Unternehmen von der Flexibilität und den Ressourcen der Partnerbetriebe. Ihre eigenen Probleme, manchen Bedürfnissen der eigenen
Mitarbeiterschaft nicht genügend entgegenkommen zu können, erfahren hier eine Lösung.
Vielfach gibt es z. B. Schwierigkeiten, Beruf und Privates zu vereinbaren. Hierbei hilft es
ungemein, wenn mehrere Betriebe sich zusammentun, sodass sie einen Synergieeffekt
hinsichtlich der Arbeitszeiten erzielen können. Partnerbetriebe bieten auch häufig ein

unterstützendes Arbeitsumfeld, um in der Belegschaft diverses Personal zu fördern. Hierdurch verbessert eine Unternehmung ihr Ansehen bei der Kundschaft, die ja die verschiedensten Backgrounds mitbringt. Die Mitarbeit diverser Menschen schafft grundsätzlich einen Wettbewerbsvorteil.

Die Outsourcing-Partnerbetriebe halten zudem oft Trainingsprogramme für ihre Arbeitnehmenden bereit, darunter auch solche, die interkulturelle Kompetenzen fördern. IT-Outsourcing hilft, einen weltweiten Talent Pool aufzubauen. Durch die Mitarbeit diverser Menschen sammelt sich eine große Menge an Wissen, Fähigkeiten und kulturellen Perspektiven an. Das erfüllt einen guten Teil der Anforderungen an Innovation, die eine Wissensgesellschaft benötigt.

Ein weiterer Effekt ist, dass man mit den neusten IT-Entwicklungen Schritt hält, was schnell einen Vorteil gegenüber konkurrierenden Unternehmen bedeutet. Zudem tragen die Partner-Unternehmungen einen Teil des Risikos. Betriebsstörungen werden ebenfalls minimiert.

Das IT-Outsourcing und damit das Einbeziehen diverser Belegschaften sollten auch kleine Unternehmungen sowie Start-ups erwägen, da ihnen der Aufbau einer eigenen IT-Abteilung oft schwerfällt. Auf IT kann aber auf die Dauer nicht verzichtet werden. Sie wird mehr und mehr zum integralen Bestandteil von der Personalplanung bis zu Online-Schulungen (Medium 2023).

Neben dem Outsourcing spielt Partnering eine immer größere Rolle. Dieser Ansatz wird heute vor allem in der Bau- und Immobilienwirtschaft bereits verfolgt.

Partnering ist ein Managementansatz, den zwei oder mehr Organisationen nutzen, um bestimmte Geschäftsziele zu erreichen. Der Ansatz beruht auf gemeinsamen Zielen. Die Zusammenarbeit soll die Effektivität aller Teilnehmenden erhöhen und Ressourcen schonen. In gemeinsamen Vereinbarungen werden die Methoden festgelegt, die man bei gemeinsamen Problemlösungen einsetzt. Die Ergebnisse sollten messbar sein (Core 2016).

Jedes Unternehmen kann Partnering mit externen Partnerunternehmen eingehen. Die grundlegenden Komponenten sind die Vereinbarung von Zielvorgaben, Vorgehensweisen und Art und Weise der Entscheidungsfindung. Grundsätzlich wird eine Verbesserung des wirtschaftlichen Erfolgs angestrebt. Eine klare einheitliche betriebswirtschaftliche Definition von Partnering gibt es bislang nicht (Soldan 2023). Da die Bau- und Immobilienbranche hier jedoch bereits Erfahrungen gesammelt hat, gilt es für andere Branchen, davon zu lernen.

Die neueste Technologie kam mit der Künstlichen Intelligenz in die Welt und beeinflusst mehr und mehr die betrieblichen Prozesse. Sie wird sich weiterentwickeln und ausdehnen. Zweifellos zählt sie zu den Faktoren, die die Struktur der Arbeit tiefgreifend verändern. Ihre Auswirkungen gehen über das hinaus, was Automatisierung schon realisiert hat. Vorangetrieben wird diese Transformation dadurch, dass bereits weitreichende Vernetzungen bestehen. Künstliche Intelligenz kann selbstständig handeln, Erfahrungen einbeziehen und mit Menschen kommunizieren. Auch hier bestehen auf gesellschaftlicher Ebene Ängste, dass ganze Stellen wegfallen, und gleichzeitig Hoffnung, dass ebenso viele neue entstehen.

Der amerikanische Wissenschaftler David Autor u. a. untersuchten, welche Berufe im Zuge von Automatisierung neu entstanden. Die Studie ergab, dass 60 % der heutigen Arbeitnehmenden in Berufen beschäftigt sind, die es 1940 noch nicht gab (National Bureau of Economic Research 2022). Insofern ist davon auszugehen, dass dieser Prozess sich auch im Hinblick auf Künstliche Intelligenz fortsetzt.

Künstliche Intelligenz ist begrifflich noch nicht endgültig geklärt. Man verbindet damit, dass Maschinen bei der Bewältigung verschiedenster Aufgaben Intelligenz einsetzen und sogar dazulernen. Doch das wirft die Fragen auf, wie Intelligenz zu definieren ist, ob Maschinen überhaupt intelligent sein können und wenn ja, wie sich das von menschlicher Intelligenz unterscheidet.

Bislang (2023) setzen vorwiegend Großunternehmen Künstliche Intelligenz ein, um die Automatisierung voranzubringen. Für viele mittlere und erste recht kleine Unternehmungen stellt sich die Frage der Abwägung zwischen Kosten und Nutzen. Eine Studie des Bundesministeriums für Wirtschaft und Energie ergab, dass bis 2019 weniger als 6 % deutscher Unternehmen Künstliche Intelligenz nutzten. Davon war sie nur bei 12 % ein wesentlicher Bestandteil des Geschäftsmodells. Eingesetzt wird sie vielfältig, von der Produktentwicklung über Marketing und Kundenbetreuung bis zur Überwachung des Personals. Gleichzeitig zeigt sich jedoch, dass Stellen, die Künstliche Intelligenz einsetzen, nicht besetzt werden können, weil die entsprechenden Fachkräfte fehlen (Bundeszentrale für politische Bildung 2023).

In diesem Zusammenhang zeigt sich wiederum der Einfluss der Wissensgesellschaft, die ihre eigenen Strukturen und Herausforderungen mit sich bringt, sowie die Notwendigkeit, mehr diverse Arbeitskräfte zu rekrutieren.

2.3 Veränderte Erwartungen der Mitarbeitenden

2.3.1 Werte und Unternehmenszweck

In der veränderten Arbeitswelt kommt es für Unternehmen darauf an, die eigenen Werte mit denen ihrer Mitarbeitenden in Übereinstimmung zu bringen. In dem Maße, wie Menschen, die erwerbstätig sein wollen, eine sinnvolle und zweckorientierte Arbeit suchen, ist es für Führungskräfte entscheidend, darauf effektiv zu reagieren.

Unternehmenszweck und Wertvorstellungen müssen immer mehr Hand in Hand gehen. Die heutigen Arbeitskräfte machen sich bewusst, wo und wofür sie tätig sind. Es spielt eine Rolle, wofür ihr Unternehmen steht. Es soll nicht nur Profit erzielen – selbstverständlich auch, um die Gehälter zu bezahlen -, sondern darüber hinaus einen sinnvollen Beitrag für die Gesellschaft leisten. Für viele macht es auch einen Unterschied, ob zuliefernde Betriebe in Ländern produzieren lassen, in denen die Mindestanforderungen an menschliche Arbeitsbedingungen herrschen, oder nicht. Wer wo warum arbeitet, wird in Alltagsgesprächen immer häufiger hinterfragt, nicht zuletzt im Zusammenhang mit Fragen nach Gleichberechtigung, Diversität und Nachhaltigkeit.

Wenn Arbeitnehmende sich mit den Werten und dem Zweck des Unternehmens identifizieren können, steigt ihr Engagement für ihre Arbeit. Sie haben die Überzeugung, dass ihre individuelle Arbeit an ihrem Arbeitsplatz eine Bedeutung hat und über die Wertschöpfung hinaus ein wichtiger Beitrag ist. Sie müssen hinsichtlich ihrer persönlichen Überzeugungen nicht ihre berufliche Tätigkeit von ihrem Privatleben trennen. Deshalb sind sie auch weit mehr bereit, sich verändernden Bedingungen anzupassen.

Die Wertvorstellungen von Mitarbeitenden werden immer mehr davon bestimmt, dass sie ihre Individualität leben können. Im Zeitalter von Social Media kann jeder sich einbringen. Gleichzeitig werden Fachkräfte gesucht, was bedeutet, das spezielles Wissen gefragt ist. Je individueller die eigenen Vorstellungen werden dürfen, ohne verurteilt zu werden, desto mehr wird Diversity akzeptiert.

Für Unternehmen bedeutet das, dass sich ihre Möglichkeiten, Talente zu finden und zu halten, erweitern. Diverse Menschen trauen sich mehr zu und finden mehr Mut für breit gestreute Bewerbungen. Lippenbekenntnisse zu Vielfalt helfen jedoch nicht weiter. Alle Talente werden gebraucht, und ihre Bindung an Unternehmen ist ein wesentlicher Teil des langfristigen Erfolgs. Deshalb ist es nicht nur auf gesellschaftlicher Ebene und im öffentlichen Leben von Bedeutung, diversen Menschen zu Inklusion zu verhelfen, sondern auch im wirtschaftlichen. Unternehmen müssen eine Unternehmensstruktur und -atmosphäre gestalten, in der sie ihre Wertschöpfung dadurch steigern können, dass sie alle Mitarbeitenden wertschätzend behandeln.

Es gibt bereits Firmen, die sich innovative Wertvorstellungen nicht nur auf die Fahnen geschrieben haben, sondern sie auch verfolgen. Hier folgen einige Beispiele großer Unternehmen, die international tätig sind (Together 2023).

Der Spielzeugkonzern Mattel arbeitet daran, den Anteil von Frauen und von Angehörigen verschiedener ethnischer Gruppen zu erhöhen. Ferner setzt er sich dafür ein, gleichen Lohn für gleiche Arbeit zu zahlen.

Das Beratungsunternehmen KPMG will unterrepräsentierte Gruppen auf der geschäftsführenden Ebene auf 50 % erhöhen. Der Schwerpunkt liegt dabei auf der Verdoppelung des Anteils von Menschen mit schwarzer Hautfarbe. Ebenso soll dieser Anteil sowohl in allen führenden Positionen wie auch in Kundenkreisen erhöht werden.

Mc Donalds (Schnellrestaurants) hat sich das Ziel gesetzt, den Anteil unterrepräsentierter Gruppen in den Leitungen der US-Unternehmen zu erhöhen. Bis 2025 sollen wenigstens 35 % der Führungskräfte von Menschen besetzt sein, die historisch seit langem unterrepräsentiert sind. Danach wird eine weitere Erhöhung auf 45 % angestrebt. Die Gehaltszahlungen sollen parallel dazu regelmäßig überprüft werden. Die Grundsätze Vielfalt, Gleichberechtigung und Inklusion sollen gelten. Dafür will das Unternehmen Schulungen einsetzen.

Das Softwareunternehmen Salesforce verfügte 2022 bereits über einen Frauenanteil von 50 % in der Belegschaft. Im Jahr 2023 wurde der Anteil unterrepräsentierter Gruppen in Führungspositionen verdoppelt. In den US-Firmensitzen erhöhte Salesforce den Anteil von afroamerikanischen und lateinamerikanischen Mitarbeitenden auf 50 %. Es verfolgt die Gleichstellung in Teams, auf der Führungsebene und im betrieblichen Umfeld.

Das Softwareunternehmen Adobe hat sich das Ziel gesetzt, den Anteil von Frauen in Führungspositionen weltweit bis 2025 bis auf 30 % zu erweitern. Zudem hat es Partnerschaften mit Colleges und Universitäten geschlossen, die traditionell Menschen mit schwarzer Hautfarbe ausbilden. Dadurch möchte Adobe mehr Absolventen dieser Einrichtungen zu Bewerbungen in seinem Unternehmen ermutigen.

Das Unternehmen Hershey, einer der weltgrößten Schokoladenhersteller, rief 2020 gemeinsam mit Mitarbeitenden das „Pathways Project" ins Leben, um die Arbeitsplätze vielfältig und inklusiv zu gestalten (Thehersheycompany 2024). In diesem Zuge schuf es auch neue Einstellungsrichtlinien. Sie besagen, dass neue Wege beschritten werden müssen, um Talente zu finden. Darin werden z. B. afroamerikanische, asiatische, lateinamerikanische, ältere, weibliche und zur LGBTQ+-Gruppe zählende Menschen ausdrücklich benannt. Darüber hinaus soll das Personalmanagement in den Bewerbungsgesprächen mindestens zu 50 % aus diversen Mitarbeitenden bestehen, um eine faire Bewertung jedes Bewerbenden zu gewährleisten.

Ein Beispiel für ein deutsches Unternehmen ist die Dieter Albrecht Henkel AG. Das börsennotierte Unternehmen der Konsumgüter- und Klebstoffindustrie mit weltweiten Marken und Technologien legte in den 2010er-Jahren innovative Richtlinien für seinen Unternehmenszweck fest. Darunter findet sich das Bekenntnis zu Diversity. Henkel betont, dass es die Vielfalt seiner Mitarbeitenden fördert und Menschen aus vielen Kulturen beschäftigt. Das Unternehmen weist darauf hin, dass die Erfahrungen, das Wissen und die Kreativität der diversen Belegschaft die Grundlage für seine Wettbewerbsfähigkeit sind. Damit im Zusammenhang sieht Henkel seine Verpflichtung zu Nachhaltigkeit. Es bekennt sich zudem zu seiner Verantwortung für Gesundheit und Lebensqualität nicht nur für seinen Kundenkreis, sondern auch für seine Mitarbeiterschaft.

Henkel hat das Nachhaltigkeits-Programm „Sustainability at Heart" eigens für engagierte Mitarbeitende geschaffen. Das ist eine interaktive Plattform, die eine zentrale Anlaufstelle mit einer breiten Palette von Instrumenten bietet. Sie verfolgt drei wesentliche Ziele, nämlich Bereitstellung aktueller Informationen und Materialien, Angebote verschiedener Schulungsformate und Vernetzungsmöglichkeiten (Henkel 2024; Silo 2016).

Dieses Beispiel zeigt, wie stark Offenheit für Diversity mit dem Engagement für Nachhaltigkeit zusammenhängt. Für beides ist weltoffenes, diskriminierungsfreies, objektives und innovatives Denken nötig.

2.3.2 Arbeitsverständnis

Die heutigen Mitarbeitenden legen immer mehr Wert auf eine ausgeglichene Work-Life-Balance, wobei nicht nur die Vereinbarkeit von Beruf und Familie eine Rolle spielt. Auch die Freizeitgestaltung rückt immer mehr in den Fokus, darunter Wünsche nach einem Sabbatjahr. Schon hier wird deutlich, dass Unternehmen gefordert sind. Von flexibler Arbeitszeit bis zu Sportmöglichkeiten sind Angebote zu überlegen.

Doch es muss Faktoren geben, die originär zur Arbeit motivieren. Das untersuchte die Unternehmensberatung Deloitte (2024). 2018 zählte in Deutschland zu den Prioritäten, dass der Arbeitsplatz selbst als sicher angesehen werden kann. Als gleichermaßen wichtig sahen die Arbeitnehmenden ihr Gehalt an. Sie lagen damit im europäischen Trend. Allerdings wurden die erwerbstätigen Menschen nicht zufriedener, wenn sie im Vergleich zu anderen Unternehmen besser bezahlt waren, während sie deutlich unzufriedener wurden, wenn sie ein geringeres Gehalt bekamen.

Die deutschen Arbeitnehmenden gaben weiter an, dass sie neben einer Sinnhaftigkeit ihrer Arbeit Wert auf klare Verantwortlichkeiten und eine vertrauensvolle Atmosphäre legten. Für ältere Arbeitnehmende waren Inhalte und komplexe Sachverhalte wichtig, während jüngere sich Gedanken darum machten, wie sie kollegial und durch die Leitung unterstützt werden.

Diese Ergebnisse zeigen, welchen unterschiedlichen Anforderungen die heutigen Unternehmen sich stellen müssen. Gleichzeitig sind viele Arbeitsplätze eingreifenden Änderungen unterworfen. Das bedeutet, dass auch die Arbeitnehmenden sich diesem Prozess stellen und zu Weiterlernen bereit sein müssen. Gaben europaweit 53 % an, dass sie ihre Lernkompetenzen verbessern müssten, so waren es in Deutschland nur 43 %.

Wie steht es mit der Angst von Mitarbeitenden, durch Automatisierung und Künstliche Intelligenz ersetzt zu werden? Die weltweite „Making Work Human"-Studie von 2019, veranlasst von Automation Anywhere, brachte Erkenntnisse (Automation 2019). Danach gingen 73 % der 4000 befragten Mitarbeitenden nicht davon aus, dass die Technologien sie ersetzen werden. Vielmehr glaubten sie, dass die Arbeitsplätze erhalten bleiben und die Technik integriert wird. Zwei Drittel wollten mehr darüber erfahren, wie moderne Techniken Arbeitsprozesse erleichtern können.

Stand 2019 war, dass 38 % der Befragten bereits Technologie am Arbeitsplatz nutzten. Weltweit akzeptieren Arbeitnehmende solche Innovationen offensichtlich unterschiedlich. Obwohl weitgehende Einigkeit bestand, dass Automatisierung und Künstliche Intelligenz die Produktivität steigern würde, wollten 13 % japanische und 26 % britische Arbeitnehmende vermeiden, sie zu nutzen – gegenüber 49 % US-amerikanischen und 66 % indischen, die sie als Erleichterung begrüßten.

Wie stellen sich die Führungskräfte auf die neuen Herausforderungen ein? Dazu ließ Deloitte die globale Studie „Human Capital Trends 2023" durchführen (Deloitte 2023). 59 % der Befragten gaben an, dass sie in den Jahren 2024 bis 2028 die Neugestaltung von Arbeitsplätzen als Priorität ansehen.

Neue Technologien spielen nicht nur in operativen Bereichen und der Verwaltung eine große Rolle, vielmehr wirken sie sich an so gut wie allen Arbeitsplätzen aus. Festgefahrene Aufteilungen von Arbeitsplätzen müssen deshalb durchbrochen werden, und zwar nicht nur aus rein ökonomischen Gründen. Die Mitarbeitenden sollen dadurch auch eine Erleichterung erhalten. Die Auflösung des traditionell festgelegten Arbeitsplatzes wurde während der Covid-Pandemie zwischen 2020 und 2022 teilweise praktiziert. Dieser Prozess sollte vorangetrieben werden. Die Mitarbeitenden brauchen unter physischen und digitalen Gesichtspunkten eine Umgebung, die ihren unterschiedlichen persönlichen

Dispositionen, Bedürfnissen und Anforderungen gerecht wird. Es gaben jedoch lediglich 22 % der befragten Führungskräfte an, dass ihre Unternehmung sich auf solche Veränderungen schon vorbereitet hat. 93 % waren gleichzeitig der Auffassung, dass sie sich von konventionellen Definitionen verabschieden müssen, was die Ausführung von Arbeit betrifft. 33 % sagten, dass sie sich nicht in der Lage sehen, genügend Talente für die aktuellen Anforderungen ihres Betriebs zu finden.

Hier zeigt sich wiederum die Notwendigkeit, diverse Menschen stärker einzubeziehen, und zwar tatsächlich und nicht nur als Bekenntnis auf Papier fixiert. Diverse Talente zu suchen, ihnen einen fairen Bewerbungsprozess zu garantieren und sie erfolgreich zu inkludieren, ist nichts, was man in Kürze und konzeptlos realisieren kann. Zum Beispiel zeigt sich in Deutschland eine Diskrepanz zwischen dem Bekenntnis in der Öffentlichkeit und der realen Umsetzung. 82 % der Unternehmen beziehen Diversity laut statistischen Daten theoretisch ein, während sich faktisch nur 44 % aktiv damit beschäftigen (pens.com 2024).

Im hoch industrialisierten Deutschland, hinsichtlich des Bruttoinlandsprodukts die größte Volkswirtschaft Europas und die drittgrößte Volkswirtschaft, muss man Frauen zur diversen Arbeitnehmerschaft zählen, was ihre Präsenz in Führungspositionen betrifft (Wikipedia 2024). Dabei fehlen auch im Mittelstand und in Familienunternehmen Fachkräfte auf allen Ebenen. Trotz gesetzlicher Vorgaben wie auch gesellschaftlichen Drucks ist es noch nicht gelungen, weibliche Führungskräfte in höheren Positionen einzusetzen.

Eine aktuelle Studie der Personalberatung Stanton Chase Stuttgart GmbH und des Aalener Instituts für Unternehmensführung der Hochschule Aalen hat mögliche Ursachen untersucht und Ergebnisse hinsichtlich eines geschlechtsspezifischen unterschiedlichen Arbeitsverständnisses gefunden (Jot 2022). Demnach sollten sich die Anforderungen an Führungskräfte besser auf die – teilweise geschlechtsspezifischen – Bedürfnisse der bewerbenden Personen einstellen. Männer und Frauen legen gleichermaßen Wert auf Gestaltungsmöglichkeiten, eine nachvollziehbare Zukunftsvorstellung der Unternehmung, Möglichkeiten für die persönliche Weiterentwicklung, Flexibilität und ein zufriedenstellendes Gehalt. Führungskräfte beiderlei Geschlechts im Mittelstand beanspruchen heute, am Unternehmen beteiligt zu sein, etwa über Gesellschaftsanteile.

Männer legen jedoch großen Wert auf Beteiligungen, ebenso wie auf ein gutes Gehalt und materielle Leistungen (z. B. einen Firmenwagen), während für Frauen die Werte Familienfreundlichkeit, Sinnhaftigkeit im Unternehmenszweck und eine ausgeglichene Work-Life-Balance wichtig sind. Gerade der Mittelstand könnte sich mit seinen Wertvorstellungen und Visionen mehr Frauen an Bord holen. Dazu müsste er unter anderem daran arbeiten, seine Stellenausschreibungen spezifischer zu formulieren, sodass Frauen sich besser angesprochen fühlen (Jot 2022).

2.3.3   Qualifikationsprofil

Die Wettbewerbsfähigkeit von Unternehmen ist eng an die Qualifikationen ihrer Mitarbeitenden gebunden. Das bedeutet, dass die Mitarbeiterschaft sowohl quantitativ wie qualitativ adäquat sein muss. Das ist nicht leicht zu erreichen. Dabei kann Outsourcing und Partnering helfen. Im Hinblick auf den IT-Bereich wurde das bereits erläutert. Doch das gilt auch für andere Bereiche. Die Covid-Krise hat die Befähigungen von Mitarbeitenden, im Home-Office zu arbeiten, gestärkt und gefördert. Sowohl Arbeitnehmende wie Arbeitgebende haben sich spürbar weiterentwickelt. Beide Seiten haben erkannt, dass das Arbeiten von zu Hause aus Vorteile bringt. Man braucht dazu keine tiefgehenden IT-Kenntnisse. Doch man kann Wissen und Ergebnisse global teilen.

Hinsichtlich der Qualifikationen, die ein Unternehmen benötigt, aber nicht vollständig selbst stellen kann, lohnt es sich, Kooperationen und Partnerschaften mit anderen Betrieben aus derselben Branche aufzubauen. Joint Ventures führen zu gemeinsamer Nutzung von Ressourcen und gegenseitiger Unterstützung. Wenn ein bestimmtes Qualifikationsprofil benötigt wird, das nicht jedes Personalmanagement stellen kann, kann man verschiedene Arbeitsmodelle nutzen, um Abhilfe zu schaffen. So kann beispielsweise die gemeinsame Nutzung von Forschungs- und Entwicklungsarbeit zu einer schnelleren Innovation und Markteinführung verhelfen. Bei der Suche nach Partnerschaften sind Start-Ups nicht zu vernachlässigen. Gerade bei ihnen findet man oft Fachwissen.

Die heutigen Unternehmen kommen in mehreren Bereichen zu einer neuen Bewertung der Qualifikationsprofile. Das ist nötig, weil Fachkräfte fehlen und gleichzeitig die Wissensgesellschaft voranschreitet. Oft ist sogar Expertise in Nischenbereichen gefragt. Zugleich werden Mitarbeitende benötigt, die die Wissenslücken zwischen verschiedenen Bereichen füllen, z. B. braucht man im Gesundheitswesen nicht nur Wissen über gesundheitliche Faktoren, sondern auch weitreichende technologische Kenntnisse.

Dieser Veränderungsprozess hin zu innovativen und auch differenzierten Anforderungen und Maßnahmen kann nur funktionieren, wenn Mitarbeitende zum Dazulernen bereit sind. Nicht für jede spezifizierte Arbeit gibt es die geeignete Person. Zum einen, weil solche Mitarbeitenden auf dem Arbeitsmarkt selten sind, zum anderen, weil die Spezifikation nicht unbedingt eine Anforderung darstellt, die in einem Berufsbild bereits gefordert wird.

Ein großer Bereich der benötigten Qualifikationen ist aus der digitalen Transformation entstanden. Auf absehbare Zeit werden Mitarbeitende mit Kenntnissen in Datenanalyse, künstlicher Intelligenz, Cybersicherheit und digitalem Marketing benötigt. Die fortschreitende Entwicklung erfordert ständige Anpassung an neue Erkenntnisse und neue Technologien. Doch auch viele weitere Arbeitsplätze sind betroffen, deren Kernprozess nicht zu diesen Technologien gehört, bei denen sie jedoch eingesetzt werden. Nahezu jede Art von Gerät wird digitalisiert. Selbst wenn die Anwendung an sich einfach ist, muss sie erlernt werden. Vielen Menschen, die jahrelang an eine andere Bedienung gewöhnt waren, fällt die neue Methode schwer.

Die Entwicklung erfordert von Seiten der Arbeitnehmenden eine grundsätzliche Bereitschaft. Wie sie auf Veränderungen reagieren, hat eine globale Untersuchung gezeigt. Im Rahmen einer Global Talent Untersuchung zusammen mit der Boston Consulting Group und der Gruppe The Network wurden insgesamt 208.807 Personen zwischen Oktober und Anfang Dezember 2020 befragt (Stepstone 2021). Zu den Ergebnissen zählt, dass 70 %

der Arbeitnehmenden bereit waren, sich umschulen zu lassen oder am Arbeitsplatz eine neue Rolle einzunehmen. 65 % widmeten sich ein Jahr zuvor Weiterbildungsmaßnahmen.

Grundsätzlich war zu erkennen, dass Personen mit einem höheren Bildungsniveau eher dazu bereit waren, ihre Kenntnisse regelmäßig zu aktualisieren und zu erweitern. Doch dabei zeigten sich Unterschiede, was die Herkunft betrifft. So stellte sich heraus, dass weltweit die Menschen in afrikanischen Ländern die meiste Zeit mit Weiterbildungsmaßnahmen verbringen. Die europäischen und US-amerikanischen Arbeitnehmenden lagen am Ende der Statistik. Zudem zeigen afrikanische Menschen die größten Tendenzen, das Fachgebiet zu wechseln. Gleichzeitig gibt es in Afrika weniger hoch qualifizierte Menschen.

Hier zeigt sich, wie wichtig Diversity in Unternehmungen ist. Allein die Steigerung des Anteils der Mitarbeitenden aus afrikanischen Ländern würde nach dieser Befragung die Chance erhöhen, engagierte Mitarbeitende zu gewinnen. Eine eventuell geringere Qualifikation dürfte durch die große Bereitschaft zu Weiterlernen und Fachwechsel gut auszugleichen sein. Bei dieser Möglichkeit für das Personalmanagement sind andere diverse Menschen noch gar nicht bedacht.

Doch Fachkenntnis und Bereitschaft zur angemessenen Erweiterung des aktuellen Wissens sind nicht die alleinigen Qualifikationen, auf die es ankommt, um sich dauerhaft auf dem Markt zu behaupten. Auch die Persönlichkeitseigenschaften sollen stimmen. Vor allem kommt es auf eine ausgeprägte Teamfähigkeit an. Problemlösungsprozesse erfordern immer öfter die Zusammenarbeit von mehreren Menschen mit verschiedenen Qualifikationen. Ein genialer Mensch, der den entscheidenden Einfall hat, wird als Problemlöser immer unwahrscheinlicher. Dagegen ist jedoch die grundsätzliche Fähigkeit zum Problemlösen immer stärker gefragt. Das erfordert einen klaren analytischen Blick ebenso wie die Bereitschaft anzuerkennen, wenn jemand anderes einen guten Beitrag leistet. Deshalb ist auch in mehreren betrieblichen Bereichen gute Kommunikationskompetenz eine unverzichtbare Qualifikation.

Hier besteht jedoch Handlungsbedarf. Denn gerade bei den persönlichen Eigenschaften haben Arbeitnehmende die Tendenz, sich zu überschätzen. Beispielsweise meinten bei der Befragung 60 % der Deutschen, gut ausgeprägte kommunikative Fähigkeiten zu besitzen, und europaweit waren es 48 %. Beim Thema Teamfähigkeit kamen die Deutschen auf 64 %, während es im gesamten Europa 57 % waren. Beides sind Fähigkeiten, bei denen eine Selbsteinschätzung schwierig ist. Doch dass Arbeitgebende auf diese Qualifikationen ein Auge haben sollten, ist unbestreitbar. Sie sollten darauf eingestellt sein, dass sie für die Entwicklung solcher Kompetenzen weiterbilden müssen.

Die Veränderungen unserer Zeit führen dazu, dass das Personalmanagement Strategien und Konzepte zu entwickeln hat, die folgende Punkte abdecken (Bertelsmann Stiftung 2016):

- Offene Stellen mit Personal besetzen, das die heute wichtigen Qualifikationen ganz oder teilweise mitbringt.
- Lebenslanges Lernen in der beruflichen Laufbahn der Mitarbeitenden einplanen.

- Eine Unternehmenskultur etablieren, die innovatives Denken, Teamfähigkeit und Teilen des persönlichen Wissens fördert.
- Rahmenbedingungen schaffen, die die Mitarbeitenden an das Unternehmen binden, und zwar unabhängig von der Länge ihrer Betriebszugehörigkeit und ihren persönlichen Voraussetzungen.

Um diesen Voraussetzungen gerecht zu werden, ist das Einbeziehen diverser Menschen in unternehmerisches Gestalten unumgänglich.

Literatur

Automation 2019, Neue Studie: Mitarbeiter haben keine Angst, durch KI und Automatisierung ersetzt zu werden, abgerufen 28.05.2024, https://www.automationanywhere.com/de/company/press-room/new-study-employees-are-not-afraid-to-be-replaced-by-ai-and-automation

Bertelsmann Stiftung 2016, Diversity Management und Arbeit 4.0?, abgerufen 28.05.2024, https://www.zukunftdernachhaltigkeit.de/2016/07/15/diversity-management-und-arbeit-4-0-eine-andere-sichtweise-auf-eine-arbeitswelt-im-wandel-2/

bpb 2022, Bundeszentrale für politische Bildung. Demografischer Wandel, abgerufen 28.05.2024, https://www.bpb.de/themen/soziale-lage/demografischer-wandel/

Bundeszentrale für politische Bildung 2023, Die Auswirkungen von Künstlicher Intelligenz auf den Arbeitsmarkt, abgerufen 28.05.2024, https://www.bpb.de/themen/arbeit/arbeitsmarktpolitik/522513/die-auswirkungen-von-kuenstlicher-intelligenz-auf-den-arbeitsmarkt/

Charta der Vielfalt 2024, Digitalisierung – Alles im Wandel, abgerufen 28.05.2024, https://www.charta-der-vielfalt.de/fuer-arbeitgebende/arbeitswelt-im-wandel/digitalisierung/

Christian Czarnecki, Gunnar Auth: Prozessdigitalisierung durch Robotic Process Automation. In: Digitalisierung in Unternehmen: Von den theoretischen Ansätzen zur praktischen Umsetzung (= Angewandte Wirtschaftsinformatik). Springer Fachmedien Wiesbaden, Wiesbaden 2018

commission.europa 2023, Auswirkungen des demografischen Wandels, in Europa, abgerufen 28.05.2024, https://commission.europa.eu/strategy-and-policy/priorities-2019-2024/new-push-european-democracy/impact-demographic-change-europe_de

Core 2016, Journal of Education and Practice2016, Vol.7, No.14, abgerufen 28.05.2024, https://core.ac.uk/download/pdf/234638985.pdf

deloitte 2023, Tech Trends 2024, abgerufen 28.05.2024, https://www2.deloitte.com/us/en/insights/focus/human-capital-trends.html

Deloitte 2023, Human Capital Trends 2023, abgerufen 28.05.2024, https://www2.com/de/de/pages/human-capital/articles/human-capital-trends-deutschland.html

Deloitte 2024, Neue Arbeitswelt anspruchsvoll, flexibel und digital, abgerufen 28.05.2024, https://www2.deloitte.com/de/de/pages/human-capital/articles/neue-arbeitswelt-studie.html

Florida, Richard: The Rise of the Creative Class Revisited, 2014

Henkel 2024, UNSERE MITARBEITER:INNEN, abgerufen 28.05.2024, https://www.henkel.de/nachhaltigkeit/hebel-fuer-veraenderung/unsere-mitarbeiter-innen

Jot 2022, Diversity Management: Nachholbedarf im Mittelstand 2022, abgerufen 28.05.2024, https://www.jot-oberflaeche.de/branche/diversity-management-nachholbedarf-im-mittelstand-3188611.html

Medium 2023, The Benefits of IT Outsourcing for Fostering a Diverse and Inclusive Workforce, abgerufen 28.05.2024, https://medium.com/@livajorge7/the-benefits-of-it-outsourcing-for-fostering-a-diverse-and-inclusive-workforce-c2aaaf9b3db2

Merx 2006, Standortfaktoren Toleranz und Diversity von Andreas Merx, abgerufen 28.05.2024, https://www.idm-diversity.org/deu/infothek_merx-standortfaktor.html

National Bureau of Economic Research 2022, New Frontiers: The Origins and Content of New Work, 1940–2018, abgerufen 28.05.2024, https://www.nber.org/papers/w30389

pens.com 2024, Status Quo: So vielfältig sind deutsche Unternehmen, abgerufen 28.05.2024, https://www.pens.com/de/blog/diversity-am-arbeitsplatz/

Politiklexikon 2020, Wissensgesellschaft, abgerufen 28.05.2024, https://www.bpb.de/kurz-knapp/lexika/politiklexikon/296549/wissensgesellschaft/

Silo 2016, Unternehmenszweck, Vision, Mission, Werte, Dieter Albrecht Henkel AG 2016, abgerufen 28.05.2024, https://silo.tips/download/unternehmenszweck-vision-mission-werte

Soldan 2023, Partnering als Managementansatz – Definition und begriffliche Einordnung, abgerufen 28.05.2024, https://www.soldan.de/media/pdf/6b/c1/a5/9783170198616_LP.pdf

Statistisches Bundesamt 2023, Demografischer Wandel, abgerufen 28.05.2024, https://www.destatis.de/DE/Themen/Querschnitt/Demografischer-Wandel/_inhalt.html

Stepstone 2021, Chancen & Risiken der Automatisierung, abgerufen 28.05.2024, https://www.stepstone.de/e-recruiting/blog/chancen-risiken-der-automatisierung/

Thehersheycompany 2024, abgerufen 28.05.2024, https://www.thehersheycompany.com/en_us/home/newsroom/blog/empowered-by-pathways-embarking-on-an-equitable-future-together.html#:~:text=The%20Pathways%20Project%20focuses%20on,more%20diverse%20and%20inclusive%20workplace.

Together 2023, DIVERSITY AND INCLUSION, abgerufen 28.05.2024, https://www.togetherplatform.com/blog/diversity-and-inclusion-performance-goals-examples

Wikipedia, Wirtschaft Deutschlands, abgerufen 28.05.2024, https://de.wikipedia.org/wiki/Wirtschaft_Deutschlands

Wikipedia Skalierbarkeit 2024, Skalierbarkeit, abgerufen 28.05.2024, https://de.wikipedia.org/wiki/Skalierbarkeit2. Wissensgesellschaft

Wissensgesellschaft 2024, Eine Idee im Realitätscheck 2013, abgerufen 28.05.2024, https://www.bpb.de/themen/bildung/dossier-bildung/146199/wissensgesellschaft-eine-idee-im-realitaetscheck/

Die Organisation

3

3.1 Warum brauchen wir eine neue Organisationsform?

In der globalisierten Welt, in der sich für jede Form von Unternehmung ständig neue Herausforderungen ergeben, können herkömmliche Organisationsformen nicht mehr mithalten. Das heißt nicht, dass man keine Organisation mehr braucht, sondern vielmehr, dass die Organisation sich verändern sollte. Planloses Handeln ist nach wie vor nicht gefragt.

Es gibt unterschiedliche Treiber, die der Führungsriege früher oder später klarmachen, dass sie ihre Organisationsstruktur anzupassen haben. Das können sowohl Vergrößerungs- als auch Verkleinerungsprozesse sein. Auch betriebliche Abläufe, die gewissermaßen zwangsverändert wurden, weil z. B. Rationalisierung erforderlich wurde, ziehen oft eine Anpassung der Organisation nach sich. Selbstredend trägt die Digitalisierung dazu maßgeblich bei. Veränderungen werden auch oft deshalb erforderlich, weil Kosten unverhältnismäßig gestiegen sind. Aktuelle Gründe dafür liegen etwa in den verteuerten Energiekosten (2023). Weitere aktuelle Ursachen finden sich in Fachkräftemangel und Ressourcenknappheit, die wiederum oft auf Lieferproblemen beruht. Dazu kommen politische und gesellschaftliche Gründe, die sich auf die Märkte auswirken und deren Entwicklung teilweise schwer vorherzusehen ist.

Veraltete bzw. wenig zukunftsorientierte Managementstrukturen erkennt man oft daran, dass das Management stark mit sich selbst beschäftigt ist. Viele betriebliche Drop-down-Organigramme entbehren oft der Erwähnung ihrer Kundinnen und Kunden. Sie zeichnen sich dadurch aus, dass die Hierarchie stark ausgeprägt ist und eine große Tendenz zu Konformität besteht. Vorherrschend sind lineare Zuordnungen und klassische Abteilungen. Dadurch wird die Mitarbeiterschaft tendenziell zu Befehlsempfängerinnen und – empfängern. Die Lernbereitschaft innerhalb der Führungsriege ist kaum bis gar nicht vorhanden. Innovative Formen sollten sich jedoch daran ausrichten, dass sie für den Kundenkreis ein

C. A. De Brabandt, B. Schemmel, *Chefsache Hyper-diverse Teams*, Chefsache, https://doi.org/10.1007/978-3-658-45343-5_3

„Sehnsuchtsort" und für die Mitarbeiterschaft ein „Heimathafen" sind (Kunden-orientierung 2017).

Bei Veränderungen ist es nötig, nicht nur entlang der Digitalisierung zu strukturieren. Vielmehr müssen die Art der Führung und die Zusammenarbeit mit und innerhalb der Mitarbeiterschaft berücksichtigt werden. Deshalb ist eine neue Auffassung von Management bei Führungskräften erforderlich. Sie sehen sich nämlich immer stärker folgenden Entwicklungen gegenüber:

- Veränderungen verlaufen immer schneller, sind immer häufiger und werden immer tiefgreifender.
- Kooperationen auf allen Ebenen werden immer komplexer und gleichzeitig immer notwendiger.
- Die Anforderungen an Wissen und Lernen werden immer höher und teilweise differenzierter.

Hieraus ergibt sich, dass die Zusammenarbeit zwischen den verschiedensten Bereichen immer wichtiger wird. Interdisziplinäre Projektarbeit bestimmt das Arbeitsleben immer stärker, und die Notwendigkeit virtueller Teams steigt. Daraus folgt, dass sich die Organisation anpassen sollte. Als Aufgaben ergeben sich

- der Abbau hierarchischer Strukturen zugunsten von Teams,
- die Reduktion von Schnittstellen, die innerhalb einer Abteilung existieren,
- die verstärkte Delegation von Verantwortungsbereichen an Mitarbeitenden und
- das Etablieren einer anpassungsfähigen, belastbaren Organisation (consulting-btb 2024).

Für die optimale Realisierung dieser Punkte ist eine heterogene Belegschaft nötig, die das Aufbauen und Pflegen von Diversity ermöglicht. Für das Management bedeutet das, neue eigene Skills einzubringen. Soziale Fähigkeiten, Empathie und fortwährende Lernbereitschaft sind gefragt, um sich auf vielfältige Mitarbeitende einzustellen. Open Mind im besten Sinne ist die Voraussetzung, um wirtschaftliches Wachstum zu ermöglichen. Ein Management, das nicht neue Ideen und Konzepte wenigstens wohlwollend prüft, hat keine Wettbewerbschancen mehr.

Wie könnte ein Umstrukturierungsprozess verlaufen? Grundsätzlich sollte er nicht hierarchiebetont linienförmig von oben nach unten verlaufen, sozusagen per Dekret. Alle Beteiligten sind vielmehr frühzeitig zu unterrichten, auf dem gesamten Weg mitzunehmen und so umfangreich wie möglich zu beteiligen. Eine aktuelle Analyse des Ist-Zustands ist der Ausgangspunkt für jede Organisationsform.

Folgende Stationen sind sinnvoll (Con Cubo 2023):

1. **Bennen Sie verantwortliche Führungskräfte bzw. Mitarbeitende für den Umstrukturierungsprozess.** Am besten ist ein Team. Diesem obliegt auch die Initiierung des Prozesses. Es muss festgelegt werden, welche unterstützenden Menschen, Stellen

und Bereiche sowie Faktoren einbezogen werden. Dazu zählen das Personalmanagement und der Betriebs- bzw. Personalrat. Weitere Bereiche sind zu bedenken, wie etwa Risikomanagement und das Qualitätsmanagement. Auf IT-Fachwissen wird man kaum verzichten können.

2. **Setzen Sie klare Ziele.** Es bedarf einer präzisen Feststellung, welche Veränderungen erwünscht und notwendig sind, um sich auf dem Markt optimal zu positionieren und zu behaupten. Verbesserungen sollten genau benannt werden. Wenn möglich, kann man hierbei operationalisieren (Ziele auf Teilziele herunterbrechen), um sich einen Überblick zu verschaffen.

3. **Stellen Sie das eigene aktuelle Geschäftsmodell in seiner Gesamtheit dar.** Dazu bedarf es einer übersichtlichen Methode. Eine mittlerweile etablierte Methode ist der sog. Business Model Canvas. Hierbei wird die unternehmerische Gesamtstruktur in Kernbereiche aufgeteilt. Eine Möglichkeit ist die Gliederung: Kernpartnerschaften, Kernaktivitäten, Kernressourcen, Wertversprechen, Beziehung zur Kundschaft, Kanäle zur Kundschaft, Kundensegmente, Kosten- und Erlösstruktur.

4. **Modellieren Sie die Prozesse.** Hierbei ist zwischen wertschöpfenden Kernprozessen und unterstützenden Prozessen zu unterscheiden. Die wertschöpfenden Prozesse sind in Teilprozesse zu untergliedern, um wichtige Faktoren wie Ressourcen, Kosten, Risiken u. a. zu ermitteln.

5. **Stellen Sie die Organisationsform ist visuell dar.** Visualisierungen dienen grundsätzlich der Analyse und dem Verständnis einer Situation sehr gut. Hierbei sind die üblichen Organigramme unzureichend. Es geht hier nicht mehr nur um Stellen und Abteilungen. Vielmehr geht es um Verantwortungsbereiche und Kapazitäten der einzelnen Mitarbeitenden.

6. **Beschreiben und kategorisieren Sie bestehende Tools.** Das betrifft insbesondere die IT-Struktur und die genutzte Software, daneben aber auch alle Geräte, die im Einsatz sind.

7. **Erklären Sie die Unternehmenskultur.** Das betrifft in diesem Fall nicht die Außendarstellung, sondern die gelebten Werte bei den internen Prozessen. Vielfach gibt es unreflektierte Traditionen, die ohne Veränderung weitergegeben werden. Zudem sollten hier Führungsverhalten sowie Art und Umfang der Kennzahlen dargestellt werden.

8. **Bennen Sie Risikofaktoren.** Es gibt in jeder Organisationsform wunde Punkte, die einer besonderen Beachtung bedürfen.

Nun kommt Diversity ins Spiel. Die Rolle, die Diversity spielt, ist gründlich zu erfassen. Deshalb ist es sinnvoll, die Kategorie Diversity in die Analyse einzubeziehen. Am besten geht man jeden Punkt auf dieses Kriterium hin durch. Insbesondere die Punkte 5 und 7 spielen für das Einbeziehen diverser Menschen und einer diversen Kultur eine überragende Rolle. Doch auch in allen anderen Bereichen sollte man den Blick einmal bewusst auf diesen Faktor lenken, denn eine neue Organisationsform braucht diverse Menschen auf nahezu allen Ebenen.

3.2   Kundenorientierung

Kundenorientierung ist keine vorübergehende Notwendigkeit. Sie geht weit über den herkömmlichen Kundenservice hinaus, der sich oft oberflächlich gestaltet. Die Kundschaft steht viel mehr im Mittelpunkt, als es in der Vergangenheit der Fall war. Nicht wenige physische Geschäfte vor Ort mussten auch deshalb schließen, weil sie diesen Lernprozess noch nicht durchliefen. Kundenorientierung wirkt sich auf die Organisationsstruktur des Unternehmens aus, weil sie den Mittelpunkt der Strategie bildet. Mittlerweile kann man sogar von „Kundenbesessenheit" einzelner moderner Unternehmen reden.

Für eine adäquate, zukunftsorientierte Kundenorientierung ist die gesamte Unternehmung gefragt. Der Unternehmensleitfaden enthält dann bereits diesen Punkt, der sich von dem theoretischen Bekenntnis bis auf die differenzierteste Ebene im operativen Bereich durchzieht. Die gesamte Mitarbeiterschaft ist überzeugt, dass die Zufriedenheit der Kundschaft nicht nur ein zu erreichendes Ziel in einer aktuellen Situation ist, sondern als ständige gemeinsame Verantwortung grundsätzlich auf allen Schultern liegt. Sie gehört zur Kultur eines Unternehmens.

Die Bedürfnisse und Vorlieben der Kundschaft stehen stets im Vordergrund. Das gilt einerseits für die bestehende Produktionskette oder Dienstleistungsangebote, das gilt aber andererseits gleichermaßen für die Angebote, die zu entwickeln sind. Unternehmen brauchen deshalb einen engen Kontakt zur Kundschaft. Das gilt selbstredend für die bestehende Zielgruppe. Es ist gleichzeitig nicht zu vernachlässigen, dass diese ausgebaut werden soll. Daher ist es immer nötig, parallel einen Überblick über den gesamten Markt zu behalten.

Die Kundschaft zu halten ist oberstes Gebot. Das wird in der globalisierten Welt mit weltweiten Märkten immer schwieriger. Deshalb sind entsprechende Kommunikationswege auf allen Ebenen zu nutzen. Die Erschließung neuer Kundenkreise reicht nicht, selbst wenn sie mögliche Abwanderungsprozesse zu anderen Unternehmen ausgleichen oder sogar überbieten sollten. Die Pflege der Beziehung ist ein entscheidender Faktor für den langfristigen Erfolg. Ohne Kundenbindung kann ein modernes Unternehmen nicht bestehen und schon gar nicht wachsen. Das Beobachten der Markttrends in Verbindung mit Kundenbewertungen bildet eine wichtige Grundlage für die nötigen Entscheidungen, die sich mit der Entwicklung neuer Produkte beschäftigen.

Kundenorientierte Unternehmen halten kontinuierlichen Kontakt zu ihrer Kundschaft und schätzen deren Feedback. Gerade durch das Einbeziehen von Rückmeldungen bauen sie Vertrauen auf, denn die Kundinnen und Kunden haben so das Gefühl, dass ihre Belange im Vordergrund stehen und dass sie selbst sogar Veränderungsprozesse in ihrem Sinn anregen. Daraus ergibt sich die Markentreue der Nutzerinnen und Nutzer, was sie zu einem gewissen Teil wiederum zu Fürsprecherinnen und Fürsprechern für die Angebote macht. Die Kundschaft verhält sich loyal, weil sie von ihrer Seite aus das Verhalten des Unternehmens zu schätzen weiß. Dazu gehört, dass sie sich auf die Marken verlassen kann und Neuerungen vertrauensvoll bzw. begeistert entgegensieht.

Wie erreicht man optimale Kundenorientierung? Zunächst bedarf es eines gut funktionierenden IT-Systems. Das Supportsystem für die Kundschaft muss stabil und zuverlässig arbeiten. Die Verfügbarkeit Tag und Nacht muss gewährleistet sein. Dazu braucht man Chatbots, die die technische Seite sicherstellen. Sie verfügen über eine lernende Sprachverarbeitung, sodass sie ihre Antworten ständig optimieren können. Dadurch sind sie in der Lage, auch komplexe Kundenanfragen zu bearbeiten.

Als zweite Komponente bietet sich ein Online Ticketsystem an, und zwar insbesondere für Dienstleistungsunternehmen. Es sorgt für ein professionelles und systematisches Abarbeiten der Anfragen aus dem Kundenkreis, kann aber auch für den Umgang mit Lieferbetrieben eingesetzt werden. Das System ist einfach zu handhaben – vergleichbar mit einem E-Mail-System. Es ermöglicht, den Überblick über die Anfragen zu behalten.

Man braucht jedoch auch die menschliche Komponente. Sie besteht in einer optimal geschulten Mitarbeiterschaft in Sachen Kundenkontakt, damit qualifizierter Support geleistet werden kann. Hierzu gehört nicht nur die tiefe fachliche Kenntnis – hier sind auch sehr gute rhetorische Kompetenzen gefragt. Eine mündliche Kommunikation, die auf die Wünsche, Bedürfnisse und Hinweise der Kundschaft empathisch eingeht, ist unabdingbar. Insbesondere die Fähigkeit, in Kundengesprächen Kritik anzunehmen und keine Bewertungen der Kundenäußerungen vorzunehmen, sollte ausgeprägt sein – eine Fähigkeit, die in einer wettbewerbsorientierten Gesellschaft oft unter professioneller Anleitung erst einmal erlernt werden muss. Gefragt sind oft schnelle Problemlösungen, wobei auf „schnell" nicht verzichtet werden kann. In einer Zeit, in der die Gesellschaft in vieler Hinsicht die Erfahrung macht, dass Abläufe sich beschleunigen, erwartet die Kundschaft bei einem Anliegen ein kurzfristiges, wenn nicht sofortiges Lösungsangebot.

Neben den Kanälen für Kundensupport sind Feedbacktools wichtig. Dazu gehören Umfragen ebenso wie Aktivitäten in sozialen Medien und das Angebot von Apps. Insbesondere Apps erlauben einen persönlichen Kontakt. Das regelmäßige Melden mit persönlicher Anrede und aktuellen Angeboten ist ein ansprechendes Kommunikationsinstrument.

Menschen schätzen es, individuell bzw. exklusiv behandelt zu werden. Das gilt insbesondere für Kundinnen und Kunden, die ja bereit sind, Geld zu investieren. Dafür ist Personalisierung das Zauberwort. Dazu sind aussagekräftige Daten wichtig. Künstliche Intelligenz wird dazu bereits eingesetzt und in den nächsten Jahren einen immer höheren Stellenwert einnehmen. Sie bietet die Möglichkeit für personalisierte Angebote und kann zukunftsweisende Trends auf dem Markt berechnen.

Eine Möglichkeit, die subjektive Erlebniswelt der Kundschaft schnell und effizient zu etablieren und zu stärken, ist, mit Hilfe von Machine Learning aktuelle Empfehlungen in großem Stil zu erzeugen. Damit arbeitet beispielsweise Amazon (Amazon 2023). Machine Learning (kurz ML genannt) ist der generelle Begriff für das künstliche Erzeugen von Wissen aus Erfahrung. Ein intelligentes System lernt aus Beispielen und kann aus dem Erlernten Verallgemeinerungen erzeugen. Aus den Daten erkennt das System Muster und Gesetzmäßigkeiten. Aufgrund dieser zeitnahen Datenanalyse wird die Kundschaft individuell bedient. Mit der Methode ML kann man im Übrigen auch Kreditkartenbetrug erkennen und sowie Sprach-Texterkennung praktizieren (Wikipedia 2024).

Amazon ist ebenfalls führend darin, eine radikale kundenorientierte Strategie für Innovationen anzuwenden, was bislang mit großem Erfolg gelingt. Dabei verlässt die Unternehmung die übliche chronologische Vorgehensweise für Neuerungen. Sie geht nicht mehr von Bestehendem aus, sondern arbeitet „rückwärts". Kundinnen und Kunden stehen mit ihren Bedürfnissen am Anfang des Innovationsprozesses. Dieser Ansatz nennt sich „working back" und bietet eine radikale Kundenorientierung.

Als Ausgangspunkt entwirft das Team eine fiktive Pressemitteilung. Inhalt ist die Ankündigung eines neuen Artikels, der auf den Markt gebracht wird. Aufgrund der Art des Textes muss hier eine kundenorientierte Sprache angewandt werden. Das heißt, auch das komplizierteste Produkt muss leicht verständlich vorgestellt werden, denn sonst wird weder ein Medium die Mitteilung veröffentlichen, noch würde die Kundschaft es auf Anhieb verstehen. Dieser Ansatz lenkt den Blick auf die Bedürfnisse der Kundschaft. Nur das, was für sie relevant ist, wird Grundlage für die weitere Planung und Entwicklung.

Diese Methode trägt der Tatsache Rechnung, dass jährlich ca. 30.000 neue Produkte auf den Markt schwemmen, von denen jedoch 95 % scheitern (copetri 2021).

Auch bei der Kundenorientierung spielt Diversity eine große Rolle. Immer stärker ist der Bezug zu individuellen Bedürfnissen gefragt. Deshalb wird es immer wichtiger, die Ausgangspunkte bei diversen Menschen stärker zu berücksichtigen und auf ihre Wünsche einzugehen. Dazu bedarf es gleichzeitig diverser Mitarbeitender, die die entsprechenden Kenntnisse sowie das nötige Einfühlungsvermögen für spezifische Innovationen besitzen.

3.3   Mitarbeitendenorientierung

Die Art und Weise, wie Mitarbeitende im Unternehmen eingesetzt und wie sie als Persönlichkeit behandelt werden, erfährt in unserer Zeit eine grundlegende Veränderung. Die Erkenntnis, dass die Mitarbeitenden eine zentrale Rolle für den Erfolg spielen, steht im Vordergrund. Ebenso wichtig wie die fokussierte Ausrichtung an den Bedürfnissen, Interessen und Wünschen der Kundschaft ist die Orientierung an den Bedürfnissen, Perspektiven und Erfahrungen der Mitarbeitenden. Das geht über die Frage, wer an welchem Arbeitsplatz eingesetzt ist, weit hinaus. Schon allein „der" Arbeitsplatz ist zu hinterfragen, da sowohl Flexibilität wie Teamwork eine immer größere Rolle spielen. Unternehmen, die in den Mitarbeitenden nur reine Arbeitskräfte sehen und sie optimal verwalten wollen, können in einer Welt des technologischen Fortschritts und des zunehmend dynamischen und wettbewerbsbetonten Marktgeschehens auf die Dauer nicht mehr mithalten. Ein moderner Führungsstil wie auch ein modernes Personalmanagement bezieht das Wohlergehen der Mitarbeitenden ein, die täglich nicht als Betriebsfaktor, sondern als ganzheitlicher Mensch ihr Arbeitsfeld in Angriff nehmen.

Wer der Mitarbeitendenorientierung einen hohen Stellenwert einräumt, erkennt, dass nur so Engagement in der Belegschaft erzeugt und dauerhaft erhalten wird. Neue Mitarbeitende werden vom ersten Tag an optimal eingebunden, damit sie sich mit den Werten, der Mission und der Kultur ihrer Arbeitgeberschaft identifizieren können. Dazu muss jeder und jede Einzelne sich als Gesamtpersönlichkeit anerkannt und zugehörig fühlen.

Die innovative Unternehmung bietet kontinuierlich Maßnahmen zur Weiterbildung wie auch zur individuellen Weiterentwicklung an. Mitarbeitende erhalten die Möglichkeit, entsprechend ihren Kompetenzen eingesetzt zu werden, die sie auch verbessern können. Sie sollen darauf bauen dürfen, dass das Unternehmen ihre Lernprozesse unterstützt. Da das Geschäftsumfeld immer dynamischer wird, werden Fluktuationsprozesse selbstverständlicher. Weil gleichzeitig immer mehr Teamarbeit gefragt ist, fallen sie aber weit weniger ins Gewicht als in einer starren Hierarchie.

Funktionsübergreifende Zusammenarbeit an Projekten ist ein wichtiger Teil der Mitarbeitendenorientierung. So bringen alle ihre persönlichen Stärken und Kenntnisse ein, was kreative Lösungsstrategien fördert. Gleichzeitig werden individuelle besondere Leistungen anerkannt und belohnt. Diese können auch im Einbringen innovativer Ideen und Vorschläge bestehen. Mitarbeitendenorientierung bedeutet auch, persönliches Mitdenken zu fördern und zu einer gewissen Risikobereitschaft zu ermutigen. Neue Wege zu gehen ist auf dem Markt oft erforderlich.

Grundsätzlich herrscht bei einer guten Behandlung der Mitarbeitenden eine transparente und offene Kommunikation. Feedback wird nicht nur zugelassen, sondern ist gefragt. Gleichzeitig schafft die Unternehmung Kommunikationskanäle für die Mitarbeiterschaft, z. B. mit Plattformen. Die Arbeitskultur ist von Vertrauen und Teamgeist geprägt.

Durchdachte und gut angewandte Mitarbeitendenorientierung spart Personalkosten, weil sie die Bindung der Mitarbeitenden an die Unternehmung fördert. Zudem führt die Zufriedenheit von Mitarbeitenden zur Zufriedenheit der Kundschaft. Motivierte Mitarbeitende sind nämlich auch gute Servicekräfte. Sie sind bereit, sich den sich verändernden Bedingungen anzupassen, hinsichtlich der Arbeitsweise wie auch hinsichtlich des Umgangs mit der Kundschaft.

Eine ausgeprägte Mitarbeitendenorientierung bietet ein Umfeld, in dem diverse Menschen sich wohlfühlen, weil sie eine Atmosphäre schafft, in der es um eine gemeinsame Haltung zum Besten der gesamten Unternehmung geht, was das Beste für alle Beteiligten in allen Bereichen bewirkt. Keine Person muss Diskriminierung befürchten und kann darauf setzen, dass sie einen wichtigen Beitrag zum Ganzen leistet. Es darf daher keine Rolle spielen, aufgrund welcher Disposition jemand eingestellt wurde. Vom Quereinsteiger bis zur hoch spezialisierten Fachkraft sind alle Mitarbeitenden gleichermaßen wertzuschätzen.

Für konkrete Anerkennungsmaßnahmen für die Mitarbeiterschaft von Aktiengesellschaften sind Restricted Stock Units ein Beispiel als Alternative für Boni. Sie sind ein aktienbasiertes variables Vergütungselement, dessen Wert üblicherweise vom Börsenkurs der Aktien der Gesellschaft abhängt. Vor allem in den USA sind sie bereits verbreitet. Sie bieten einige Vorteile. Die Bindung der Mitarbeitenden an das Unternehmung wird verstärkt, weil es einen mehrjährigen Zuteilungsplan der Aktien an sie gibt. Außerdem haben sie Anteil am Gesamterfolg der Unternehmung. Da eine mehrjährige Besteuerung erfolgt, ergeben sich zudem steuerliche Vorteile (Glns 2024).

Zu einer modernen Mitarbeitendenorientierung gehört jedoch auch, dass die Leitung Bereitschaft zum ständigen Lernen fordert. Völlig unabhängig von Diversity ist das nicht allen Menschen gegeben. Anderen fehlt schlicht das Wissen über solche Auswirkungen des allgemeinen Fortschritts auf die Arbeitswelt. Es besteht also die Notwendigkeit, neue Mitarbeitende von vorneherein darauf einzustimmen.

In einer europaweiten Untersuchung von 2018 gaben 80 % der Befragten an, dass sie in den kommenden 10 Jahren langsame, geringe oder keine Veränderungen an ihrem Arbeitsplatz erwarten. 3 % gehen davon aus, dass ihr Arbeitsplatz in dieser Zeit verloren gehen wird (Deloitte 2024). Es ist also von Seiten der Führungsebene bei vielen Mitarbeitenden noch Überzeugungsarbeit zu leisten. Grundsätzlich liegt es im Verantwortungsbereich der Leitung, sie abzuholen, und nicht etwa umgekehrt.

Tatsächlich haben viele Unternehmensleitungen erkannt, dass gravierende Umstrukturierungen nötig sind. In der Studie „Human Capital Trends 2023" gaben 10.000 Führungskräfte aus 139 Ländern Auskunft über ihre Wandlungsfähigkeit (Deloitte 2023). 93 % gaben an, dass die Abkehr von der konventionellen Definition „Arbeitsplatz" für den Erfolg des eigenen Unternehmens relevant oder sehr relevant ist. Daraus ergibt sich auch, dass die Arbeit insgesamt für die Mitarbeitenden angenehm zu gestalten ist. Dazu zählen nicht nur die Nutzungsmöglichkeiten von Technologien, sondern z. B. auch die Bereitstellung von Möglichkeiten, etwas für die Gesundheit zu tun. Ebenso ist die Akzeptanz von Diversity auch hier wieder zu erwähnen. 33 % der Befragten gaben nämlich auch an, für ihre Unternehmen nicht die passenden Talente zu finden.

3.4   Unternehmensorganisation

3.4.1   Unternehmensleitung

Zur Leitung eines Unternehmens gehören das Management und die Führung.

Bei vielen Unternehmen herrscht ein klassisches Management, und zwar insbesondere dort, wo eine ausgeprägte und differenzierte Hierarchie besteht. Um innovative Wirtschaftsprozesse in Gang zu bringen, benötigt man zwar ein Management, aber mindestens ebenso zwingend eine zukunftsorientierte Führungsebene.

In der sich ständig weiterentwickelnden Landschaft des Unternehmenserfolgs hat die Unterscheidung zwischen Management und Führung tiefgreifende Auswirkungen auf die Gewinnung und Bindung von Talenten. Diese beiden Rollen sind zwar miteinander verbunden, dienen aber unterschiedlichen Zwecken innerhalb einer Organisation.

Beim Management geht es in erster Linie um die Gewährleistung von Effizienz, Kontrolle und Ordnung innerhalb einer Organisation. Die Mitarbeitenden im Management sind für die Überwachung von Prozessen, Ressourcen und Aufgaben verantwortlich, um vordefinierte Ziele zu erreichen. Ihr Schwerpunkt liegt auf der Ausführung von Plänen, der Kontrolle von Budgets und der Aufrechterhaltung der Stabilität.

Managerinnen und Manager sind häufig aufgabenorientiert. Sie sind für die Organisation und Koordinierung von Aktivitäten, die Zuweisung von Ressourcen und die Leistungsmessung verantwortlich. Ihr Erfolg wird häufig daran gemessen, wie gut sie die vorgegebenen Ziele erreichen und die betriebliche Effizienz aufrechterhalten.

Das Management arbeitet innerhalb etablierter Hierarchien und stützt sich auf Autorität, um die Einhaltung etablierter Regeln und Verfahren zu gewährleisten. Es übt Kontrolle aus, um festgelegte Ziele zu erreichen.

Bei der Führung geht es darum, Menschen zu inspirieren und zu motivieren, auf eine gemeinsame Vision hinzuarbeiten. Führungskräfte sind dafür verantwortlich, eine überzeugende Richtung für die Organisation vorzugeben, die das Engagement und die Begeisterung ihrer Teams anregt.

Führungskräfte konzentrieren sich auf die Menschen. Sie bauen Beziehungen auf, fördern Talente und schaffen ein Umfeld, in dem sich jeder Einzelne entfalten und sein volles Potenzial ausschöpfen kann. Sie wissen, dass motivierte Teams Innovation und Erfolg vorantreiben.

Führung beruht auf Einfluss und Vertrauen, nicht auf Autorität. Führungspersönlichkeiten verdienen sich Vertrauen durch ihr Handeln, ihr Einfühlungsvermögen und ihre Authentizität. Sie gehen mit gutem Beispiel voran und inspirieren andere dazu, ihnen freiwillig und aus Überzeugung und keineswegs aus Pflichtgefühl zu folgen.

Zwar sind sowohl Management als auch Führung für den Erfolg eines Unternehmens von entscheidender Bedeutung, doch erweist sich die Führung oft als entscheidend für die Gewinnung und Bindung von Spitzenkräften. Eine starke Führung inspiriert, befähigt und schafft eine integrative und wachstumsorientierte Kultur, die den Ansprüchen der heutigen Belegschaft gerecht wird. Indem sie die Macht einer effektiven Führung erkennen, können Unternehmen ihre Fähigkeit verbessern, die Talente anzuziehen und zu halten, die sie brauchen, um in einem wettbewerbsorientierten und dynamischen Geschäftsumfeld erfolgreich zu sein. Zu diesen Talenten zählen grundsätzlich diverse Menschen.

Effektive Führungskräfte legen großen Wert auf das Wachstum und die Entwicklung ihrer Teams. Sie bieten Möglichkeiten für den Ausbau von Fähigkeiten, Mentoring und berufliche Weiterentwicklung. Dieses Engagement für persönliches und berufliches Wachstum ist ein Magnet für Spitzentalente, die nach Möglichkeiten suchen, zu lernen und in ihrer Karriere voranzukommen.

Aus diesen Gründen ist bei Führungskräften hohe soziale Kompetenz gefragt. Pures Berechnen von Faktoren, die die Human Resources betreffen, führt nicht zum Ziel. Am effektivsten arbeiten sogar Führungskräfte mit hoher emotionaler Intelligenz. Sie können mit ihren Mitarbeitenden auf einer tieferen Ebene in Kontakt treten, weil sie deren Bedürfnisse und Bestrebungen verstehen. Da sie sich in sie hineinversetzen können, entsteht ein Gefühl des Vertrauens und der psychologischen Sicherheit, was wiederum die Bindung von Talenten fördert.

Dieser Führungsstil passt sich der Dynamik an, die in wirtschaftlichen und gesellschaftlichen Prozessen herrscht. Sowohl Führungskräfte wie Mitarbeitende müssen flexibel handeln und denken können. Doch auf der anderen Seite steigt auch das Bedürfnis nach Harmonie, das auch am Arbeitsplatz nach Befriedigung sucht. Arbeitgebende müssen nicht nur den Kopf, sondern auch das Herz der Mitarbeitenden ansprechen.

Die Führungskräfte der Zukunft müssen sich zusätzlich der fortschreitenden technischen Entwicklung stellen, die die Vorstellung eines klassischen Arbeitsplatzes immer unfruchtbarer macht. Die Zusammenarbeit virtueller Teams wird zunehmen, dieser Trend ist unübersehbar. Diese Arbeitsform zeichnet sich durch folgende Merkmale aus:

* Die Mitglieder des Teams sind physisch nicht mehr am selben Ort. Vielmehr können die physischen Arbeitsplätze weit auseinander liegen.
* Ein Team arbeitet an einer Aufgabe, für die eine temporäre Begrenzung gilt. Danach löst sich die spezifische Zusammenstellung wahrscheinlich auf. Neue Teams unter neuen Gesichtspunkten sind zu bilden.
* Die Mitglieder des Teams können interdisziplinär zusammengesetzt sein, um ein gemeinsames Ziel zu erreichen.
* Virtuelle Teams brauchen funktionsfähige Kommunikationskanäle.

Für Führungskräfte bedeutet diese Arbeitsweise, dass sie mit den Teams in einem fortlaufenden Austausch sein sollten, und zwar auch mit den einzelnen Mitarbeitenden und nicht nur mit den Teamleitungen. Zudem müssen sie dafür sorgen, dass den virtuellen Teams stets alle nötigen Informationen zur Verfügung stehen. Dafür reichen regelmäßige Mails kaum noch aus. Nötig sind zentrale Informationspools, und zwar in der Regel cloud-basierte. Das kann eine enge Zusammenarbeit mit den Datenschutzbeauftragten bedeuten.

Zu einem innovativen Führungsstil passen keine konventionellen Organisationsformen. Die tiefgreifendste Änderung bei der Abkehr von strikten Vorgaben, Autoritätshörigkeit und Kontrollzwang leben viele Startups vor. Hier findet sich ein neuer Typ von Führungskraft. Die klassischen Vorgesetzten gibt es nicht mehr. An ihre Stelle treten Mitarbeitende, die Projekte und Teams leiten bzw. anleiten. Abteilungen sind übergreifend organisiert. Teams sind befugt und beauftragt, Ziele in selbstständiger Arbeit zu erreichen. Dazu passt keine Kultur von Anweisungen und Vorgaben. Vielmehr gibt es Moderatorinnen und Moderatoren sowie Coachs. In solchen Organisationsformen verschmelzen sogar die Bereiche Management und Führung.

3.4.2 Automatisierung bei Routinetätigkeiten

Lange glaubte man, Automatisierung würde einer humanen Arbeitswelt entgegenstehen, weil Arbeitnehmende nur noch Knöpfe und Hebel zu betätigen hätten. Nicht zuletzt durch den Einsatz von künstlicher Intelligenz zeigt sich immer mehr, dass Automatisierung zu einer allgemeinen Entlastung in der Arbeitswelt führt.

Grundsätzlich ist ein Unternehmen darauf angewiesen, Fehlerquellen zu vermeiden bzw. schnellstmöglich zu erfassen und zu eliminieren sowie Effizienz, Produktivität und Wettbewerbsfähigkeit zu steigern. All das ist ohne Automatisierung nicht mehr möglich. Die Bundeszentrale für politische Bildung wies auf einige Forschungsergebnisse hin (bpb 2023). Sie enthielten die Erkenntnis, dass bahnbrechende technische Erneuerungen bislang neue Beschäftigungsmöglichkeiten und sogar neue Branchen erzeugten. Beispielsweise erhielt das Bundesministerium für Wirtschaft und Klimaschutz das Ergebnis, dass ein geringer Einsatz von künstlicher Intelligenz in den Jahren 2016 bis 2018 etwa 48.000 Arbeitsplätze hervorgebracht hat. Insofern kann im Wesentlichen davon ausgegangen werden, dass die Arbeitnehmerschaft nicht unter dem Einsatz von Automatisierung leidet.

Eine Unternehmung sollte im Rahmen der eigenen Automatisierung den Schwerpunkt auf die Rationalisierung von Routinetätigkeiten legen. Das bedeutet, dass einfache und immer wiederkehrende Vorgänge betroffen sind. Viele Vorgänge, vor allem wenn sie die Entwicklung betreffen, sind keine Routinetätigkeiten. Wo es auf Kreativität und innovatives Denken ankommt, wird Automatisierung nicht weiterhelfen. Automatisierung bis hin zur Anwendung von künstlicher Intelligenz kann einen Teilbereich der Arbeit qualitativ verändern, aber nicht die Arbeit in ihrer Gesamtheit ersetzen. Nichtsdestotrotz sollte jede Unternehmung die eingesetzten Automatisierungsprozesse überwachen.

In der Pandemie Anfang der 2020er-Jahre hat sich deutlich gezeigt, dass Automatisierung bei Routinetätigkeiten einen hohen Wettbewerbsvorteil bieten kann, weil sie beispielsweise Priorisierung ermöglicht. Doch die Notwendigkeit dazu gilt grundsätzlich. Insbesondere in mittelständischen Unternehmungen wird sie nur zögerlich eingeführt. Ein einfaches Beispiel im Bereich der Logistik zeigt, wie der Einsatz eines smarten Dispositionssystems für häufig nachgefragte Waren einer Unternehmung Kosten und Zeit sparen kann (inform-software 2020):

- Das System analysiert den Bestellablauf und die Entwicklung des Absatzes.
- Es errechnet den besten Zeitpunkt für den nächsten Bestellvorgang und gibt die aktuell notwendige Anzahl an.
- Es generiert den Vorschlag, eine Bestellung aufzugeben, die man nur mit einem Anklicken zu bestätigen braucht.
- Es zeigt verschiedene Lieferbedingungen und Servicemöglichkeiten an.

Das System erzeugt den optimalen Wareneinsatz, indem es die Lagerhaltung bestmöglich gestaltet und kontrolliert. Es arbeitet weitaus fehlerfreier als menschliche Arbeitskraft. Zudem ist die Übernahme der gesamten Bestellabwicklung erleichternd, weil es sich dabei um einen vielschichtigen Vorgang handelt, bei dem verschiedene Datensätze abzugleichen sind. Die Automatisierung spart hier Zeit und Ressourcen ein. Vorgänge, die sich in vergleichbarer Weise stets wiederholen, sind deshalb grundsätzlich Kandidaten für den Einsatz. Die Zeitersparnis kann z. B. für die intensivere Kommunikation verwendet werden, die durch Home-Office und virtuelle Teams nötig wird.

Für große Betriebe mögen das keine überraschenden Erkenntnisse sein, weil hier schon vieles angewandt wird. Doch in Deutschland beispielsweise findet sich die Arbeitnehmerschaft zu etwas mehr als der Hälfte in kleinen und mittleren Unternehmen (Statistisches Bundesamt 2021). Damit diese Betriebe ihr Überleben sichern, sind Überlegungen zur Automatisierung bei Routinetätigkeiten unabdingbar. Sie sichern in technischer Hinsicht den Betrieb, aber auch im Sinne der Arbeitnehmenden, deren Arbeit erleichtert wird. Zusammen mit der Öffnung für diverse Mitarbeitende liegt hier ein großes Potenzial für die Zukunft in einer Welt, in der sich Grenzen auf mehreren Ebenen auflösen.

Ein Unternehmensmodell der Zukunft ist das disruptive Geschäftsmodell – ein typisches Produkt der Wirtschaft im einundzwanzigsten Jahrhundert. Obwohl es mit dem Begriff disruptiv im wörtlichen Sinn als zerstörend bezeichnet wird, ist es für alle Firmengründenden zu bedenken. Damit wird ein Modell beschrieben, das zu einer Sprunginnovation führt. Es erzeugt einen noch nie dagewesenen Markt. Konventionelle Waren oder Dienstleistungen und auch veraltete Technologie geraten ins Hintertreffen. Ein Beispiel ist der Internetgigant Amazon, der sich zum weltweit größten Einzelhändler entwickelt hat, ohne selbst überhaupt Artikel zu besitzen. Ein anderes Beispiel ist der Fahrdienst Uber, der sich in Amerika etabliert hat. Hier hat die Unternehmung verstanden, dass ein Teil der Kundschaft mittlerweile weniger nach der Ware Auto verlangt, als vielmehr nach dem „Zustand" mobiles Vorankommen ohne eigenen Wagen fragt (Digitalzentrum-Chemnitz 2024).

Solche radikalen Marktbesetzungen sind ohne ausgefeilte Automatisierungsprozesse nicht denkbar. Unter anderem sorgen sie dafür, dass Ressourcen effizient verwendet werden, wobei Synergieeffekte entstehen.

Dafür ist eine Haltung nötig, die solche Prozesse nicht als Bedrohung, sondern als Chance versteht. Dies wiederum erfordert eine neue Form der Organisation und eine moderne Vorstellung davon, wie die Mitarbeiterschaft zu rekrutieren und zu führen ist, ganz zu schweigen davon, dass Diversity als selbstverständlich gilt.

Ebenso stehen die Bedürfnisse der Kundschaft im Vordergrund. Anvisiert wird deshalb für ein disruptives Geschäftsmodell immer die aktuelle Lage, verbunden mit dem Wahrnehmen, Erkennen und Bewerten einer Tendenz, die sich perpetuieren wird. Dazu bedarf es wiederum einer effektiven Datenverarbeitung auf der Basis neuester Technologie und die Bereitschaft, bereits mit hoher Automatisierung in das Geschäft einzusteigen.

3.4.3 Wissensarbeit

Die heutige Wissensgesellschaft entpuppt sich beim näheren Hinsehen als lernende Gesellschaft, weil sich das Wissen in schneller Taktung weiterentwickelt und immer wieder an die laufenden Prozesse angepasst werden muss. Das gilt insbesondere für Organisationen und Unternehmungen.

Bereits im Jahr 2000 machte Martin Heidenreich von der Carl von Ossietzky Universität in Oldenburg auf die Widersprüche aufmerksam, die in Betrieben daraus entstehen. Ein gravierendes Moment sieht er auf der sozialen Ebene in den Unterschieden zwischen einerseits klar hierarchisch gestalteten und andererseits weitgehend hierarchiefreien Organisationsformen. Mit diesem Spannungsfeld muss jedes Unternehmen umzugehen lernen. Durch Hierarchie sollen Verantwortungsbereiche gesichert werden wie z. B. eine gut funktionierende Verwaltung. Dies spricht für Abteilungen. Andererseits soll die Initiative und Motivation der Mitarbeiterschaft gefördert werden, was den Anforderungen der Wissensgesellschaft Genüge tut. Das spricht für Gruppenarbeiten sowie abteilungsübergreifende und interdisziplinäre Projekte. Nun kann es zu Konflikten zwischen Fachabteilungen und den Kompetenzen der Mitarbeitenden in einzelnen Projekten kommen. Er belegt das an folgendem Beispiel in einem Maschinenbaubetrieb (Heidenreich 2020).

Der Betrieb etablierte eine Projektgruppe. Hierbei waren Vertriebsmitarbeitende sowie Verantwortliche für Konstruktion, Fertigung, Vertrieb und Betreuung der Kundschaft verantwortlich. Es zeigte sich, dass die Mitarbeitenden sich für die Abteilung, aus der sie kamen, und deren Zielsetzungen verantwortlicher fühlten als für das Projekt. Daher arbeiteten alle eher allein für sich als miteinander.

Diese Erfahrung machten auch andere Unternehmen. Sie stärkten deshalb die Position der Projektleitenden. Das brachte eine andere Herausforderung hervor. Die Hauptverantwortlichen verloren nun den Kontakt zu ihren eigenen Bereichen, aus denen sie kamen.

Heidenreichs Ausführungen zeigen, dass Mitarbeitende sich mit Gruppen identifizieren. Selbst wenn sie sich mit der Unternehmung als Gesamtheit identifizieren, neigen sie dennoch zu einer Art Solidarität mit dem ihnen ursprünglich zugeordneten Bereich. Sind sie in zwei Bereichen tätig (Abteilung und Projekt), neigen sie daher zu einer Priorisierung.

Projektarbeiten sind bei vielen Unternehmen integriert. Doch die Organisationsform ist der Wissensgesellschaft noch nicht angepasst. Eine andere Falle bei hierarchiebetonten Organisationsformen besteht darin, dass ein neues Produkt entwickelt werden soll, daran aber kein abteilungsübergreifendes Team mit unterschiedlichen Kompetenzen arbeitet. Vielmehr sind zwei oder mehr Bereiche damit befasst. Das erzeugt Konkurrenzdruck. Der dringend benötigte Wissensaustausch wird dadurch blockiert, auch wenn die Produktentwicklung selbst als Projekt verstanden wird.

In einer Wissensgesellschaft muss Wissen aktuell für alle Beteiligten verfügbar sein. Dafür müssen die entsprechenden Kommunikationswege zur Verfügung stehen, aber auch rege genutzt werden. Die Wichtigkeit funktionierender Kommunikation zwischen Mitarbeitenden steht der für den Kundenservice in nichts nach.

Da hat zur Folge, dass sich die Verantwortung für Entscheidungen verschiebt. Sie liegt nicht mehr bei den Bereichsleitungen, die Mitarbeitende an dem Projekt teilnehmen lassen, sondern bei den Projektbeteiligten und allenfalls bei der Projektleitung.

Die Wissensgesellschaft erfordert deshalb Agilität als Arbeitsform (greatplacetowork 2022). Sie bewirkt, dass Unternehmen sich neuen Situationen und Herausforderungen schnellstmöglich anpassen können. Eingefahrene Strukturen sind dabei hinderlich. In einer agilen Unternehmung gibt es für ein Projekt keine starren Vorgaben. Vielmehr werden Prozesse immer wieder unterbrochen, evaluiert und neu angepasst. Agile Unternehmungen haben flache Hierarchien und zeichnen sich durch Effektivität und proaktives Handeln aus.

Kritisches Denken ist dabei zu jeder Zeit erwünscht. Die Grenzen zwischen den einzelnen Unternehmensbereichen verschmelzen. Somit sind einige Bereiche nicht mehr klar abgegrenzt. Jede neue Erkenntnis und jeder Fortschritt wird den anderen sofort mitgeteilt.

Damit geht einher, dass die Mitarbeitenden in Projektarbeiten sich weitgehend selbst organisieren. Die verschiedenen Expertinnen und Experten arbeiten Hand in Hand. Die Identifizierung mit der Unternehmung wird dadurch sogar gestärkt, denn die Mitarbeitenden identifizieren sich mit ihrem Projekt und dessen Erfolg. Vorgehensweisen werden nicht angeordnet, sondern durch Absprachen festgelegt. Umstellungen, die von der Unternehmensseite oder dem Kundenkreis erforderlich werden, können mit gut laufenden Projektarbeiten am besten bewerkstelligt werden. Die Aufgabe der Leitung ist es, angemessene Bedingungen für Projektarbeiten bereitzustellen und die Mitarbeitenden bei allem zu fördern, was diese Arbeit unterstützt.

Eine agile Unternehmung ist aufgeschlossen für digitale Innovationen, weil dadurch die Entwicklungs- und Ablaufprozesse am besten gefördert werden. Unternehmungen benötigen in einer Wissensgesellschaft demnach sowohl Agilität wie digitale Transformationen. Die meisten Unternehmen befinden sich noch auf dem Weg dahin, und das auch nur, soweit sie die innovativen Herausforderungen erkannt haben. Die österreichische Unternehmensberatung Great Place to Work hat untersucht, wie es um die Umsetzung der beiden Faktoren bestellt ist. 1048 Mitarbeitende aus Deutschland wurden befragt. Das Ergebnis (greatplacetowork 2022):

- 43 % der Mitarbeitenden waren überzeugt, dass ihr Arbeitgeber die Transformation erfolgreich bewältigen wird.
- 52 % der Führungskräfte glaubten an die erfolgreiche Bewältigung.
- 58 % der Geschäftsführerinnen und Geschäftsführer glaubten an die erfolgreiche Bewältigung.

Die Wissensgesellschaft erfordert auf der Unternehmensebene Umdenken und Neuorientierung. Dazu gehört der Faktor Diversity, und er passt sehr gut in das neue Bild. Je weniger Hierarchie herrscht, desto mehr beziehen sich betriebliche Vorgaben auf die Sache und nicht auf menschliche Attribute, die mit der Sache nichts zu tun haben. Die Wissensgesellschaft bringt an den Tag, dass wirtschaftlicher Fortschritt nur mit Fortschritt bei dem Denken möglich ist, das sich von Vorurteilen befreit hat.

3.5 Unternehmenszweck

3.5.1 Werte

Unternehmenswerte sind die Wertvorstellungen, die ein Unternehmen vertritt. Dabei geht es um Werte, die nach innen wie auch nach außen gelten sollen. Sie bilden die Basis für die Unternehmenskultur. Diese umfasst alle Regeln, grundsätzlichen Einstellungen und gelebten Gewohnheiten, die in einer Unternehmung festgelegt sind bzw. gelebt werden. Sind sie reflektiert ausgewählt und in Einklang mit den Unternehmenszielen, dann haben sie Auswirkungen mindestens auf

- Auswahl und Führung der Mitarbeitenden
- Auswahl der Geschäftspartnerinnen und Geschäftspartner
- interne Prozesse wie neue Entwicklungen, z. B. von Produkten

Die geltenden Wertvorstellungen sollten der gesamten Mitarbeiterschaft bekannt sein. Sie tragen dazu bei, dass die Arbeit als sinnstiftend wahrgenommen wird und fördern so die Identifikation mit dem Unternehmen. Insofern wirken sie sich auch auf die Bindung der Mitarbeitenden an den Betrieb aus. Im Gegenzug kann von den Mitarbeitenden das aktive Umsetzen der Werte erwartet werden.

Grundsätzlich bestimmt jede Unternehmung ihre Werte selbst. Zu den wichtigsten gehören u. a. (Heidenberger 2023):

- Exzellenz (Streben nach bester Qualität)
- Zusammenarbeit
- Kundenorientierung
- Fairness
- Diversität und Inklusion
- Transparenz
- Verantwortungsbewusstsein
- Nachhaltigkeit
- Unabhängigkeit
- Mitarbeitendenorientierung
- Zuverlässigkeit

Der multinationale Konzern IKEA veröffentlichte folgende Werte: Bescheidenheit und Willensstärke, Führung durch beispielhaftes Verhalten, Mut zum Anderssein, Zusammengehörigkeit und Enthusiasmus, Kostenbewusstsein, Wille zur Erneuerung sowie Verantwortung übernehmen und delegieren.

Das internationale Unternehmen Armacell International S. A. gab Kundenorientierung, Mitarbeiterorientierung, Eigenverantwortung und Rechenschaftspflicht, Integrität sowie Nachhaltigkeit an.

Die Wolters Kluwer Deutschland GmbH schrieb als Leitwerte Innovation, Kundenorientierung, Verantwortlichkeit, Integrität, Werteschaffung und Teamwork auf ihre Fahnen (Heidenberger 2023).

Diese kleine Auswahl zeigt, dass die Wertvorstellung Diversity noch nicht überall verankert ist. IKEA formulierte zwar (2023) „Mut zum Anderssein", doch das deckt Diversity bei weitem nicht ab. Wer den Mut zum Anderssein hat, muss noch lange nicht akzeptiert werden. Demgegenüber bedeutet Diversity als Wertvorstellung, die Attribute von

Menschen nicht nur wahrzunehmen, sondern Inklusion – das selbstverständliche Einbeziehen diverser Menschen – zu fördern. Diese Haltung ist nicht nur ein humanitärer Ansatz
im Sinne der Einhaltung von Menschenrechten, sondern muss für die Verwirklichung innovativer Unternehmensstrategien als unerlässlich angesehen werden.

Die Werte eines Unternehmens zeigen sich deutlich, wenn man sich den Führungsstil
und den Umgang mit den Mitarbeitenden anschaut. Selbstverständlich spielen auch im
Umgang mit der Kundschaft Werte eine große Rolle. Eine Unternehmung sollte ihre Produkte und ihr Verhalten stets verantworten können. Dennoch steht hier die Orientierung
am Marktgeschehen im Vordergrund, denn das Unternehmen braucht nicht auf die Gesamtpersönlichkeit eines Kunden oder einer Kundin einzugehen.

Wenngleich eine bewusste Werteorientierung ebenfalls der Behauptung auf dem Markt
dient, so ist die zwischenmenschliche Komponente in der Beziehung Unternehmung –
Mitarbeiterschaft doch nicht zu übersehen. Eine Unternehmung, die nicht auf die Dispositionen und Bedürfnisse ihrer Mitarbeitenden eingeht, kann kein authentisches und dadurch wirksames Engagement erwarten. Wer sich mit dem Unternehmen und seinen Zielen identifizieren soll, kann im Gegenzug davon ausgehen, ein gutes Betriebsklima und
eine klare, offene Kommunikation vorzufinden. Dazu zählt eine Feedback-Kultur.

Insbesondere bei Projektarbeiten ist eine Teambeurteilung von Zeit zu Zeit unerlässlich
für den guten Fortgang der Zusammenarbeit. Dabei sollten sich die Mitglieder gegenseitig
beurteilen. So entsteht der Blick auf die Gesamtlage des Teams hinsichtlich seiner
Leistungsfähigkeit. Die Teambuilding wird gefördert. Eine professionelle Anleitung ist jedoch empfehlenswert.

In einer modernen Unternehmensorganisation bietet sich das 360 Grad Feedback an.
Darin sind Selbsteinschätzung, Beurteilung durch Vorgesetzte und Einschätzung durch die
Teammitglieder enthalten (rexx-systems 2024).

Viele Unternehmungen haben auch ein System installiert, in dem die jeweiligen Vorgesetzten beurteilt werden. Für ein Feedback, das Mitarbeitende von Vorgesetzten erhalten, ist Vertrauen die Grundlage. Vertrauen ist ein unersetzlicher menschlicher Wert in
einem Unternehmen. Nur auf dieser Basis können Mitarbeitende Vorschläge, Be-
obachtungen und eventuelle Hinweise für Veränderungen annehmen.

Die Wertvorstellungen einer Unternehmung zeigen sich im Umgang mit der Mitarbeiterschaft nicht nur in schriftlich fixierten Thesen. Sie gehen in die tägliche Arbeit ein. Ein
grundlegender Wert, den ein modernes Unternehmen nicht mehr ausgrenzen kann, wenn
es erfolgreich sein will, ist Akzeptanz. Sie schließt Diversity ein. Noch eine Stufe weiter
geht Wertschätzung, die kommunizierte Anerkennung impliziert.

Wie wichtig es ist, theoretisch festgesetzte Werte auf die praktischen Tätigkeiten anzuwenden, kann kaum überschätzt werden. Will man nämlich ein agiles Unternehmen schaffen, das sich durch hohe Anpassungsfähigkeit auszeichnet, so muss man alle mitnehmen,
die in der Unternehmung tätig sind. Dazu muss man ihre Persönlichkeit kennen und auf sie
eingehen. Agilität kann man nicht anweisen, man muss sie empathisch einführen. Sieht
man von Startups ab, die von vornerein eine moderne Unternehmensform etablieren,

sehen sich viele Unternehmen vor die Aufgabe gestellt, gravierende Änderungsprozesse durchzuführen. Eine deutsche Studie zeigt auf, inwieweit Mitarbeitende dafür bereit sind, und zeigt die Gründe dafür auf (greatplacetowork 2022).

Es gibt mehrere Persönlichkeitstypen, die entsprechend ihrer individuellen Disposition verschieden auf veränderte Rahmenbedingungen reagieren. Man kann im Wesentlichen vier unterscheiden.

1. **Aktive Innovatorinnen und Innovatoren**. Sie begegnen Veränderungen und komplexen Herausforderungen mit Freude und denken kunden- und lösungsorientiert. Sie können sich für innovative Geschäftsmodellen begeistern. Solche Mitarbeitenden sind mit 9 % in den Unternehmungen vertreten.
2. **Optimistische Mitarbeitende.** Sie sind sich der Notwendigkeit von Veränderungen bewusst und sehen zuversichtlich in die Zukunft. Sie analysieren die Bedürfnisse der Kundschaft und tragen zur Verbesserung des Geschäftsmodells bei. Sie sind in der Lage, aus Fehlern zu lernen und pflegen eine offene Kommunikation. Solche Mitarbeitenden sind zu 30 % in Unternehmungen vertreten.
3. **Beständige Mitarbeitende.** Sie vertrauen auf das bestehende Geschäftsmodell, Veränderungen belasten sie. Sie möchten Wissen nicht teilen, sondern es lieber als Machtfaktor behalten. Solche Mitarbeitenden sind zu 52 % in Unternehmungen vertreten.
4. **Pessimistische Mitarbeitende.** Sie erleben Veränderungen als bedrohlich. Innovationen ergeben keinen Sinn für sie, ebenso wenig wie das Teilen von Wissen. Sie engagieren sich nicht für Veränderungen und kommen nur den notwendigsten Anforderungen nach. Solche Mitarbeitenden sind zu 10 % in Unternehmungen vertreten.

Da es sich um Durchschnittswerte handelt, muss man davon ausgehen, dass ein Teilaustausch der Belegschaft keine Hilfe wäre. Die Unternehmensleitung ist gefordert, den einzelnen Typen entgegenzukommen. Dazu braucht es Akzeptanz und Kommunikation. Veraltete Wertvorstellungen wie Autoritätshörigkeit und Unselbstständigkeit laufen Veränderungsprozessen entgegen, weil sie die Mitarbeiterschaft dazu provozieren, sich zu verweigern. Gefragt ist die Stärkung einer Kultur des Vertrauens sowie der Ermutigung, eigene Ideen einzubringen, konstruktive Kritik zu üben und eine angstfreie Kommunikation zu pflegen. Unterstützend dafür wirkt nicht zuletzt eine angenehme Umgebung. Die innovativ denkenden und optimistischen Mitarbeitenden sind geschickt und fördernd in die neuen Prozesse einzubinden, und die beständigen und pessimistischen sind mitzunehmen. Das alles funktioniert nur, wenn die entsprechenden Wertvorstellungen vorhanden sind, darunter vor allem Respekt und Wertschätzung gegenüber allen Mitarbeitenden.

Wertvorstellungen, die öffentlich kommuniziert werden, wirken sich auch auf das Image der Unternehmung aus und können dadurch die Erweiterung der Kundschaft und die Stärkung der Wettbewerbsfähigkeit fördern. Die Wertvorstellungen gehen fließend in den Bereich der Unternehmungsethik über.

3.5.2   Unternehmensethik

Die Unternehmensethik überschneidet sich mit vielen Wertvorstellungen, geht aber in einigen Punkten auch darüber hinaus. Das betrifft vor allem die Wirkung nach außen. Dieser Fakt erklärt sich dadurch, dass Unternehmensethik ein Teil der Wirtschaftsethik darstellt. Sie ist die Leitlinie sowohl für die Leitung wie auch für die Beschäftigten in der Frage, in welcher Weise Entscheidungen ethisch verantwortbar sind. Ein Unternehmen befindet sich im Spannungsfeld zwischen dem Streben nach wirtschaftlicher Effizienz und Effektivität einerseits und den eigenen Ansprüchen daran, moralische Werte zu berücksichtigen. Es gilt, beides in einen guten Einklang zu bringen.

Grundlegende Prinzipien der Unternehmensethik sind z. B. Gerechtigkeitsdenken, Verantwortungsbewusstsein, eine offene Kommunikation und Umweltbewusstsein. Was die ethischen Grundsätze von dem Wertekanon unterscheidet, ist, dass sie bis zur Wirkung auf der gesellschaftlichen Ebene reichen. Ethisch handelnde Unternehmen übernehmen gesellschaftliche Verantwortung und Engagement. Das Einhalten von Gesetzen und Vorschriften ist für sie selbstverständlich. Ethisch korrektes Handeln verträgt sich nicht mit Betrug, Korruption oder Übervorteilung. Ethische Prinzipien sind daher prägend für den Umgang mit der Mitarbeiterschaft, der Kundschaft, den Geschäftspartnerinnen und -partnern sowie mit den Bedürfnissen und Anforderungen der Gesellschaft und der Umwelt. Einer der positiven Aspekte, die sich daraus ergeben, ist, dass Unternehmen, die diese Prinzipien nicht nur proklamieren, sondern auch nach ihnen handeln, seltener in juristische Auseinandersetzungen verwickelt werden, beispielsweise im Zusammenhang mit Bußgeldern.

Häufig führt die eigene Unternehmensethik des Unternehmens dazu, dass es Corporate Social Responsibility (kurz CSR genannt) betreibt. Damit ist freiwilliges Engagement gemeint, für das sich eine Unternehmung auf gesellschaftlich relevanter Ebene einsetzt. Das können interne Prozesse sein wie Vermeidung von Plastikprodukten im Betrieb, das sind aber auch oft Maßnahmen wie Beteiligung an sozialen kommunalen oder regionalen Projekten. Ebenso können Unternehmen sich ehrenamtlich engagieren und Sponsoring betreiben. Selbstverständlich wird dieses Handeln Öffentlichkeitswirksamkeit entfalten. Nicht zuletzt deshalb wirkt sich die praktizierte Unternehmensethik auch auf das Image der Unternehmung aus. Besonders die Eigenschaften Zuverlässigkeit und Vertrauenswürdigkeit werden in der öffentlichen Wahrnehmung durch soziales Engagement gestärkt. Ein stabiles Image in Sachen Unternehmensethik hat zudem einen positiven Einfluss auf die wirtschaftliche Stabilität (Homann 2023).

Wie sich Wertvorstellungen und Unternehmensethik ergänzen, zeigte z. B. die Tyco Fire & Security Holding Germany GmbH (mittlerweile ging sie in der Firma Johnson Controls auf). Als ihre Leitwerte nannte sie Integrität, Exzellenz, Teamarbeit und Verantwortung. Auf dieser Basis hatte sie Unternehmensinitiativen ins Leben gerufen, darunter für Gesundheit, Vermeidung von Gefährdungen von Menschen und Umwelt, ein Netzwerk für Frauen sowie Diversity und Inklusion (Heidenberger 2023).

Nicht nur die Kundschaft, auch die Arbeitnehmerschaft beurteilt ein Unternehmen heutzutage nach seiner ethischen Ausrichtung. Diese Tendenz wird eher zu- als abnehmen, da zur Ethik Umwelt- und Naturschutz sowie Menschenrechte zählen und diese Faktoren immer mehr in den Medien auftauchen und dadurch immer stärker ins Bewusstsein der Bevölkerung rücken. So schauen bereits potenzielle Arbeitnehmende vor ihrer Bewerbung auf diese Punkte. Diversity ist auf dem Weg dahin, zu diesen Faktoren zu zählen. Da diverse Menschen jedoch meistens zur Minderheit zu rechnen sind, ist dieser Prozess aktiv zu unterstützen (ebenso wie in manchen Unternehmen die Förderung von Frauen, die ja keine Minderheit darstellen).

Insbesondere der Blick auf die Einhaltung der Menschenrechte rückt immer stärken in den Fokus der Öffentlichkeit und wirkt sich auf das Engagement von Unternehmungen aus. Im Februar 2024 berichteten Medien, dass der Druck auf die Volkswagen AG, sich von ihrer Produktionsstätte in der chinesischen Region Xinjiang zurückzuziehen, wachsen würde. Er entstand dadurch, dass der Chemiekonzern BASF SE seinen Rückzug Anfang Februar 2024 angekündigt hatte. Grund war, dass Mitarbeitende des Partnerunternehmens, der Xinjiang Markor Chemical Industry, in der gleichen Region Uiguren ausspioniert hatten. Die BASF SE verkündete, dass das nicht mit ihren Werten vereinbar sei. Tatsächlich führt die BASF SE auf ihrer Website (2024) unter anderem den Punkt „Verantwortungsvolle Interessenvertretung" aus und schreibt dazu: „Wir unterstützen und fördern verantwortliche, nachvollziehbare, transparente und demokratische Prozesse, die der ganzen Gesellschaft dienen." Nun fand Volkswagen sich im Zugzwang, ebenfalls Konsequenzen zu ziehen (Merkur 2024; Zdf 2024; BASF 2024).

Da ethische Prinzipien in Unternehmungen immer stärker zum gesellschaftlich relevanten Faktor werden, gründeten namhafte Persönlichkeiten aus Wirtschaft und Wissenschaft 2003 den Ethikverband der Deutschen Wirtschaft e. V. Er hat sich zum Ziel gesetzt, „Unternehmen und Führungskräfte dabei (zu unterstützten), ihre Werteorientierung gegenüber der Öffentlichkeit und nach innen gegenüber der Mitarbeiterschaft adäquat zu formulieren und zu adressieren." Er verweist darauf, dass Unternehmen oft Hilfe dabei benötigen, ihre Unternehmensziele so zu kommunizieren, dass sie sich nicht dem Vorwurf unmoralischen Handels ausgesetzt sehen. Unternehmen sollen sich so positionieren können, dass ihr wirtschaftliches Handeln ihren moralischen Grundsätzen nicht widerspricht. Insofern möchte der Ethikrat dazu beitragen, dass „die Mechanismen von Ethik und Moral im gesellschaftlichen Diskurs an der Schnittstelle zur Ökonomie transparenter und bewusster werden." Der Ethikverband empfiehlt Unternehmen, Ethikbeauftragte zu benennen (Ethikverband 2024).

Ethikbeauftragte handeln im Auftrag der Leitung. Sie sind für alle Fragestellungen zuständig, die im Unternehmensalltag anfallen. Arbeitnehmende könne sich an sie wenden, wenn sie für sich eine ethische Problemstellung erkennen. Ethikbeauftragte sollen das Unternehmen beraten, aber auch kontrollieren, wenn es um ethisch bedenkliche Aktivitäten oder Arbeitsbereiche geht. Zudem sind sie für das Durchführen von Ethikschulungen zuständig (Wirtschaftslexikon 2024).

Für diesen Aufgabenbereich sind Skills erforderlich. Neben entsprechenden juristischen Kenntnissen müssen die Beauftragten einen guten Überblick über alle Abläufe im Unternehmen haben. Sie sollten über einen hohen Grad an Kommunikationsfähigkeit verfügen, denn es können Interessenskonflikte auftreten, die es zu schlichten gilt. Zudem ist moralische Integrität eine wichtige Eigenschaft. Das Bekenntnis zu Diversity sollte dabei selbstverständlich sein (Schützold 2024).

Selbstverständlich können auch Ethik-Kommissionen und vergleichbare Organisationseinheiten eingerichtet werden, je nach Größe der Unternehmung. Eine Verbindung zum Ethikrat ist immer von Vorteil.

Zu den großen ethischen Themengebieten gehört neben Fragen zum internen Betrieb (z. B. Umgang mit der Mitarbeiterschaft) sowie den gesellschaftlichen Problemfeldern Menschenrechte, Korruptionsbekämpfung und Datenschutz auch das umfangreiche Thema Nachhaltigkeit.

3.5.3 Nachhaltigkeit

Nachhaltigkeit gehört zu den ethischen Themen, die sich bis in die kleinsten Einheiten des gesellschaftlichen Lebens fortsetzen. Nachhaltigkeit steht in Zusammenhang mit Klima- und Umweltschutz. Für die Hälfte der deutschen Kundschaft ist ein wichtiges Entscheidungskriterium für ein Produkt die Überprüfung, ob das Unternehmen sich sozial und ökonomisch verantwortungsvoll verhält. Es wird immer mehr erwartet, dass es sich über das gesetzlich vorgeschriebene Verhalten hinaus engagiert. Dabei greifen einige Kriterien ineinander. Soziales Verhalten kann sich beispielsweise auf die Produktion im Ausland beziehen. Das Berücksichtigen verantwortbarer Arbeitsbedingungen steht dann oft im Zusammenhang mit einer nachhaltigen Herstellung von Produkten. Unternehmen können z. B. in ihre Unternehmensethik aufnehmen, dass ihre Artikel weder in sozialer noch in ökologischer Hinsicht Schäden verursachen.

Der ökologische Verantwortungsbereich bezieht sich vorwiegend auf Klimaschutz, CO_2-Emissionen und den Verbrauch von Ressourcen. Die ökonomische Verantwortung, die ein Unternehmen übernimmt, zeigt sich in der gesamten Wertschöpfungskette (jobteaser 2024).

Die gesetzlichen Richtlinien zu Nachhaltigkeit werden schärfer. Zurzeit (2024) ist das Lieferkettengesetz in der Diskussion. Zudem sollen die EU-Richtlinien zur Nachhaltigkeitsberichterstattung, genannt Corporate Sustainability Reporting Directive (CSRD), auf der Ebene der einzelnen Nationen verbindlich werden. Die Berichtspflicht zum Umgang mit Nachhaltigkeit wird auch viele Unternehmen des Mittelstands treffen (CSRD 2024).

Unternehmen handeln also in ihrem eigensten Interesse, wenn sie auf Nachhaltigkeit achten, und zwar auf die Gefahr hin, entscheidende Prozesse umstellen zu müssen. Nachhaltigkeit ist von strategischer Bedeutung, weshalb sie in die allgemeine Unternehmensstrategie aufgenommen werden sollte und damit zu einer Aufgabe des Managements und der Führungskräfte wird. Zugleich wird eine immer kritischere Kundschaft bedient. Die

Verbraucherinnen und Verbraucher schauen immer mehr darauf, ob die Artikel, für die sie Geld ausgeben, den Kriterien Umweltschutz und Nachhaltigkeit standhalten. Damit verbunden sind auch gesundheitliche Aspekte, da immer mehr Menschen auf ihre Ernährung achten. Nachhaltigkeit wird immer stärker zum Qualitätsmerkmal. Entscheidende Punkte sind unter anderem, dass Lebensmittel nicht verschwendet werden und dass Plastikmüll vermieden wird.

Die Frage der Nachhaltigkeit hat auch im Kreis der Investitionen Einzug gehalten. Immer mehr Menschen, die Geld anlegen, möchten sicher sein, dass ihre Investments keine ökologisch oder sozial unverantwortbaren Projekte bedienen.

Nachhaltigkeit zahlt sich auf die Dauer aus. Betriebe, die über die geforderten gesetzlichen Regeln hinausgehen, haben eine gute Perspektive zu wachsen. Sie können unter dem Gesichtspunkt der Marktpräsenz ihre Marke stärken und ihre Produkte aufwerten. Aber auch ökonomischer Gewinn ist möglich. Beispielsweise lohnt sich das Rohstoff-Recycling. Doch Unternehmen brauchen dafür auch den Mut zur Innovation. Sie müssen ihre Prozesse analysieren und nach bislang ungenutztem Potenzial Ausschau halten, und sie brauchen moderne Technologie (Deloitte 2024).

Das kanadische Medienunternehmen Corporate Knights kreierte 2005 den „Corporate Knigths-Index". Mit diesem benennt es jedes Jahr die 100 nachhaltigsten Unternehmungen weltweit.

2024 standen auf der Liste (corporate knights 2024):

1. **Platz 1: Sims Ltd.** Das ist ein australisches Unternehmen, das sich auf das Recycling von Metallen spezialisiert hat. Es trägt erheblich zur Reduzierung von negativen Umweltauswirkungen bei, indem es Metalle wiederverwertet und so Ressourcen spart und Abfall reduziert.
2. **Platz 2: Brambles Ltd.** Das ist ein australisches Unternehmen, das sich auf Lösungen im Bereich Supply-Chain-Management (Koordinierung und Optimierung von Wertschöpfungs- und Lieferketten) spezialisiert hat. Es trägt zur Reduzierung von Abfall und zur Verbesserung der Nachhaltigkeit in der Logistikbranche bei, indem es Ressourcen optimal nutzt und wiederverwendet.
3. **Platz 3: Vestas Wind Systems A/S.** Das ist ein dänisches Unternehmen, das sich auf die Herstellung von Windkraftanlagen spezialisiert hat. Vestas trägt zur Reduzierung von CO_2-Emissionen und zur Förderung von sauberer Energie bei.

Mit Deutschland stehen die Firmen Nordex SE (Fertigung, Errichtung und Wartung von Windkraftanlagen) auf Platz 5 und SMA Solar Technology AG auf Platz 10.

Unternehmen, die Nachhaltigkeit in ihre ethische Programmatik aufgenommen haben, engagieren sich in der Regel auch in den Bereichen Sozial- und Arbeitsstandards, Gleichberechtigung und Diversity sowie Einsatz von Kontrollmechanismen.

Sie richten sich dann nach den Regeln, die international als ESG (Environmental, Social and Corporate Governance/bekannt sind. Diese decken drei Bereiche ab, die hier unter den Aspekt Nachhaltigkeit zusammengefasst sind, nämlich

1. die Auswirkungen eines Unternehmens auf die Umwelt,
2. die Beziehungen eines Unternehmens zu seinen Stakeholdern (Personen, Gruppen und Institutionen, die mit den Aktivitäten eines Unternehmens direkt oder indirekt zu tun haben) und
3. die Art und Weise, wie ein Unternehmen geführt und kontrolliert wird (Wikipedia 2024).

Global setzen auch die Vereinten Nationen auf Nachhaltigkeit. Sie deklarieren als diesbezügliche Ziele unter anderem „dauerhaftes, breitenwirksames und nachhaltiges Wirtschaftswachstum, produktive Vollbeschäftigung und menschenwürdige Arbeit für alle". Weitere Zielsetzungen sind die Verringerung des Verbrauchs von Ressourcen und die Reduktion der Emissionen von CO_2.

Die Universität Kassel weist in einem Beitrag dazu darauf hin, dass diese Ziele nur erreicht werden können, wenn Unternehmen diverse Belegschaften beschäftigen. Erst das Zusammenspiel von Diversity Management und einer Unternehmenskultur der gegenseitigen Anerkennung bringt demnach die Möglichkeit hervor, den Prozess der Nachhaltigkeit in einer Unternehmung zu etablieren. Die Wertschöpfungskette kann nur dann erfolgreich auf Nachhaltigkeit ein- bzw. umgestellt werden, wenn zugleich Inklusion stattfindet (uni-kassel 2024).

Literatur

Amazon 2023, Verbessern Sie das Kundenerlebnis mit ML-gestützter Personalisierung, abgerufen 09.01.2024, https://aws.amazon.com/de/personalize/

BASF 2024, Verantwortungsbewusste Interessenvertretung, abgerufen 15.02.2024, https://www.basf.com/global/de/who-we-are/politics/responsible-lobbying.html

bpb 2023, Bundeszentrale für politische Bildung 2023, Die Auswirkungen von Künstlicher Intelligenz auf den Arbeitsmarkt, abgerufen 02.01.2024, https://www.bpb.de/themen/arbeit/arbeitsmarktpolitik/522513/die-auswirkungen-von-kuenstlicher-intelligenz-auf-den-arbeitsmarkt/

Con Cubo 2023 Die passende Organisationsstruktur erfolgreich einführen, abgerufen 26.01.2024, https://www.con-cubo.com/blog/die-passende-organisationsstruktur-erfolgreich-einfuhren

consulting-btb 2024, ORGANISATIONSFORMEN: UNTERNEHMEN IM WANDEL, abgerufen 26.01.2024, NEUE, https://consulting-btb.de/neue-organisationsformen/

Copetri 2021, Working Backwards – eine radikal kundenzentrierte Strategie für Innovationen, abgerufen 09.01.2024, https://www.copetri.com/working-backwards-als-innovationsmethode/

Corporate knights 2024, The Global 100 list: How the world's most sustainable corporations are driving the green transition, abgerufen 17.02.2024, https://www.corporateknights.com/rankings/global-100-rankings/2024-global-100-rankings/the-20th-annual-global-100/

CSRD 2024, Bundesministerium für Arbeit und Soziales 2024, Corporate Sustainability Reporting Directive (CSRD), abgerufen 17.02.2024, https://www.csr-in-deutschland.de/

Deloitte 2023, Human Capital Trends 2023, abgerufen 09.01.2024, https://www2.deloitte.com/de/de/pages/human-capital/articles/human-capital-trends-deutschland.html

Deloitte 2024, Neue Arbeitswelt anspruchsvoll, flexibel und digital, abgerufen 09.01.2024, https://www2.deloitte.com/de/de/pages/human-capital/articles/neue-arbeitswelt-studie.html

deloitte 2024, Verantwortung als Chance: das Transformationsthema Sustainability, abgerufen 17.02.2024, https://www2.deloitte.com/de/de/pages/risk/articles/sustainability-transformation.html

Digitalzentrum-chemnitz 2024, Geschäftsmodelle neu denken!, Abgerufen 08.02.2024, https://
digitalzentrum-chemnitz.de/wissen/disruptive-geschaeftsmodelle/

ethikverband 2024, Wofür wir stehen, abgerufen 14.02,2024, https://www.ethikverband.de/
ueber-uns

Glns 2024, Restricted Stock Units – Ein „neues" variables Vergütungselement für Vorstände und
Mitarbeiter von Aktiengesellschaften, abgerufen 03.02.2024, https://www.glns.de/aktuelles/
newsletter/2020/restrictedstockunits/

greatplacetowork 2022, Agilität: So etablieren Sie eine agile Kultur im Unternehmen, abgerufen
09.01.2024, https://www.greatplacetowork.at/agilitaet/

Heidenberger 2023, Burkhard Heidenberger, Unternehmenswerte 2023 – warum sie wichtig sind,
abgerufen 13.02.2024, https://www.zeitblueten.com/news/unternehmenswerte/

Heidenreich 2020, Die Organisationen der Wissensgesellschaft, abgerufen 09.02.2024, https://www.
researchgate.net/publication/251815816_Die_Organisationen_der_Wissensgesellschaft

Homann 2023, Unternehmensethik: Warum sich ethische Unternehmensführung lohnt, abgerufen
14.02.2024, https://www.eqs.com/de/compliance-wissen/blog/unternehmensethik/#:~:text=wird%20
k%C3%BCnftig%20unverzichtbar-,Was%20versteht%20man%20unter%20Unternehmenset-
hik%3F,mit%20moralischen%20Aspekten%20vereinbaren%20l%C3%A4sst.

inform-software 2020, ROUTINEAUFGABEN IN DER LOGISTIK AUTOMATISIEREN, JOBS
AUFWERTEN, abgerufen 10.02.2024, https://www.inform-software.com/de/blog/supply-chain-
management/routineaufgaben-in-der-logistik-automatisieren-jobs-aufwerten

jobteaser 2024, ETHIK & BUSINESS 2021, abgerufen am 13.02.2024, https://www.jobteaser.com/
de/advices/ethik-im-unternehmen-das-wichtigste-zur-corporate-social-responsibility

Kundenorientierung 2017, Kundenorientierung braucht eine neue Unternehmensorganisation, abgerufen 26.01.2024, https://www.absatzwirtschaft.de/kundenorientierung-braucht-eine-neue-unt
ernehmensorganisation-216369/

Merkur 2024, Nach BASF-Rückzug aus Chinas Uiguren-Region Xinjiang: Nun wächst Druck auf
VW, abgerufen 15.02.2024, https://www.merkur.de/wirtschaft/menschenrechte-uiguren-china-
basf-rueckzug-xinjiang-druck-vw-zr-92828255.html

Neue Organisationsformen: Unternehmen im Wandel, abgerufen 26.01.2024, https://consulting-btb.
de/neue-organisationsformen/

rexx-systems 2024, 360 Grad Feedback, abgerufen 13.02.2024, https://www.rexx-systems.com/360-
grad-feedback/

Schützold 2024, Philosoph Clemens Schützold: Was macht ein Ethikbeauftragter? Abgerufen
16.02.2024, https://versinnbessert.de/was-macht-ein-ethikbeauftragter/

Statistisches Bundesamt 2021, Kleine und mittlere Unternehmen, abgerufen 08.02.2024, https://
www.destatis.de/DE/Themen/Branchen-Unternehmen/Unternehmen/Kleine-Unternehmen-
Mittlere-Unternehmen/_inhalt.html

uni-kassel 2024, Die Bedeutung von Diversität und Inklusion für nachhaltige Unternehmen und
Lieferketten, abgerufen 17.02.2024, https://www.uni-kassel.de/forschung/just/forschungs-
schwerpunkte/die-bedeutung-von-diversitaet-und-inklusion-fuer-nachhaltige-unternehmen-und-
lieferketten

Wikipedia 2024, Maschinelles Lernen, abgerufen 01.02.2024, https://de.wikipedia.org/wiki/Ma-
schinelles_Lernen

Wikipedia 2024, Environmental, Social and Governance, abgerufen 15.02.2024, https://de.wikipedia.
org/wiki/Environmental,_Social_and_Governance#Bedeutung_und_Auswirkungen_von_ESG

wirtschaftslexikon 2024, Ethik-Beauftragte, abgerufen 15.02.2024, https://www.wirtschafts-
lexikon24.com/e/ethik-beauftragte/ethik-beauftragte.htm

zdf 2024, BASF zieht sich aus Xinjiang zurück, abgerufen 15.02.2024, https://www.zdf.de/nach-
richten/politik/ausland/basf-rueckzug-xinjiang-100.html

Die Mitarbeitenden im Mittelpunkt

4

4.1 Die Facetten von Diversity

Anstelle des Begriffs Diversität hat sich der Begriff Diversity eingebürgert, wenn es darum geht, diverse Menschen gleichberechtigt wahrzunehmen. Das ist eine Voraussetzung dafür, sie gleichberechtigt zu behandeln.

Die Unternehmensberatung Deloitte berichtete, dass in den Jahren 2021 und 2022 große multinationale Konzerne über 210 Mrd. US-Dollar investiert haben, um sich öffentlich für mehr Diversity, Gerechtigkeit und Inklusion einzusetzen. Diese Initiativen deklarierten die Zielsetzung, Mitarbeitenden optimierte Chancen und Entfaltungsmöglichkeiten sowie besseren Zugang zu Ressourcen zu verschaffen. Zudem sollten historisch und gesellschaftlich bedingte Einschränkungen beseitigt werden (Deloitte 2023).

Solche Maßnahmen zeugen davon, dass Unternehmungen sich für eine Unternehmenskultur einsetzen, die Diversity einbezieht. Diese Tendenz muss sich unter wirtschaftlichen und gesellschaftlichen Aspekten verstärken, um Stabilität und Fortschritt zu gewährleisten.

Was bedeutet Diversity? Diversity bezeichnet zunächst einmal die Tatsache, dass es Unterschiede zwischen Menschen gibt. Der Begriff umfasst dabei individuelle, soziale und strukturelle Unterschiede, aber auch Gemeinsamkeiten von Menschen und Gruppen. Nun werden einige Unterschiede so bewertet, dass Diskriminierung entsteht. Das geschieht auf allen sozialen Ebenen und auch in Betrieben.

Man kann verschiedene Dimensionen feststellen, in denen Diversity von Personen verzeichnet wird und die oft zu Benachteiligungen bis hin zu Diskriminierungen führen. Es handelt sich um Kernbereiche, die die Persönlichkeit betreffen, und weitergehend um äußere bis hin zu organisatorischen Dimensionen, die sich in Unternehmungen finden (Charta der Vielfalt 2023; Erwachsenenbildung 2013).

C. A. De Brabandt, B. Schemmel, *Chefsache Hyper-diverse Teams*, Chefsache, https://doi.org/10.1007/978-3-658-45343-5_4

Die Kernbereiche sind:

- die Religion bzw. Weltanschauung
- das Alter bzw. die Generation
- die sexuelle Orientierung bzw. die sexuelle Identität
- das Geschlecht bzw. die Identifizierung mit einem Geschlecht
- eine Behinderung oder Beeinträchtigung
- die ethnische Herkunft bzw. die Nationalität
- die Hautfarbe
- die Sprache, der Dialekt
- das Aussehen

Äußere Dimensionen sind:

- das Verhalten in der Freizeit
- die Gewohnheiten
- die soziale Herkunft
- der Familienstand und die Frage der Elternschaft
- die geografische Lage des Wohnorts
- das Auftreten
- die Berufserfahrung
- die Ausbildung
- das Einkommen

Organisatorische Dimensionen sind:

- die Funktion oder Einstufung im Unternehmen
- das Arbeitsfeld bzw. die Inhalte der Arbeit
- die Abteilung, Einheit, Gruppe oder das Team
- die Dauer der Zugehörigkeit
- der Arbeitsort (z. B. in welcher Filiale)
- die Mitgliedschaft in einer Gewerkschaft
- der Management Status
- die Zugehörigkeit zu Netzwerken
- die Seniorität (Prinzip des Vorrangs von Personen mit höherem Lebensalter oder längerer Zugehörigkeit)

In allen Bereichen stellen Arbeitnehmende Übereinstimmungen oder Differenzen fest. Dabei fließen Faktoren, die nichts mit der Arbeit zu tun haben, in erheblichem Maß in die Bewertungen von Kollegiumsmitgliedern ein. Ein Unternehmen, das Diversity fördert und pflegt, muss sich dessen immer bewusst sein und Vorurteilen entgegenwirken.

Jeder Faktor, der unter Diversity fällt, kann der Unternehmung gute Dienste leisten. Die Chancen, dank Diversity gute Ergebnisse zu erzielen, steigen sogar, wenn innerhalb eines Teams mehrere diverse Mitarbeitende zusammenwirken. Man spricht dann von hyperdiversen Teams. Wenngleich es aktuell am wichtigste ist, Diversity grundsätzlich in höherem Maß in Unternehmen zu etablieren, gehört diesen Teams doch die – wenn auch etwas fernere – Zukunft. Sie stellen einen Paradigmenwechsel in der Art und Weise dar, wie Unternehmen Inklusion und Talentmanagement behandeln. In einer Welt, die sich immer weiter globalisiert, werden hyperdiverse Teams die treibende Kraft für Innovation und Erfolg. Sie sind eine dynamische Verschmelzung verschiedener Individuen, die einzigartige Perspektiven, Erfahrungen und Kompetenzen mitbringen. Damit stellen sie die konventionellen Vorstellungen von Homogenität am Arbeitsplatz stark in Frage. Sie setzen auf Vielfalt im umfassendsten Sinn.

Beispiele für die Wirksamkeit hyperdiverser Teams sind:

- **In demografischer Hinsicht.** Das Zusammenwirken von Arbeitnehmenden verschiedenen Alters, verschiedener physischer Fähigkeiten, verschiedener Ethnien und Nationalitäten sowie verschiedener sexueller Orientierungen
- **In kultureller Hinsicht.** Das Zusammenwirken von Arbeitnehmenden mit unterschiedlichem kulturellem oder religiösem Hintergrund sowie mit verschiedenen Sprachen oder Dialekten (in vielen Ländern gibt es mehrere, teilweise sehr unterschiedliche Dialekte, beispielsweise in China und Indien)
- **Hinsichtlich der beruflichen Erfahrung.** Das Zusammenwirken von Arbeitnehmenden mit unterschiedlichen beruflichen Ausbildungen und Laufbahnen sowie aus unterschiedlichen Branchen
- **Hinsichtlich des Bildungsverlaufs.** Das Zusammenwirken von Arbeitnehmenden mit unterschiedlichen Abschlüssen, Weiterbildungen und Zertifizierungen, aber auch mit Kompetenzen, die sie außerhalb ihres beruflichen Backgrounds mitbringen
- **Hinsichtlich der individuellen Arbeitsmethode und der persönlichen Disposition.** Das Zusammenwirken von extrovertierten und introvertierten Personen sowie von eher kreativ und eher analytisch vorgehenden Menschen, und auch von systematisch vorgehenden Menschen, die jedoch verschiedene Systeme verfolgen (z. B. eher empirisch oder eher deduktiv)
- **Hinsichtlich der globalen Repräsentanz.** Das Zusammenwirken von Mitarbeitenden aus unterschiedlichen Regionen, Ländern, Erdteilen und Zeitzonen

Teams zusammenzustellen, die in möglichst vieler Hinsicht divers sind, bringt mehrere Vorteile mit sich. Diese Vorgehensweise steht im Einklang mit der sozialen Verantwortung des Unternehmens, steigert die Effizienz in den meisten Fällen schon nach kurzer Zeit und erzeugt ein größeres Renommee in der Öffentlichkeit und damit im Kundenkreis.

Diverse Teams treffen oft optimale Entscheidungen. Das erklärt sich daraus, dass die verschiedenen Blickwinkel zu einer gründlicheren Analyse als in homogenen Gruppen führen und so ein genaueres Ergebnis zustande kommt. Zudem sind vielfältige Teams anpassungsfähiger an Veränderungen als Gruppen mit vergleichbarer Mentalität und Denkweise. Sie decken ein breites Spektrum an Kompetenzen und Perspektiven ab, wodurch sie schneller und effizienter auf Veränderungen reagieren können, die sich im Geschäftsumfeld ergeben. Diese Wandelbarkeit ist ein entscheidendes Kriterium, um auf den globalen Märkten bestehen zu können. Vielfältige Gruppen sind besser in der Lage, die Bedürfnisse und Vorlieben in einer großen Bandbreite von Kunden und Kundinnen zu erfassen und zu verstehen. Das ist die Voraussetzung dafür, entsprechende Angebote zu entwickeln und den Kundenkreis zu erweitern.

Diverse Menschen selbst fühlen sich naturgemäß in den Unternehmungen am wohlsten, in denen sie sich diskriminierungsfrei ganzheitlich entfalten können. Mit ihrer Inklusion haben Unternehmen die Chance auf Spitzenleistungen, die durch das Zusammenspiel der vielen verschiedenen Entfaltungen innerhalb der Spezies Mensch entstehen.

Den Zusammenhang zwischen Diversität und Geschäftserfolg bestätigen die Ergebnisse einer internationalen Analyse, die das Forschungsinstitut McKinsey durchgeführt hat (McKinsey 2020). Es stellte fest, dass der Erfolg umso größer ist, je diverser die Unternehmung sich aufgestellt hat. Erhoben wurden in der Studie „Diversity Wins – How Inclusion Matters" Daten von über 1000 Unternehmungen aus 15 Ländern.

McKinsey untersuchte in der Studie Diversity im Hinblick auf Gender, Ethnien und Nationalität. Das Einbeziehen dieser drei Kriterien führte bereits zu beachtlichen betrieblichen Ergebnissen. Unternehmen steigern die Wahrscheinlichkeit, überdurchschnittlich profitabel zu sein, um 25 %, wenn sie hohe Gender-Diversity aufweisen. In der Vergleichsstudie von 2014 lag die Wahrscheinlichkeit noch bei 15 %, was die zunehmende Bedeutung des Gender-Managements zeigt. Wenn der Vorstand einer Unternehmung ethnisch und nationalitätsbezogen divers zusammengesetzt ist, steigt die Wahrscheinlichkeit sogar um 36 %.

Dass gerade die Führung Vielfalt aufweisen sollte, wurde der Studie zufolge in vielen Unternehmungen vernachlässigt. Sie zeigte auf, dass nur 33 % der Unternehmen sich während der fünf Jahre zuvor dahingehend verbessert hatten, aber wiederum nur 5 % deutlich. Entsprechend lautete ein Ergebnis, dass die Unternehmen mit der niedrigsten Berücksichtigung von Diversity hinsichtlich der Kriterien Gendern und Ethnien/Nationalitäten die niedrigste Wahrscheinlichkeit aufwiesen, überdurchschnittlich profitabel zu sein.

McKinsey untersuchte auch die Bewertungen von 30.000 Mitarbeitenden zu den Themen Diversity und inklusive Unternehmenskultur. Dabei kam heraus, dass etwas mehr als die Hälfte der Mitarbeitenden Diversity im Unternehmen als existierend wahrnahmen und 31 % nicht. Es wurde weiterhin analysiert, wie Mitarbeitende Chancengerechtigkeit, Offenheit und Zugehörigkeitsgefühl in ihrer Unternehmung erleben. Eine solche inklusive Unternehmenskultur sahen 29 % als existent, aber 61 % als nicht existent an.

Das Forschungsunternehmen wies als eine Quintessenz darauf hin, dass das Einsetzen jeglicher Arten von „Quoten-Menschen" nichts nützt. Formale Lösungen greifen nicht. Die Führungskräfte müssen hinter Diversity stehen und sie vorleben.

4.2 Warum diverse Teams von Vorteil sind

4.2.1 Erschließung breiterer Märkte

Diverse Teams sind in der modernen Welt der Schlüssel zum Erfolg, weil sie die Möglichkeit eröffnen, die besten Talente zu stellen. Inklusion erfolgt auf allen Ebenen. Selbstverständlich gilt das umso mehr, je mehr Dimensionen von Diversity erfasst sind. Hyperdiverse Teams erhöhen alle Chancen.

Für Forschung und Entwicklung wie auch für alle Marketingbereiche gilt, dass Gruppen wertvolle Kompetenzen beinhalten, wenn sie sich divers zusammensetzen. Beispielsweise verfügen sie im kulturellen Bereich über Hintergrundinformationen, Kompetenzen und Einblicke, mit denen das Unternehmen sogar auf Nuancen der verschiedenen Präferenzen von Verbraucherinnen und Verbrauchern reagieren kann. Zudem können sie sich auf neue bzw. hohe Erwartungen einstellen sowie schnell und effektiv darauf reagieren. Verschiedene kulturelle Kompetenzen können sich z. B. auf Produkte und Dienstleistungen, die gefordert werden, stark auswirken. Oft spielen Feinheiten eine große Rolle.

Schon eine einzige Gesellschaft setzt sich aus verschiedenen Gruppierungen zusammen. Teilweise grenzen diese sich stark voneinander ab. Ältere und jüngere Menschen haben beispielsweise nicht selten Verständigungsschwierigkeiten. Ebenso treffen bei Menschen verschiedener Ethnien oft verschiedene Welten aufeinander, die sich in ihren Einstellungen deutlich unterscheiden können, von Auffassungen zu Erziehungsmethoden über Verhalten im öffentlichen Raum bis zu Urteilen über das äußere Erscheinungsbild. Es ist schon hier nötig, ein gewisses Maß an Verständnis und Akzeptanz aufzubringen, um das Zusammenleben auf gesellschaftlicher Ebene zu ermöglichen. Am besten verstehen jedoch diejenigen Menschen die anderen, die derselben Ethnie angehören bzw. aus demselben Kulturkreis stammen. Das gilt ebenso in Unternehmungen. Hier zeigt sich noch einmal deutlich, dass das Streben nach Diversity im Betrieb immer einen gesellschaftlichen Prozess zu Inklusion unterstützt, was umgekehrt ebenso gilt. Verschiedenartigkeit von Menschen ist grundsätzlich naturgegeben, es gilt also, angemessen damit umzugehen, sowohl in sozialer wie in ökonomischer Hinsicht.

Je besser die Bedürfnisse von Gruppierungen verstanden werden, desto besser kann man auf sie eingehen. Dabei geht es nicht nur um die Frage, ob Produkte/Dienstleistungen noch nicht auf dem Markt sind oder vorhandene Angebote auf bestimmte Bedürfnisse besser abgestellt werden sollten. Es müssen auch Dispositionen berücksichtigt werden, an die homogene Gruppen gar nicht denken würden. So ordnen verschiedene Ethnien beispielsweise einzelne Angebote verschieden ein, was die Kategorien Konsumgüter und Luxusartikel betrifft. Ebenso gibt es Unterschiede in dem Bedürfnis nach hinreichender Differenzierung (beispielsweise bei Farbnuancen) oder leichter Anwendbarkeit. Zudem können einzelne regionale Gebiete spezielle Bedürfnisse haben, die der Markt noch nicht befriedigt. Regionale Gebiete können in manchen Ländern sehr groß sein, wie etwa in China und Indien.

Eine besondere Barriere, andere Menschen zu verstehen, sind verschiedene Sprachen. Native Speaker besitzen naturgemäß die besten Möglichkeiten, sich unter ihresgleichen zu verständigen. Diverse Teams sind in der Lage, Sprachbarrieren abzubauen. Sie bieten die größte Chance, dass jemand die Muttersprache spricht. In manchen Fällen werden verwandte Sprachen gut verstanden. In großen Ländern gibt es jedoch auch regionale Dialekte, die starke Unterschiede aufweisen. So existieren allein in China ca. 100 Mundarten, von denen 10 als die wichtigsten gelten (Sprachcaffe 2022).

Eine erfolgreiche Ansprache von Zielgruppen setzt ein umfangreiches Verstehen auf mehrere Ebenen voraus. Es muss gewährleistet sein, dass Kampagnen und Marketingaktionen die Zielpersonen so ansprechen, dass sie sich auf möglichst vielen Ebenen wiederfinden können. Auf diese Weise wird es möglich, den Kundenkreis zu erweitern und Märkte zu erschließen.

Jenny Gruner, Direktorin für das Global Digital Marketing bei Hapag-Lloyd, ist eine Anhängerin von Diversity in Unternehmen. Sie weist auf eine globale Befragung von Werbetreibenden hin, die Shutterstock durchführte. Das amerikanische Unternehmen ist in den Bereichen Stockfotografie (Herstellen von Bildern auf Vorrat), Footage (Filmmaterial) und Produktionsmusik tätig (Gruner 2023).

Insgesamt hielten 60 % der Befragten ethnische Diversität für einen wichtigen Faktor für eine erfolgreiche Ansprache der Zielgruppen. 75 % gingen davon aus, dass diverse Inhalte von den Zielgruppenmitgliedern grundsätzlich nur dann als authentisch angesehen werden, wenn sie von diversen Menschen (mit)erstellt wurden. Für Deutschland wurde festgestellt, dass 41 % der Werbetreibenden es schwierig finden, Marken im Zusammenhang mit Inhalten zu LGBTQ darzustellen

Das amerikanische Wirtschaftsmagazin Forbes verwies auf ein Harvard Business Review aus dem Jahr 2013, das die Wichtigkeit des Faktors Zugehörigkeit aufzeigte. Ein Ergebnis war, dass die Wahrscheinlichkeit, Kundschaft zu verstehen, in einem diversen Team deutlich steigt. Denn wenn schon ein einziges Teammitglied die ethnische Zugehörigkeit zu einem Kunden oder einer Kundin teilt, ist sie bereits doppelt so hoch wie bei Teams, in denen niemand die Ethnie teilt. Allein an diesem Beispiel kann man Rechenexempel starten, wie stark die Marktchancen im Zusammenhang mit Diversity sich erhöhen (Forbes 2020).

Märkte, die bislang noch nicht erschlossen wurden oder die als bislang nicht erschließbar galten, können nur erobert werden, wenn Diversity integriert wird. Diese Einsicht hat sich unterschiedlich klar in verschiedenen Ländern etabliert. Das zeigen weitere Ergebnisse der Shutterstock-Studie (Shutterstock 2021). Im Bereich Marketing gab es die folgenden Ergebnisse:

Untersuchte Einstellung: Zustimmung dazu, dass Gleichberechtigung zwischen dem männlichen und weiblichen Geschlecht ein wichtiger Faktor bei Marketingkampagnen ist. Ergebnisse:

1. Brasilien 74 %
2. Australien 72 %
3. Italien 70 %

4. Frankreich 69 %
5. Südkorea 68 %
6. Spanien 66 %
7. USA 65 %
8. Vereinigtes Königreich 63 %
9. Deutschland 53 %

Untersuchter Fakt: Einbeziehen von Darstellungen von homosexuellen Paaren und nicht-traditionellen Familien bei Marketingkampagnen.
Ergebnis:

1. Australien 25 %
2. Spanien 24 %
3. USA 23 %
4. Italien 22 %
5. Brasilien 21 %
6. Frankreich 19 %
7. Vereinigtes Königreich 16 %
8. Deutschland 12 %
9. Südkorea 5 %

Untersuchter Fakt: Einbeziehen der Bewegungen „Black Lives Matter" und „Stop Asian Hate movements" in Marketingkampagnen.
Ergebnis:

1. Australien 73 %
2. Brasilien 71 %
3. Frankreich 69 %
4. Spanien 63 %
5. USA 61 %
6. Vereinigtes Königreich 61 %
7. Italien 58 %
8. Deutschland 54 %
9. Südkorea 52 %

Untersuchte Einstellung: Zustimmung, dass es nötig ist, mehr Menschen mit Behinderung in visuellen Medien darzustellen.
Ergebnis:

1. Brasilien 73 %
2. Australien 71 %
3. Italien 69 %

4. USA 63 %
5. Vereinigtes Königreich 61 %
6. Frankreich 61 %
7. Spanien 58 %
8. Südkorea 54 %
9. Deutschland 52 %

Untersuchter Fakt: Vermehrte Darstellung von Menschen über 50 Jahren bei Marketing-kampagnen in den letzten 12 Monaten.

1. Australien 31 %
2. Brasilien 22 %
3. Frankreich 20 %
4. Spanien 18 %
5. USA 17 %
6. Vereinigtes Königreich 17 %
7. Italien 17 %
8. Deutschland 12 %
9. Südkorea 11 %

Marketingkampagnen sind keine isolierten Maßnahmen. Sie spiegeln die Einstellung der Unternehmen wider. Wie die Ergebnisse zeigen, wird es immer wichtiger und dringen-der, diverse Teams auch bei diesen wichtigen Projekten zu etablieren.

4.2.2 Höhere Qualität

Jedes Unternehmen lebt davon, dass es die richtige Qualität für die Zielgruppen liefert. In-sofern ist die Güte von Produkten und Dienstleistungen ein starker Eckpfeiler für den Erfolg.

Diversity sichert diesen Eckpfeiler. Diverse Teams bringen ein Füllhorn an Kompeten-zen und fachspezifischem Knowhow mit. Sie sind ein Garant dafür, dass ein Status quo nicht einfach so akzeptiert wird. Aufgabenstellungen werden aus den unterschiedlichsten Perspektiven betrachtet, was die Qualität des Ergebnisses automatisch steigert. Je inten-siver und kleinteiliger die Analysen sind, desto höherwertiger sind die Erkenntnisse und deren Umsetzung. Gleichzeitig wird eine Kultur der Innovation erzeugt und voran-getrieben.

Diversity-Marketing bringt ein Unternehmen entschieden nach vorn. Es beachtet die Vielfalt der Verbraucherinnen und Verbraucher, der gesamten Kundschaft und der Beleg-schaft. Die Ausschöpfung des gesamten Potenzials der Mitarbeitenden gewährleistet eine Qualität, die sich auf den Märkten behaupten kann. Eine Studie der amerikanischen

Marktanalyse-Unternehmung Marketing Charts von 2019 ergab, dass 34 % der Kundschaft eine Marke ignorieren, in deren Marketing sie nicht repräsentiert werden (Gruner 2023).

Verzichtet ein Unternehmen nun auf Mitarbeitende, die eine bestimmte Gruppe von diversen Menschen repräsentiert, so können ihr schnell Gewinne entgehen. Eine Zielgruppe, die in der Öffentlichkeit immer noch stark vernachlässigt wird, sind Menschen mit Behinderung. Würden sie sich und ihre Interessen stärker im Diversity-Marketing wiederfinden, könnten weitere Märkte erschlossen werden. Es gibt einzelne Ansätze. So will das ZDF gemeinsam mit einem großen Konsumgüteranbietenden barrierefreie Fernsehwerbung in den Blick nehmen (2024).

Das sind Maßnahmen, die zu einer qualitativen Verbesserung führen. Wie gut wäre es, wenn Unternehmen hinreichend viele Menschen allein mit Behinderung in ihren Reihen hätten. Sie würden die Qualität des Diversity-Marketing stärken. Das gilt selbstverständlich für alle Gebiete von Diversity. Entscheidend für die Qualität einer Unternehmung ist es, die Breite von Gesellschaften zu erreichen und nicht nur deren Durchschnitt. Der Durchschnitt schließt ganze Gruppen aus.

Selbstverständlich ist in diversen Gruppen auch mit Auseinandersetzungen zu rechnen. Hier gilt es, eine gute Kommunikationskultur zu etablieren. Entsprechende Schulungen unterstützen eine angemessene und wertschätzende Auseinandersetzung, die häufig erst erlernt werden muss. In schulischen und gesellschaftlichen Prozessen wird sie oft vernachlässigt. Doch die Mühe zahlt sich aus. Denn Vielfalt führt zu einer Art von Nachdenken und Überdenken, die homogenere Gruppen nicht erreichen. Hier ist es sehr viel wahrscheinlicher, dass Gleichheit im Denken herrscht. Man verlässt das Level der Übereinstimmung auch nicht, weil die Blickpunkte die gleichen sind und niemand die Notwendigkeit sieht oder sich gut dabei fühlen würde, völlig andere Aspekte ins Spiel zu bringen. In diversen Teams ist jedes Mitglied darauf gefasst, dass unerwartete Alternativen genannt werden, an denen niemand vorbeikommt. Um dann eine Übereinstimmung zu finden, sind ausgiebige Diskussionen und das Abwägen vieler Argumente zu erwarten. Eigene Sichtweisen müssen erweitert werden, was zum besseren Verständnis anderer Ansichten führt. Zudem ist das Denken in diversen Teams nicht linear, wie es in homogenen Gruppen oft der Fall ist. So ergibt sich eine intensivere und qualitativ bessere Arbeitsweise, die zu optimalen Ergebnissen führt.

Bei der Zusammenarbeit in diversen Teams muss es sich nicht nur um die klassische Einteilung von Diversität handeln. Hyperdiversity ist oft einfach einzubeziehen. Beispiele sind Mitarbeitende mit unterschiedlichem Branchenbackground, Auslandserfahrung oder aus einer völlig anderen Studienrichtung. Oft bringen Quereinsteiger und Quereinsteigerinnen weiterführende Gesichtspunkte ein. Alle diese Faktoren können die Qualität entscheidend steigern und das Wachstum auf dem Markt vorantreiben.

Diverse Gruppen sind produktiver. Das amerikanische Wirtschaftsmagazin Forbes berichtete 2020 über eine amerikanische Studie, die börsennotierte US-Unternehmen hinsichtlich Diversity untersuchte. Sie bestätigte, dass sozial unterschiedliche Gruppen sowohl innovativer als auch produktiver arbeiten. Das deckt sich mit Ergebnissen aus ökonomischen und bevölkerungswissenschaftlichen Studien (Forbes 2020).

4.2.3 Wachstum durch Vielfalt

Je diverser die Teams einer Unternehmung sind, desto höher ist die Chance, Wachstum zu erzeugen, darunter auch exponentielle Steigerungen. Unterschiedliche Backgrounds und die vielfältigen Erfahrungshorizonte erzeugen nicht nur kreative Energien, sondern auch Synergieeffekte.

Dabei zeigen sich bereits Erfolge, wenn ein Unternehmen wenige oder sogar nur einen Faktor berücksichtigt, wobei es vom herkömmlichen Schema seiner Personalpolitik abweicht. Ein Beispiel berichtete das amerikanische Wirtschaftsmagazin Forbes 2020 anhand einer Studie des Credit Suisse Research Institutes (Forbes 2020). Sie ergab, dass Unternehmen mit einer Frau oder mehreren Frauen im Vorstand ein besseres wirtschaftliches Wachstum erzielten als Unternehmen mit ausschließlich männlichen Vorstandsmitgliedern. Es konnte ein größerer Return on Investment (ROI) festgestellt werden. Da dies eine Kennzahl ist, die Aufschluss darüber gibt, ob sich eine Investition bezahlt gemacht hat, liegt hier eine objektiv messbare Größe vor. Allein die Vielfalt bei Geschlechtern macht sich demnach bezahlt. Trotzdem bestanden die Vorstände der 500 größten börsennotierten US-amerikanischen Unternehmungen 2020 noch mit 77 % aus männlichen Mitgliedern. Lediglich 2 % waren mit 50 oder mehr Prozent mit Frauen besetzt.

Forbes berichtete weiter, dass das US-amerikanische Marktforschungsunternehmen Bloomberg über Unternehmen mit ausgeglichenem Geschlechterverhältnis in ihren Teams informierte. Demnach hatten sie eine höhere Eigenkapitalrendite als solche ohne diese Konstellation.

Das ist insofern nicht erstaunlich, als Frauen die Mehrzahl aller Einkäufe tätigen. Sie sind schon deshalb in der Lage, Vorgänge auf dem Markt zu verstehen und Chancen für das Marketing zu erkennen. Von Innovationen sind also massenhaft Menschen betroffen, die ein markantes Merkmal – weiblich – tragen. Frauen sollten schon unter dem Gesichtspunkt, Produkte und Dienstleistungen für Mehrheiten zu bieten, in die Betriebsprozesse einbezogen werden, wenn Unternehmen eben diese Dinge anbieten.

Dass Diversity unternehmerisch sinnvoll ist, stellte man bereits 2015 fest, und zwar mit den beiden Faktoren Geschlechtervielfalt und ethnische Unterschiedlichkeit. Das zeigte eine Untersuchung des US-amerikanischen Unternehmensberatung McKinsey (Hunt 2015). Danach erzielen Unternehmen, die entsprechendes Personal hatten, mit größerer Wahrscheinlichkeit eine Rendite, die über dem nationalen Branchendurchschnitt liegt, als Unternehmen, die Diversity unberücksichtigt lassen. In Zahlen: Unternehmen mit ethnischer Vielfalt sowie Vielfalt hinsichtlich verschiedener Hautfarben lagen bei 35 % Wahrscheinlichkeit und Unternehmen mit Vielfalt bei den Geschlechtern bei 15 %.

Im Harvard Business Review von 2018 wird die Auswirkung von Diversity in der Venture-Capital-Branche erörtert (Gompers 2018). Paul Gompers, Professor an der Business Administration der Harvard Business School, untersuchte mehrere Jahre lang Tausende von Risikokapitalgeberinnen und -gebern und Zehntausende von Investitionen. Es gab bereits Untersuchungen mit dem Ergebnis, dass Diversity in Teams sich positiv auf analytisches Denken, Objektivität und Innovationsfähigkeit auswirkt. Zusätzlich wollte er erforschen, wie sich der Zusammenhang von Diversity und finanziellen Ergebnissen darstellt. Deshalb wählte er die Venture-Capital-Branche. Er setzte voraus, dass jede investierende Person auch Entwicklungen mitträgt und Auswirkungen auf die geschäftlichen Prozesse mitentscheidet. Zudem hielt er es für gut nachvollziehbar, welche Personen in Aufsichtsräten sitzen und welche Voraussetzungen sie mitbringen. Er nutzte den Fakt, dass Faktoren wie Bildung, Geschlecht und ethnische Zugehörigkeit im Zusammenhang mit finanziellem Erfolg in dieser Branche gut analysierbar sind.

Als Ausgangspunkt galt die Festlegung der Zielsetzung von Venture-Capital-Unternehmungen. Sowohl die investierenden Personen wie das Risikokapitalunternehmen selbst haben das Ziel, diejenigen Unternehmungen auszuwählen und zu fördern, die die bestmöglichen Ergebnisse erzielen.

Paul Gompers' Untersuchungsergebnisse zeigten, dass Diversity die finanzielle Leistungsfähigkeit erheblich verbessert, z. B. stiegen die profitablen Investitionen. Er kam zu dem Schluss, dass homogene Gruppen solche Erfolge deutlich mindern.

Das Datenmaterial zeigte, dass man in der Venture-Capital-Branche seit 1990 relativ gleichbleibend in homogenen Gruppen arbeitete. Lediglich 8 % waren weiblich und nur 1 % nicht-weiße Menschen. Die Analysen ergaben, dass die Zugehörigkeit zur gleichen Hautfarbe die Bereitschaft zur Zusammenarbeit um 39,2 % erhöhte und ein Bildungsabschluss an der gleichen Bildungseinrichtung sogar um 34,4 %. Damit stieg die Wahrscheinlichkeit, Homogenität auf allen Ebenen der Zusammenarbeit zu erhalten.

Gompers fand jedoch heraus, dass gerade Gleichförmigkeit die Erfolgschancen vermindert. Sein Ergebnis zeigte: Je ähnlicher sich zusammenarbeitende Gruppen sind, desto schwächer werden ihre Ergebnisse. So war die Erfolgsquote hinsichtlich Akquisitionen und Börsengängen bei Investitionen von Partnern und Partnerinnen, die dieselbe Schule besucht hatten, durchschnittlich 11,5 % niedriger als bei Besuch von verschiedenen Schulen. Wenn die gleiche ethnische Zugehörigkeit gegeben war, verringerte sich die Erfolgsquote um mehr als ein Viertel auf 32,2 %.

Eine erstaunliche Erkenntnis betraf die Geschlechterfrage. Venture Capital Unternehmen schauen sich gern an, welche Kinder sich in den Familien ihrer Partnerfirmen finden. Gibt es dort eine höhere Anzahl an Töchtern als an Söhnen, steigt die Bereitschaft, eine Frau einzustellen, um 25 %. Interessanterweise würde demnach die Wahrscheinlichkeit, ein weibliches Unternehmensmitglied einzustellen, um ein Viertel steigen, wenn statt eines Sohnes eine Tochter geboren würde. Tatsächlich zeigte das Datenmaterial, dass Risikokapitalfirmen ihre Ergebnisse verbesserten, nachdem sie den Anteil der Frauen um 10 % erhöht hatten.

Gompers berichtete weiter, dass sich die wirtschaftlich positiven Auswirkungen von Diversity nicht auf die Venture-Capital-Branchen beschränken. So stellte das US-amerikanische Forschungsunternehmen National Bureau of Economic Research in einer Untersuchung fest, dass es in den Bereichen Recht, Medizin, Naturwissenschaften und Management einen positiven Einfluss auf das Erzeugen von Produkten und Dienstleistungen in den USA gibt. Diese Studie untersuchte die Tendenzen der Bruttoinlandsprodukte ab den 1960er-Jahren über 50 Jahre hinweg. In diesen Jahrzehnten nahm die

Vielfalt in Betrieben zu. Insbesondere die Beschäftigung von Frauen und von Menschen mit schwarzer Hautfarbe wurde gesteigert. Gleichzeitig wuchs die US-Wirtschaft. Geht man von der Annahme aus, dass angeborene Kompetenzen auf Geschlechter und Ethnien gleichmäßig verteilt sind, so spielte der Anstieg der Frauen und schwarzhäutiger Menschen beiderlei Geschlechts bei der verbesserten Wirtschaftskraft der Unternehmen eine Rolle. Die USA hätte also gute Chancen, weitere ökonomische Erfolge zu erzielen, wenn sie Diversity in Betrieben weiterhin steigern würde.

Gompers weist darauf hin, dass in Unternehmungen, in denen eine kleine Gruppierung weitreichende und zukunftsweisende Entscheidungsbefugnisse besitzt, Diversity besonders wichtig ist. Wenn Entscheidungstragende divers sind, wird sich die Vielfalt in den weiteren Hierarchieebenen viel eher fortpflanzen können. Mitglieder von Gruppen, die klassisch unterrepräsentiert sind, setzen sich eher für Mitglieder anderer unterrepräsentierter Gruppen ein, während z. B. weiße Männer eher weiße Männer einstellen.

Gompers zitiert weiterhin eine Umfrage unter Risikokapitalgeberinnen und -gebern. Hierbei ging es um das Generieren von Dealflows (Investitionsvorschläge, die Verwaltungen von Risikokapital angeboten werden). Die Umfrage ergab, dass hierbei ein weitgehend vergleichbarer Bildungshintergrund, das gleiche Geschlecht und die gleiche Hautfarbe vorlagen. Solche homogenen Gruppen verfügen jedoch kaum über unterschiedliche Netzwerke. Diverse Netzwerke erhöhen jedoch die Möglichkeiten, Dealflows zu erzeugen. Es ist demnach sehr wahrscheinlich, dass konventionelle Unternehmen hier einiges Geld liegenlassen.

Literatur

Charta der Vielfalt 2023, Mehr als „etwas mit Vielfalt" – Welche Aufgabe Diversity hat, abgerufen 21.02.2024, https://www.charta-der-vielfalt.de/

Deloitte 2023, abgerufen 09.01.2024, https://www2.deloitte.com/de/de/pages/human-capital/articles/human-capital-trends-deutschland.html

Erwachsenenbildung 2013, Dimensionen von Diversität, abgerufen 21.02.2024, https://erwachsenenbildung.at/themen/diversitymanagement/grundlagen/dimensionen.php

Forbes 2020, Stuart R. Levine: Diversity Confirmed To Boost Innovation And Financial Results, abgerufen 27.02.2024, https://www.forbes.com/sites/forbesinsights/2020/01/15/diversity-confirmed-to-boost-innovation-and-financial-results/?sh=13f11d58c4a6

Gompers 2018, The Other Diversity Dividend by Paul Gompers and Silpa Kovvali, abgerufen 04.03.2024, https://hbr.org/2018/07/the-other-diversity-dividend

Gruner 2023, Jenny Gruner: Warum Unternehmen von Diversity-Marketing profitieren, abgerufen 28.02.2024, https://dup-magazin.de/management/marketing-vertrieb/warum-unternehmen-von-diversity-marketing-profitieren/

Hunt 2015, Why diversity matters By Dame Vivian Hunt, Dennis Layton, and Sara Prince; abgerufen 04.03.2024, https://www.mckinsey.com/capabilities/people-and-organizational-performance/our-insights/why-diversity-matters

McKinsey 2020, Zusammenhang zwischen Diversität und Geschäftserfolg so deutlich wie nie, abgerufen 02.01.2023, https://www.mckinsey.com/de/news/presse/2020-05-19-diversity-wins

Shutterstock 2021, Diversity Report, abgerufen 28.02.2024, https://d3kqgz5iyf5gxy.cloudfront.net/
    CRTV+2021/Diversity+report/Diversity+Report_Updated_Forward_Final_05.pdf
Sprachcaffe 2022, Die 10 wichtigsten Dialekte der chinesischen Sprache, abgerufen 17.03.2024,
    https://www.sprachcaffe.de/magazin-artikel/die-10-groessten-dialekte-der-chinesischen-
    sprache.htm

Gewinnung von Talenten

5

5.1 Rekrutierungsstrategien für die Gewinnung diverser Talente

5.1.1 Gezielte Anzeigen und Jobbörsen

Eine immer noch genutzte Methode zur Personalgewinnung ist das Anzeigenwesen von Printausgaben. Dabei kommen sowohl regionale wie überregionale Möglichkeiten in Frage. Greift man zur Tageszeitung, so sollte man nicht nur zu den am weitesten verbreiteten greifen. Wer weniger Möglichkeiten hat, größere Strecken zu überwinden oder kurzfristig die Wohnung zu wechseln, ist auf regionale Nähe angewiesen. Dies trifft auch auf viele diverse Talente zu. Deshalb sollte man auch die Tageszeitungen der Regionen nutzen. Ebenso ist es bei Online-Anzeigen wichtig, den genauen Ort des Arbeitseinsatzes mitzuteilen.

Natürlich ist es naheliegend, bei Anzeigen an Zeitschriften zu denken, die einen spezifischen Personenkreis ansprechen. Selbstverständlich gibt es Magazine, die sich beispielsweise mit Autismus oder mit interkulturellen Themen beschäftigen. Hierbei ist jedoch zu beachten, dass es sich bei der Leserschaft um einen ausgewählten Kreis innerhalb des Pools Diversity handelt. Man nimmt also durchaus eine Vorauswahl vor, die andere, ebenfalls diverse Menschen von vorneherein unberücksichtigt lässt. Es mag aber Situationen geben, in denen eine Unternehmung seine Diversity zum Bespiel im Bereich interkulturelle Zusammenarbeit ergänzen oder auch die speziellen Fähigkeiten von Menschen mit Autismus nutzen möchte. Es ist also eine Überlegung wert, die Zeitschriftenlandschaft zu sichten.

Voraussetzung für die gezielte Auswahl von diversen Talenten ist eine Analyse des Personalwesens, welche Faktoren von Diversity in der Unternehmung abgedeckt sind und welche es noch zu entwickeln gilt. Sollte sich hier eine Lücke zeigen, so ist gegen eine Auswahl der anzusprechenden Gruppen per Anzeige in Fachmagazinen nichts einzuwenden

C. A. De Brabandt, B. Schemmel, *Chefsache Hyper-diverse Teams*, Chefsache, https://doi.org/10.1007/978-3-658-45343-5_5

Die zweite Möglichkeit der Platzierung von Anzeigen bieten die Jobbörsen. Die meisten davon finden sich online. Doch darüber hinaus gibt es auch solche, die regional vor Ort veranstaltet werden. Hier ist wieder zu bedenken, dass oft im regionalen Bereich diverse Menschen einen Arbeitsplatz suchen. Beispiele sind Menschen, die aus Gründen der sozialen Herkunft stark in ihrem Umfeld verhaftet, verkehrstechnisch weniger beweglich oder (schwer)behindert sind. Deshalb lohnt es sich, sich mit einem Unternehmensstand an solchen Börsen zu beteiligen. Besonders überzeugend wirkt es, wenn ein entsprechendes Mitglied aus der Arbeitnehmerschaft dabei anwesend ist und authentisch berichten kann.

Bei jeder Form von gezielter Personalsuche kommt es stark auf das Wording an, aber auch auf visuelle Darstellungen. Hier kann das Unternehmen zeigen, wie ernst es ihm mit Diversity ist. Viele Anzeigen beschränken sich nämlich auf das Angeben des Zusatzes m/w/d beim gesuchten Personal. Im Folgenden wird oft sogar das generische Maskulinum benutzt. Das ist zu vermeiden. Zudem fehlen bei der eigenen Unternehmensbeschreibung oft Hinweise darauf oder Zeichen dafür, dass unter der Arbeitnehmerschaft diverse Talente zu finden sind. Das sollte jedoch erkennbar sein.

Eine Gruppe, die in Anzeigen oft explizit angesprochen wird, sind schwerbehinderte Menschen und solche, deren Behinderung mit einer Schwerbehinderung gleichgestellt wurden. Eine Gleichstellung kann man beantragen, wenn man einen Behinderungsgrad unter 50 % hat. Bei Genehmigung erfolgt die Aufstockung auf 50 %. Diese Gleichstellung bezieht sich im Gegensatz zur Schwerbehinderung ab 50 % ausschließlich auf arbeitsrechtliche Gegebenheiten (und nicht auf Steuervorteile und das Recht auf Begleitpersonen).

Die Menschen mit Schwerbehinderung anzusprechen, ist gesetzlichen Vorschriften geschuldet. Das Gesetz schreibt die Integration in die Arbeitswelt rechtlich vor, deshalb müssen Unternehmen bei der Stellenbesetzung schwerbehinderte Menschen berücksichtigen (BIH 2022). Man liest dann in Stellenanzeigen den Zusatz: „Schwerbehinderte Menschen werden bei gleicher Qualifikation bevorzugt." Leider zahlen viele Betriebe lieber die ebenfalls gesetzlich vorgeschriebene Ausgleichsabgabe, als behinderte Menschen einzustellen. Eine Pflicht, diese Gruppe in einer Anzeige eigens anzusprechen, gibt es nicht.

Eine Explikation wie beim Faktor Behinderung kann man natürlich nicht für die anderen diversen Attribute vornehmen. Man kann jedoch auf der sprachlichen und der visuellen Ebene möglichst viele Menschen mit unterschiedlichen Backgrounds ansprechen.

Nehmen wir ein Beispiel aus dem Bereich Gendern. Statistiken zeigen, dass männliche Bewerber sich für eine Stelle melden, wenn sie ca. 60 % der Fähigkeiten und Kenntnisse aufweisen, die darin gefordert werden (surveymonkey 2023). In der Regel stehen solche Kompetenzen als Voraussetzung für die Bewerbung bzw. Stellenbesetzung in Inseraten. Frauen dagegen schreiben nur dann ihre Bewerbung, wenn sie davon ausgehen, dass sie die Anforderungen zu 100 % erfüllen.

Um Bewerberinnen adäquat einzubeziehen, kann man in der Anzeige unter anderem auf das Nennen einer konkreten Zahl verzichten, die an Berufserfahrung verlangt wird. Das käme in diesem Fall auch vielen Frauen entgegen, die aus Erziehungsgründen nicht berufstätig waren. Also verlangt man beispielsweise nicht „x Jahre an Berufserfahrung", sondern beschränkt sich auf allgemeine Aussagen wie „Berufserfahrung ist nötig" oder sogar nur „Berufserfahrung ist erwünscht".

Hier zeigt sich, dass eine sensible Hinterfragung des üblichen Wording in Stellenanzeigen nötig ist. Im genannten Beispiel kann man weiter überlegen, ob Berufserfahrung tatsächlich unabdingbar ist. Vielleicht gibt es diesen Beruf in anderen Kulturkreisen gar nicht. Vielleicht gibt es jedoch verwandte Berufe. Möglicherweise ist dann eine Übergangsphase möglich, in denen die Skills vervollständigt werden können. Deshalb ist grundsätzlich zu überdenken, ob eingefahrene Standards in Anzeigen angebracht sind.

Nimmt man nun an, dass z. B. Menschen mit einem anderen ethnischen Hintergrund sich ebenfalls selbst kritisch hinterfragen, so kommt man bei einer Frau mit einem anderem als dem landesüblichen ethnischen Hintergrund schon auf 2 Faktoren, die eine Benachteiligung auslösen könnten. Das Gleiche gilt beispielsweise für einen Menschen mit einem anderen als dem landesüblichen kulturellen Hintergrund, der auch eine andere als die binäre sexuelle Orientierung besitzt. Bedenkt man, dass noch andere Erscheinungsformen von Diversity wie Alter oder ethnische Zugehörigkeit hinzukommen können, so entstehen schnell weitere zweifache, wenn nicht dreifache hemmende Faktoren.

Formulierungen wie „Wir sind ein junges, dynamisches Team von Ingenieuren" mag zwar eine korrekte Selbstdarstellung sein, schreckt jedoch mehrere Menschen ab bzw. grenzt sie dabei aus, für eine Bewerbung motiviert zu sein – in diesem Fall vor allem ältere und weibliche Menschen, unabhängig von ihrer Herkunft.

Manche Ausdrücke bieten auf einer subtileren Ebene Alternativen. So kann man den Begriff „ein Handwerkerbetrieb" ersetzen durch „ein handwerklicher Betrieb". Hier durchbricht man die gewohnten Ausdrucksformen und kommt diversen Talenten ermutigend entgegen.

Texte in Anzeigen Diversity-gerecht zu formulieren, ist ein reflektierter, bewusster Vorgang. Es gilt, nicht zu spezifisch zu sein, damit ein breiter Kreis angesprochen wird. Andererseits will ein Unternehmen natürlich eine Stelle qualitativ passend besetzen. Daher empfiehlt es sich, die Fähigkeiten und Kenntnisse in den Vordergrund zu stellen, die erforderlich sind. Auch Schlüsselqualifikationen wie Zuverlässigkeit oder Teamfähigkeit sind nicht mit dem Risiko behaftet, eine ausgrenzende Vorauswahl zu treffen.

Es sollte vermieden werden, einen spezifizierten Abschluss zu verlangen, beispielsweise von einer Eliteuniversität oder einer Privathochschule (surveymonkey 2023). Es ist besser, einen fachlichen Abschluss zu fordern und ihn ganz allgemein als solchen zu benennen. Das gibt einen weiten Spielraum vor. Hier können sich auch alle wiederfinden, die keine universitäre Laufbahn, aber eine vergleichbare Qualifikation mitbringen.

Sowohl bei Anzeigen wie auch bei Jobbörsen sollten visuelle Anreize für Diversity nicht fehlen. Bei Anzeigen gibt es weniger Möglichkeiten, doch auch hier kann das Unternehmen mindestens ein Bild einstellen, das die Mehrgleisigkeit in der Personalauswahl signalisiert. Sei es eine Rollstuhl fahrende Person, ein nicht-weißer Mensch oder ein Team, in dem diverse Talente sichtbar sind.

Bilder haben eine hohe Aussagekraft. Die meisten Menschen reagieren stark auf visuelle Reize. Deshalb sollte man sorgfältig auswählen, welche Darstellungen man bei Jobbörsen verwendet, insbesondere bei solchen, die vor Ort stattfinden. Dabei sollten die Bilder ebenso authentisch wie glaubwürdig sein. Ein konkreter Arbeitsplatz, entsprechend besetzt, sagt auf den ersten Blick bereits Wesentliches aus. Ein divers gemischtes Team in einer Besprechung löst den gleichen Effekt aus. Dabei muss man nicht übertreiben und nicht-diverse Menschen vermeiden. Das Gesamtbild überzeugt.

Weiterhin kann man das Unternehmen mit Hilfe von Daten und Fakten darstellen. So zeigt man, welchen Anteile ältere oder weibliche Arbeitende haben oder diejenigen, die aus einem anderen Kulturkreis stammen. Möchte man die Zahlen steigern, kann man den Wunsch unschwer in einer grafischen Darstellung kenntlich machen. So fühlen sich diverse Talente bei der Arbeitssuche von v, nehrein angesprochen. Das Entscheidende dabei ist, dass sie einen Anhaltspunkt für die Identifizierung mit dem Unternehmen erhalten.

Weitere Möglichkeiten sind, Informationen zur Verfügung zu stellen, die vor allem für diverse Mitarbeitende relevant sind. So könnte man auf einer Karte alle Länder zeigen, aus denen Mitarbeitende kommen (surveymonkey 2023), und sie mit Zusatzinformationen versehen, z. B. Einwohnerzahl, vorherrschende Religionen, Regierungsform u. Ä. Zudem macht es sich gut, einen ansprechenden Text jeweils in der Muttersprache der Länder zu präsentieren, und hierbei über ein schlichtes „Willkommen" hinauszugehen.

Will man sichergehen, sich Diversity-gerecht auszudrücken, so kann man Leitfäden nutzen. Leitfäden finden sich online oder in auch Buchform. Es ist jedoch ebenso empfehlenswert, für die eigene Unternehmung eine entsprechende Checkliste zu erstellen.

5.1.2   Netzwerke und Beziehungen

Die Rekrutierung von neuen Mitarbeitenden erfolgt häufig ausschließlich über externe Quellen. Dabei kann das Personalmanagement jedoch die Möglichkeiten, die die bestehende Mitarbeiterschaft zu bieten hat, leicht übersehen. Lernen kann man hier vom Vorgehen, das der Öffentliche Dienst pflegt. Sucht man Stellenbesetzungen in einem Amt, einer Behörde, einem Verband oder einer Berufsgenossenschaft, so wird die Stelle in aller Regel zuerst intern ausgeschrieben. Es gibt im Öffentlichen Dienst viele Stellen ohne Verbeamtung, 2023 waren lediglich 37 % der Stellen mit verbeamteten Mitarbeitenden besetzt (studieren.de 2023). Dazu kommen noch dem Öffentlichen Dienst gleichgestellte Beschäftigungsverhältnisse, nämlich öffentlich-rechtliche Körperschaften, Anstalten und Stiftungen (Rechtswörterbuch 2023).

Bei internen Ausschreibungen entstehen Möglichkeiten für die Mitarbeitenden, sich zu verändern. Ohne solche Ausschreibungen hätten sie womöglich gar nichts von der offenen Stelle erfahren. Erst wenn die Stelle intern nicht besetzt werden kann, erfolgt eine externe Ausschreibung.

Die private Wirtschaft ist zu einer internen Ausschreibung verpflichtet, sobald das Unternehmen einen Betriebsrat hat. Aus den Paragrafen 75 und 93 des Betriebsverfassungs-

gesetzes ergibt sich, dass der Betriebsrat eine interne Ausschreibung freier Stellen verlangen kann, mit Ausnahme von leitenden Angestellten (Bundesministerium der Justiz 2023).

In einer internen Stellenausschreibung müssen alle Faktoren angegeben sein, die auch
für eine externe Suche gelten, von den Anforderungen bis zu der Ansprechperson im
Personalbüro. Hier kann nun das Diversity-Recruiting für diverse Talente ansetzen.

Es gibt die Möglichkeit, die Praxis der internen Stellenausschreibung grundsätzlich zu
übernehmen. Dabei ist es wichtig, das Wording so einzusetzen, dass auch diverse Menschen und zudem Frauen sich angesprochen fühlen (falls Frauen unterrepräsentiert sind).
Diese Differenzierung ist wichtig, weil Frauen ca. 50 % der Menschen darstellen, während
es typisch für diverse Menschen ist, dass sie zur statistischen Minderheit gehören. Viele
Frauen fühlen sich mit Wörtern wie „teamorientiert, engagiert, verlässlich, engagiert, ko-
operativ" angesprochen, viele Männer mit Begrifflichkeiten wie „herausfordernd, individuell, logisch, überdurchschnittlich, direkt" (hr-rocket 2023). Es ist also ein Unterschied,
eine Stelle anzubieten, die „Teamgeist, Zuverlässigkeit und Kooperationsbereitschaft"
verlangt oder eine, die „überdurchschnittliches Engagement, logisches Denkvermögen
und direkte Kommunikation" fordert. Selbstverständlich ist es angebracht, objektiv zu
bleiben. Natürlich gibt es Stellen, die spezielle Schlüsselqualifikationen wie Teamfähigkeit oder Skills wie logisches Denken erfordern. Doch diese Kompetenzen sind weder an
ein Geschlecht noch an die Eigenschaften von diversen Personen gebunden.

Eine interne Stellenausschreibung sollte Diversity berücksichtigen. Diverse Menschen,
die sich in einer anderen Tätigkeit besser aufgehoben sehen, haben damit die gleiche
Chance auf Veränderung wie alle anderen in der Mitarbeiterschaft. Es kann jedoch sein,
dass sie sich eine Umsetzung in einer Unternehmung, in der sie bereits arbeiten, eher zutrauen. Wenn sie erfolgt, stärkt dieses Erfolgserlebnis die Bindung an das Unternehmen.

Die Idee der internen Stellenausschreibung beinhaltet eine weitere Möglichkeit. Sollte
die gesetzliche Vorschrift nicht gegeben sein, so kann man dennoch die Stelle intern publik
machen und die Mitarbeiterschaft darüber informieren, dass eine Besetzung gesucht wird
und diverse Personen willkommen sind. Die Mitarbeitenden werden aufgefordert, passende Menschen in ihrem persönlichen Umkreis oder ihren Netzwerken zu einer Bewerbung zu ermuntern. Die Strategie solcher auch Referrals genannten Personalempfehlungen
von Mitarbeitenden wird immer noch unterschätzt. In vielen Familien finden sich
z. B. Menschen mit Behinderungen, und im Umkreis vieler Familien finden sich diverse
Talente. Diese Quellen potenzieren sich, wenn man die Netzwerke der Familienmitglieder
mitrechnet. Hier bieten sich Recruitingoptionen, die sich tendenziell erweitern. Mitdenken
muss man dabei auch, dass die diversen Mitarbeitenden, die man bereits beschäftigt, oft
ihre eigene spezifische Community haben, die sie informieren können.

Netzwerke sind grundsätzlich eine hervorragende Ressource für ein Personalmanagement, das Diversity im Blick hat. Es bieten sich 2 Möglichkeiten. Man kann die
Mitarbeiterschaft animieren, selbst Netzwerke aufzubauen, oder die bestehenden externen
Netzwerke nutzen. Für die Anregung der Mitarbeitenden zu selbstbestimmten Netzwerken
bietet die Commerzbank ein Beispiel.

Die Bank hat bereits 2007 die „Charta der Vielfalt" genutzt. Das ist eine der größten Initiativen von Arbeitgebenden zur Förderung von Diversity in Unternehmen und Institutionen Deutschlands (Charta der Vielfalt 2023). Der Verein wurde 2006 in einer gemeinsamen Aktion von Unternehmungen und politischen Initiativen ins Leben gerufen und dient der Anerkennung und Einbeziehung von Diversity ins Arbeitsleben. Wer ihm beitritt, erhält gegen eine Verwaltungsgebühr eine Urkunde mit dem Titel „Charta der Vielfalt". Es lohnt sich für Arbeitgebende, sie zu erwerben und gut sichtbar im Eingangsbereich anzubringen.

Die Commerzbank soll hier als Beispiel dafür dienen, welche Wege man intern gehen kann. Sie animierte ihre Mitarbeitenden dazu, eigene Unternehmensnetzwerke zu gründen. Die Themen dafür waren vielfältig und kamen aus der Mitarbeiterschaft selbst. Die verschiedenen Personen konnten so ihre spezifischen Anliegen, Interessen und Kenntnisse fokussieren. Auf diese Weise kam eine ganze Reihe von Initiativen zustande. Die Gründungen deckten die verschiedensten Gebiete ab. Ein Netzwerk kümmerte sich um Menschen mit nicht-binärer sexueller Orientierung, ein anderes um die Interaktion von Menschen unterschiedlicher Ethnien oder kultureller Interessensgebiete. Ein Netzwerk richtete sich speziell an Frauen, bei einem weiteren stand das Thema „Pflege" im Mittelpunkt. Ein Vater gründete ein Netzwerk eigens für Mitstreiter in der gleichen familiären Rolle. Mitarbeitende mit christlichem Glauben riefen ein Netzwerk für Christinnen und Christen ins Leben. Eine Gründung lud dazu ein, Menschen mit und ohne Behinderung zusammenzubringen (Personalwirtschaft 2021).

Auf diese Weise erhalten Mitarbeitende einen sicheren Raum, in dem sie sich austauschen können. Für die jeweilige Gruppe und deren Anliegen gibt es ein Repräsentationsmedium. Die Unternehmungsführung hat jederzeit die Möglichkeit, sich darüber zu informieren. Das verbessert die Verständigung zwischen den Hierarchieebenen. Ein Arbeitsklima, das von gegenseitigem Verständnis geprägt ist, wird gefördert.

Solche Netzwerke sind eine Fundgrube für neue diverse Mitarbeitende. Natürlich bedienen sie auch nicht-diverse Menschen. Doch grundsätzlich ist die Animation zur Netzwerkgründung innerhalb des Unternehmens eine integrative bzw. inkludierende Maßnahme des Personalmanagements. Dadurch steigen nicht nur die Kontakte der Mitarbeitenden untereinander, sondern auch die Identifizierung mit dem Unternehmen wird intensiviert. Ebenso wird ein Betriebsklima gestärkt, in dem diverse Talente selbstverständlich mitarbeiten.

Auch wenn es sich um unternehmensinterne Netzwerke handelt, so hat doch jedes Mitglied zahlreiche außerbetriebliche Kontakte. Diese Beziehungen sind gut nutzbar beim Anwerben diversen Personals. Die Mitarbeiterschaft braucht nur über die Stellenausschreibung Kenntnis zu erhalten.

Ein Unternehmen kann auch selbst externe Netzwerke nutzen. Dabei ist es wiederum sinnvoll, zunächst die Mitarbeitenden danach zu befragen, welche sie kennen. Gleichzeitig können sie dazu ermuntert werden, ihre Kontakte selbst über eine freie Stelle zu informieren.

Natürlich setzt das Suchen in externen Netzwerken die entsprechende Zeitkapazität im Personalmanagement voraus. Doch es besteht die Möglichkeit, sich auf die Initiativen mit den Schwerpunkten an Diversity zu konzentrieren, die man ergänzen möchte. Eine Möglichkeit, Informationen zu erhalten, bietet beispielsweise das Netzwerk „Eine Welt der Vielfalt". Der Verein hat eine breite Plattform für die Bereiche Diversity und Antidiskriminierung aufgebaut. Er ist Mitglied in vielen entsprechenden Verbänden und teilweise international vernetzt. Hier finden sich Ansprechmöglichkeiten. Zudem gibt es eine ausführliche Liste zu weiterführenden Publikationen und Links zu den Themen Diversity und Antidiskriminierung (Eine Welt der Vielfalt 2023).

Grundsätzlich ist es von Vorteil, sich auf vielen gesellschaftlichen Ebenen zu vernetzen. Dazu gehören auch Ämter wie die Antidiskriminierungsstelle des Bundes (Antidiskriminierungsstelle des Bundes 2023). Beispielhaft ist hier das Unternehmen ISS zu nennen. Es arbeitet eng mit Kundinnen und Kunden sowie Behörden zusammen. Sein Ziel ist es, Karrieremöglichkeiten für Menschen schaffen, die häufig nur eingeschränkt die Möglichkeiten haben, eine Arbeit zu finden und sich dort auch noch weiterzuentwickeln. ISS agiert weltweit, darunter auch in Deutschland und den Niederlangen. Das Unternehmen arbeitet mit regionalen Arbeitsmärkten, örtlichen und überregionalen Behörden sowie zahlreichen Einrichtungen, die Diversity unterstützen, zusammen (issworld 2023).

Oft haben junge diverse Menschen Probleme, eine Arbeitsstelle zu finden. Einige sind hinsichtlich kultureller Anforderungen, sprachlicher Kompetenzen und wenig Erfahrung im Umgang mit ihrer Diversity innerhalb gesellschaftlicher Kontexte aufgrund des Lebensalters benachteiligt. Eine Kontaktmöglichkeit zu ihnen ergibt sich über Hochschulnetzwerke. Eine Initiative, die bundesweit auf dieser Ebene agiert, ist das Netzwerk Diversity (Netzwerk-Diversity 2023). Mitglieder sind nicht die Hochschulen selbst, sondern natürliche Personen. Ansprechpersonen stellen sich per Website zur Verfügung.

Viele junge Menschen mit körperlichen oder psychischen Behinderungen wie auch mit Lernbehinderungen gehören immer noch zu den gesellschaftlich benachteiligten Gruppen. Oft finden sie in der freien Wirtschaft keine Ausbildungsstelle. Aus diesem Grund gibt es Berufsbildungswerke, die die Ausbildung überbetrieblich durchführen. Sie bemühen sich, schon während dieser Zeit Kontakte zu Betrieben zu knüpfen, die die Auszubildenden zeitweise bei sich vor Ort ausbilden. Doch das gelingt nicht in jedem Fall. Bei Menschen mit Behinderung ist es besonders wichtig, dass sie nach der Ausbildung eine Arbeitsstelle finden. Ihre Chancen sinken mit zunehmendem Alter. Arbeitslose ohne Behinderung haben eine mehr als doppelt so hohe Chance, eine Anstellung zu finden, als Arbeitslose mit Behinderung. Dabei gibt es in der heutigen Zeit viele technische Hilfsmittel, die die Behinderung ausgleichen. Insbesondere die Digitalisierung bietet viele Möglichkeiten (aktion mensch 2022).

Die überregionale Ansprechstelle für Menschen mit Behinderung, die in Berufsbildungswerken ausgebildet werden, ist die Bundesarbeitsgemeinschaft der Berufsbildungswerke (bagbbw 2023). Für die Rekrutierung lohnt es sich, sich mit einem Berufsbildungswerk in der Nähe in Verbindung zu setzen. Es gibt mehr als 50 dieser Einrichtungen in Deutschland, die sich auf die Bundesländer verteilen. Übrigens gewährt die Bundesanstalt für Arbeit in der Regel eine Eingliederungshilfe bei Übernahme eines Menschen mit Behinderung, um ihre Inklusion zu stärken.

5.1.3   Diversitätsfördernde Personalbeschaffungspolitik

Juristisch ist die Gleichbehandlung von Menschen festgeschrieben. Das Grundgesetz für die Bundesrepublik Deutschland schreibt in Artikel 3 fest, dass alle Menschen vor dem Gesetz gleich sind. Das soll jede Form von Diskriminierung verhindern. Im Gesetzestext heißt es: „Ziel des Gesetzes ist, Benachteiligungen aus Gründen der Rasse oder wegen der ethnischen Herkunft, des Geschlechts, der Religion oder Weltanschauung, einer Behinderung, des Alters oder der sexuellen Identität zu verhindern oder zu beseitigen" (Bundesregierung 2024). Über den Begriff der Rasse ist die politische Diskussion noch nicht abgeschlossen (2023).

Dieses Gesetz schließt selbstverständlich die Arbeitsverhältnisse ein. Doch die Realität ist davon weit entfernt, obwohl Studien ergeben haben, dass diverse Teams höhere Effizienz und höheren Umsatz bzw. Gewinn erzeugen. Auch Diversity im Management erzeugt nachgewiesenermaßen mehr Innovation (JOIN 2022). Das Konzept, eine diverse Mitarbeiterschaft zu etablieren, hilft nicht nur, die Idee des Gesetzes zum Leben zu erwecken, es ist letztlich auch ein Beitrag zu einer gerechteren Welt, die unter diesem Aspekt auch in fortgeschrittenen und demokratischen Gesellschaften noch nicht umgesetzt ist. Eine angemessene diverse Arbeitnehmerschaft ist nichts anderes als ein Abbild der Gesellschaft im betrieblichen Kontext.

Dabei unterstützt ein Großteil der Arbeitnehmerschaft betriebliche Vielfältigkeit. 2020 ergab eine Umfrage von Glassdoor, dass 76 % der Arbeitnehmenden und Arbeitsuchenden Diversity als wichtigen Faktor dafür ansehen, wie ein Unternehmen zu bewerten ist (JOIN 2022). Bei Glassdoor beurteilen ehemalige oder aktuelle Mitarbeiter anonym ihre Unternehmung. Glassdoor hat Standorte in Amerika und Europa, darunter in Hamburg.

Der erste Schritt, um Diversity angemessen im eigenen Betrieb zu etablieren, ist eine möglichst exakte Analyse der Ist-Zustands. Dazu ist es notwendig, die Personaldaten statistisch auszuwerten. Hierbei ergibt sich die Notwendigkeit, einzelne Menschen verschiedenen Kriterien zuzuordnen. Damit eine Klärung erfolgen kann, ob ein Mangel unter bestimmten Gesichtspunkten besteht, müssen die Fakten offenliegen. Vergleichsweise einfach ist die Zuordnung bei männlich oder weiblich. Menschen, die sich bei Firmenkontakten offen zu „divers" anstelle einer binären Geschlechtszugehörigkeit bekennen, sind immer noch selten. Hier ist viel Fingerspitzengefühl gefragt. Zunächst jedoch ist im Blick zu behalten, ob es Arbeitnehmende mit diesem Merkmal zu rekrutieren gilt.

Hierbei fällt ins Auge, dass in den Personalunterlagen Merkmale wie Hautfarbe, Herkunft, Behinderung und Ähnliches verzeichnet sein müssen. Es versteht sich von selbst, dass es sich hier nicht um ein diskriminierendes Vorgehen handelt, sondern um notwendiges Faktenwissen. Nun ergeben sich klare Ziele, beispielsweise Personal mit nicht-deutschem kulturellen Hintergrund stärker einzubeziehen. Solche Ziele sind im Hinblick darauf mitzudenken, wo sie sich auch mit spezifischen Bedürfnissen der Unternehmung decken könnten. Ist es auch ökonomisch effizient, wenn Teile des Personals eine bestimmte Sprache beherrschen, sich mit einer Kultur oder einem anderen Land besonders gut auskennen, einen besonderen Skill (wie eine autistische Inselbegabung) haben oder bestimmte soziale Gegebenheiten aus Erfahrung kennen? Solche Faktoren bleiben oft unberücksichtigt, weil die Diversität unter solchen Gesichtspunkten gar nicht erst betrachtet wird. Selbstverständlich sollten der Analysestand und die Entwicklung regelmäßig evaluiert werden.

Anhand der statistischen Bewertung ergibt sich ein Bild, worauf beim Recruiting vorrangig zu achten ist. Darauf basierend, kann die Netzwerkarbeit beginnen und interne wie externe Quellen nutzen. Das Personalmanagement verlässt sich häufig darauf, eine einmal genutzte Ressource immer wieder zu verwenden. Das spart Zeit und Arbeit. Doch gerade die Rekrutierung diverser Talente erfordert beides intensiver als im herkömmlichen Human Resources Management. Es gilt, neben gezielten Anzeigen und Jobbörsen mehrere, verschiedene Stellenbörsen zu nutzen. Eine typisch menschliche Eigenschaft ist es, immer wieder auf etwas zurückzugreifen, was einmal funktioniert hat. Da es sich bei Diversity aber um mehrere Parameter handelt, lohnt es sich, das Engagement auf mehrere Plattformen auszuweiten.

Bei der Darstellung des eigenen Betriebs im Rekrutierungsprozess ist es grundsätzlich wichtig, Diversity sichtbar zu machen, und zwar authentisch. An erster Stelle steht ein inklusives Wording. Alle Leserinnen und Leser sollten sich angesprochen fühlen. Zusätzlich ist ein kurzer Abriss zur Unternehmenskultur hilfreich. Daraus sollte hervorgehen, dass niemand ausgeschlossen wird bzw. dass es diverse Angebote gibt. Ein ganzheitlicher Überblick bietet sich deshalb an. Hier wäre es ideal, wenn die Mitarbeiterschaft interne Netzwerke gebildet hätte. Nennenswert sind beispielsweise Angebote wie sportliche Betätigungsmöglichkeiten für alle Geschlechter, remote Arbeitsmöglichkeiten, flexible Arbeitszeiten oder Varianten beim Kantinenessen für verschiedene Gruppen. Da viele Unternehmen es immer noch merkwürdig finden, wenn Väter Elternzeit nehmen, ist auch diese Variante als gern gesehen oder bereits praktiziert eine Erwähnung wert.

Eine weitsichtige Möglichkeit, diverse Talente einzubinden, ist, sich ein Talent Network aufzubauen. Dieses bindet das Unternehmen in seinen Internetauftritt ein. Die Besuchenden werden aufgefordert, sich an dem Netzwerk zu beteiligen. Hier finden sich dann immer wieder Einladungen zu Events und selbstverständlich die aktuellen Stellenanzeigen. Die Öffentlichkeitsarbeit kann zur Erweiterung des Netzwerks beitragen. Unternehmenspräsenz auf Jobbörsen, Messen oder gut frequentierten Vorträgen ist dafür nötig. So bekommen die Teilnehmenden die Möglichkeit, sich sofort vor Ort für das Unternehmens-Netzwerk anzumelden. Hierbei ist es wichtig, an den Datenschutz zu denken und direkt eine Zustimmung zu erbitten (Talention 2022).

Im Idealfall erhalten die Interessierten im Folgenden einen Newsletter. In jedem Fall sollten sie Zugang zu regelmäßigen Informationen bekommen. Auf diese Weise hält das Personalmanagement Kontakt zu verschiedenen Personen. Je größer die Teilnehmendenzahl, desto größer ist die Chance, diverse Talente zu finden. Gerade diversen Menschen liegt es oft, sich zunächst auf diesem Weg mit einem Unternehmen zu beschäftigen. Sie entwickeln dadurch Vertrauen für eine Bewerbung. Das Personalmanagement behält einen guten Überblick über mögliche Bewerberinnen und Bewerber. Eine persönliche Ansprache ist erheblich einfacher und vielversprechender als ohne einen bereits bestehenden Kontakt.

Eine Ressource für das diverse Personalmanagement ist ein Talent Pool. Das ist eine Datenbank, die Kompetenzprofile von vielversprechenden Bewerbenden enthält. Darunter können aber auch Teile der aktuellen Mitarbeiterschaft fallen, z. B. für den Fall einer Umsetzung von Personal oder Umstrukturierung im Betrieb. Für das Rekrutieren diverser Menschen kann man einen Talent Pool auch allein zu diesem Zweck anlegen. Dazu sind Netzwerke aller Art eine Möglichkeit. Grundsätzlich geht es darum, mit den in Frage kommenden Personen schnell in Kontakt kommen und ihnen zu gegebener Zeit die passende Stelle anbieten zu können. Bei den Daten des Talent Pools ist wiederum zu beachten, dass die Faktoren der Diversity vermerkt sind, ohne als Diskriminierungsmerkmale zu gelten.

Der Pool wird durch engagierte Öffentlichkeitsarbeit erweitert. Darunter fallen Praktika und Events. Praktika anzubieten erleichtert diversen Menschen den Einstieg in eine Unternehmung. Vor allem, wenn sie personelle Vielfalt vor Ort erleben, werden sie in ihrem Vorhaben, sich zu bewerben, gestärkt. Anbieten kann man solche Möglichkeiten neben der eigenen Website auf zahlreichen Plattformen. Zudem kann man sich speziell an verschiedene Einrichtungen wenden. Für junge Menschen bieten sich auch hier Universitäten, Berufsschulen und Berufsbildungswerke an.

Bei den Einladungen ist immer mitzudenken, dass diverse Personen sich angesprochen fühlen. Aber auch Zentren für Autismus sind eine Anlaufstelle, denn gerade autistische Menschen haben Schwierigkeiten, sich auf Anhieb in ein Unternehmen einzufügen. Erstes Kennenlernen ist für sie eine große Hilfestellung. Andere Möglichkeiten sind kulturelle Zentren. Sinnvoll sind Recherchen, die sich auf die Region beziehen. Praktika können an einem spezifischen Arbeitsplatz oder in mehreren Abteilungen absolviert werden. Hier kann das Personalmanagement je nach Bedarf lenken.

Auch Einladungen zu Events bieten sich an. Ein Tag der offenen Tür ermöglicht es, sich unverbindlich zu informieren. Dabei sollte die diverse Unternehmenskultur gut sichtbar und erlebbar sein. Von diversen Mitarbeitenden am Arbeitsplatz über Informationen in verschiedenen Sprachen bis zum kulinarisch vielfältigen Angebot gibt es viele Ideen. Ansprechende Materialien, die für Jobbörsen zur Verfügung stehen, können ebenfalls zum Einsatz kommen.

Zu den Events gehören auch Veranstaltungen anlässlich spezieller Tage. Das kann ein Jahrestag der Unternehmen sein, aber auch ein Sommerfest oder ein Adventsbasar. Darüber hinaus kann man sich in anderen Kulturen umsehen und dort nach einem Anlass forschen. Das bietet sich an, wenn man die kulturelle Diversity stärken will. Oder möchte man körperbehinderte Menschen ansprechen? Dann veranstaltet man einen barrierefreien Tag – z. B. mit einer Rollstuhl-Rallye.

Bei jedem dieser Ereignisse sollte man das Angebot, sich dem betrieblichen Netzwerk anzuschließen, einbeziehen. Jede Veranstaltung hat einen Multiplikationseffekt, weil viele Menschen aus der Mitarbeiterschaft Mitglieder aus ihrem Freundes- und Bekanntenkreis mobilisieren. Sie bietet auch die Chance für das Personalrecruiting, verschiedene Zielgruppen zu zuansprechen, indem man Informationen bereitstellt.

5.2 Auswahlprozesse für diverse Talente

5.2.1 Vermeidung von Vorurteilen und Stereotypen

Vorurteile und Stereotypen bedienen zwei verschiedene Denkmuster. Stereotypen sind Ausdruck einer Verallgemeinerung. Die Verallgemeinerung stellt ein Muster zur Verfügung, aufgrund dessen man andere Menschen einschätzt. Das gilt insbesondere für Menschen, die man erstmalig trifft. Die Personen werden aufgrund von Merkmalen in eine Kategorie eingeteilt, deren immerwährende und geltende Eigenschaften man zu kennen glaubt. Solche Mechanismen gibt es überall auf der Welt. Die Einteilungen können helfen, Wahrnehmungen zuzuordnen und Kriterien zur Beurteilung zu erleichtern. Insofern gelten sie als Orientierungshilfe in einer vielfältigen Welt. Das Problem besteht darin, dass es sich um beurteilende Zuschreibungen handelt. Solche Stereotypen führen leicht dazu, dass Meinungen sich herausbilden, die in der Realität nicht gerechtfertigt sind. Wenn sie sich verfestigen, entwickeln sie sich zu Vorurteilen weiter. Deshalb bilden Stereotypen – die allerdings nicht in jedem Fall negativ sein müssen – oft den Nährboden und die Grundlage für Vorurteile, die ihrerseits sachlich unbegründete Meinungen darstellen (Karrierebibel 2022).

Verbreitete Stereotype sind: die deutsche Gründlichkeit, die brasilianische Tanzbegabung, die Langsamkeit im Beamtentum und die Behauptung, dass Musik Menschen mit schwarzer Hautfarbe im Blut läge.

In der sozialpsychologischen Literatur bezeichnet man ein Vorurteil als eine Haltung nicht nur gegenüber Personen und Gruppen, sondern auch im Hinblick auf Objekte und Sachverhalte. Sie basiert nicht auf Erfahrungen, sondern auf Verallgemeinerungen (spektrum.de 2000). Auch bei dieser Definition kann es sich um eine positive Einstellung handeln. In der Realität entpuppen sich Vorurteile jedoch weit öfter als negative Grundhaltungen. Beispiele für Vorurteile sind, dass schwäbische Menschen geizig wären und polnische stark überdurchschnittlich häufig stehlen würden.

Wie schnell Stereotype in Vorurteile übergehen und zu konkreten Nachteilen führen können, soll beispielhaft eine Studie der Zeitschrift Science Advances zeigen. Sie untersuchte auf der Grundlage von Ergebnissen der PISA-Studien von 2018 aus 72 Ländern die Ansichten über die Faktoren Begabungen und Talente. Beides wurde in fast allen Ländern eher mit Männern verbunden als mit Frauen. Bei den Selbstaussagen hielten Mädchen sich für weniger talentiert, als die Jungen es taten. Das Phänomen zeigte sich insbesondere in Verbindung mit Leistungsstärke. Die leistungsstarken Jungen schätzten sich insgesamt als talentierter ein als die leistungsstarken Mädchen. Daraus resultiert das Problem, dass Mädchen sich trotz ihrer Fähigkeiten und Kenntnisse eher als unzureichend empfinden, während Jungen sich eher überschätzen.

Ein auf den ersten Blick erstaunliches Ergebnis zeigte, dass diese unterschiedlichen Einschätzungen in ökonomisch und technisch weit entwickelten Ländern deutlich stärker hervortraten. Nur die saudi-arabischen Mädchen waren überzeugter davon, Talente zu be-

sitzen, als die dortigen Jungen. In allen anderen Ländern meinten die Mädchen weit weniger, mit Begabungen und Talenten versehen zu sein, als die Jungen. Eine Erklärung dazu
könnte sein, dass die Tendenz zu Individualismus in höher entwickelten Ländern sich
immer mehr ausprägt. Um sich in der immer unübersichtlich werdenden Vielzahl von
Einzelerscheinungen zurechtzufinden, hilft vordergründig die Einteilung in Typen. Es bietet sich dabei an, bekannte und oft genutzte Zuordnungen unreflektiert zu nutzen. Eine
davon ist die seit Jahrhunderten bestehende Rollenverteilung bei den Geschlechtern (Profiling-Institut 2022).

Da schon junge Menschen sich hinsichtlich ihrer Kompetenzen geschlechtsspezifisch
beurteilen, ist diese Haltung auch bei Bewerbungen zu erwarten. Mit ähnlichen Grundhaltungen, sich eher unbegabter oder untalentierter zu fühlen, muss mindestens bei Teilen
von diversen Menschen gerechnet werden. Es gilt also, beim Recruiting besondere Vor-
sicht walten zu lassen.

Auch das Personalmanagement kann stereotypenbehafteten unbewussten Einstellungen
unterliegen, selbst wenn sie nicht intendiert sind. Man spricht vom „Unconscious bias",
d. h. von verzerrender Wahrnehmung bei der Personalgewinnung. Es ist deshalb gut, wenn
die entsprechenden Mitarbeitenden die eigene Disposition für Stereotype und Vorurteile
reflektieren. Es gibt kaum Menschen, die davon vollständig frei sind. Wer die eine oder
andere entsprechende Einstellung an sich feststellt, fällt noch lange nicht in Rubriken wie
sexistisch, rassistisch oder Ähnliches. Wichtig ist sich klarzumachen, welche Vorstellungen
bestehen und woher sie kommen. So kann man ihnen am besten entgegenwirken. Sie vollständig und immer zu bedenken und keine Hilfsmaßnahmen für Objektivität zu nutzen,
wäre jedoch eine sehr hohe Anforderung.

Manche Einstellung kann individueller Erfahrung geschuldet sein. Wer einige Male
Frauen beobachtet hat, die nicht einparken können, kommt schnell zu dem Schluss, dass
alle Frauen nicht einparken können – ein verbreitetes Stereotyp. Selbst manche Frauen
pflegen es. Wer einige Male türkische Männer erlebt hat, die sich prügeln, kommt schnell
zu dem Schluss, dass alle türkischen Männer gewalttätig sind. Das Problem besteht darin,
dass bei solchen Beurteilungen Zuordnungen getroffen werden, die nicht stimmen. Man
nimmt als Ursache dafür, dass eine Person nicht einparken kann, die Tatsache an, dass sie
eine Frau ist. Man nimmt als Ursache dafür, dass ein Mann gewalttätig ist, die Tatsache an,
dass er ein Türke ist. Genau dieses Denken gilt es zu überwinden. Übrigens würde schon
eine einzige gegenteilige Beobachtung ausreichen, um das Stereotyp bzw. das Vorurteil zu
widerlegen. Menschen richten ihre Wahrnehmungen jedoch oft auf Ereignisse, die ihre
vorgefertigte Meinung bestätigen.

Dabei können Vorurteile positiv sein, was ihr Erkennen schwieriger macht. So tendie-
ren Menschen dazu, andere sympathisch und kompetent zu finden, wenn sie ihnen ähneln.
Man spricht hier vom „Mini-Me-Effekt". Sie werden keineswegs aussortiert, weil man negativ über sie urteilt, sondern in Betracht gezogen, weil man eine menschliche Affinität zu
ihnen spürt. Das größte Risiko dieses Vorurteils ist im Moment des ersten Kennenlernens
gegeben. Die weit verbreitete Meinung „Der erste Eindruck zählt" hat einen wahren Kern.
Innerhalb von Sekunden bildet man sich eine Meinung, basierend auf Erfahrungen und

Überzeugungen. Dieses Verhalten liegt im Erbgut des Menschen. Unsere Vorfahren mussten sich in Sekundenschnelle entscheiden, ob sie flüchten, erstarren oder kämpfen. Viele Untersuchungen zeigen, dass Männer eher Männer, Frauen eher Frauen und große Menschen lieber große Menschen einstellen. Unbewusste Sympathien entstehen auch bei vielen anderen Übereinstimmungen, z. B. gleiche politische Auffassung oder gleicher Sport (Stellenanzeigen.de 2022).

Unter die am meisten verbreiteten Stereotype und Vorurteile fallen demnach folgende Ansichten:

1. Menschen mit anderer Hautfarbe und anderer Herkunft wären weniger kompetent. Neben der Hautfarbe können auch Äußerlichkeiten wie die Kleidung zur Benachteiligung führen. Weitere körperliche Merkmale, die durch falsche Bewertungen oft zu Benachteiligung führen, sind Körpergröße, Körperstatur und Stimme. Je größer, kräftiger bzw. tiefer sie ausfallen, desto mehr Kompetenz wird vermutet. In der Regel haben hierbei Männer einen Vorteil.
2. Menschen mit Behinderung könnten weniger leisten. Oft wird unterstellt, dass sie besonders häufig fehlen. Hierbei sind insbesondere behinderte Menschen im Nachteil, deren Behinderung sichtbar ist. Rollstuhl fahrende Menschen sind eher von Vorurteilen bedroht als solche, die ein transplantiertes Organ haben.
3. Ältere Arbeitnehmende würden weniger effizient arbeiten als jüngere. Statistiken zeigen, dass ältere Mitarbeitende eher aufgrund des Alters durch Nichteinstellung oder Kündigung benachteiligt werden.

Haben sich die Mitarbeitenden des Personalmanagements mit der Möglichkeit eines eigenen Unconscious bias beschäftigt, dann sind sie gut davor geschützt, sich vom ersten Eindruck einer Person beim Vorstellungsgespräch leiten zu lassen. Zudem hilft eine bewusste klare Haltung, das Gegenüber nicht vorzeitig zu unterbrechen und zu Ende sprechen zu lassen. Wortwahl und Ausdrucksweise können Vorurteilen entgegenwirken. Diese Chance ist zu gewähren.

Es gibt eine Reihe von hilfreichen Maßnahmen dafür, objektiv zu bleiben. Dazu gehören die folgenden.

- Unter dem Gesichtspunkt, Vorurteile zu vermeiden, kommt der Talent Pool ins Spiel. In ihm sollte es mehrere Personen aus der gleichen „Kategorie" Diversität geben. Ein weiteres Merkmal von unbewusstem Unconscious bias ist nämlich, dass eine einzige Person mit einem speziellen Merkmal eher aussortiert wird, als wenn es mehrere damit gäbe. Beispiele sind jeweils nur eine Frau, eine behinderte Person oder eine Person aus einer anderen Ethnie.
- Objektive Methoden stellen eine hohe Gewährleistung dar, Diversity nicht zu unterdrücken und im Auswahlverfahren gerecht zu bleiben. Deshalb bietet sich Anonymisierung an. Lebensläufe lassen sich auch mit einer passenden Software problemlos anonymisieren. Hierbei werden Namen, Adressen und Ausbildungsorte entfernt. Da Elite-Uni-

versitäten oft ein positives Vorurteil auslösen, können auch die Namen von Universitäten darunter fallen. Darüber hinaus gibt es die Möglichkeit, die Angaben zum Geschlecht und zur Herkunft zu anonymisieren und das Foto zu entfernen (Diversität und Inklusion 2023).

- Einem Vorstellungsgespräch können anonymisierte schriftliche Interviews vorgeschaltet werden. In ihnen kommen nur Fragen zu Kenntnissen und Fähigkeiten vor und nicht zu persönlichen Konstellationen. Manche Unternehmungen setzen solche Interviews anstelle eines Bewerbungsgesprächs ein.

Doch letztlich ist ein persönliches Kennenlernen nicht verzichtbar. Beim Vorstellungsgespräch sollten deshalb jeder Person die gleichen Fragen gestellt werden. Dieses Vorgehen sorgt für Neutralität. Objektivität wird auch durch die Anwesenheit von mehr als einer Person beim Bewerbungsgespräch gefördert. Es ist mittlerweile durchaus üblich, dass 2 Mitarbeitende aus dem Personalmanagement teilnehmen (Stellenanzeigen.de 2022).

Eine Besonderheit ist bei Menschen mit Behinderung zu bedenken, wenn das Bewerbungsverfahren anonymisiert abläuft. Während man auf viele Äußerlichkeiten gut eingestellt sein kann, gibt es bei Menschen mit Körperbehinderung Phänomene, auf die es schwierig ist, vorbereitet zu sein. Rollstühle kann man bei der mentalen Vorbereitung auf ein Vorstellungsgespräch zwar einbeziehen, doch auch die Menschen im Rollstuhl sind verschieden. Während die einen relativ mobil sind, benötigen andere Assistenz. Möglicherweise werden Mitleid, Unsicherheit oder Ablehnung durch ihr Erscheinungsbild ausgelöst. Zudem gibt es Behinderungen, deren Beschaffenheit nicht vorauszusehen ist, was vor allem bei Deformationen der Fall ist.

Deshalb ist zu überlegen, ob eine Stellenanzeige durch Hinweise wie „Menschen mit Behinderung werden ausdrücklich zu einer Bewerbung ermutigt" zu versehen ist. Der Öffentliche Dienst nutzt in der Regel die Formulierung „Menschen mit Behinderung werden bei gleicher Qualifikation bevorzugt". Damit tut er der gesetzlichen Vorschrift, die Beschäftigungsquote für behinderte Menschen zu erfüllen, Genüge. Eine gute Lösung bietet auch hier ein Talent Pool, der mehrere behinderte Menschen berücksichtigt.

Im Vorstellungsgespräch braucht man nicht damit hinterm Berg zu halten, dass man sich auf der Suche nach diversen Talenten befindet. Diese Wertschätzung wird die Kandidaten und Kandidatinnen freuen. Gleichzeitig steht im Raum, dass die vorhandenen Fähigkeiten und Kenntnisse stimmen sollten. Niemand sollte nur deshalb eingestellt werden, weil er ein diverses Attribut aufweist. Niemand sollte aber auch das Gefühl bekommen, aufgrund der Diversity abgelehnt zu werden. Deshalb ist eine klare Information darüber erforderlich, dass es um Einbeziehung von diversen Personen geht und gleichermaßen um Gerechtigkeit, Angemessenheit und Objektivität.

Nach dem Vorstellungsgespräch empfiehlt sich ein wertschätzender Kontakt. Falls die Antwort mit der Entscheidung längere Zeit dauert, sollte man darüber informieren. Im Fall einer Ablehnung ist zu begründen, worauf sie beruht und welche Kriterien dabei eine Rolle spielen. Bei diversen Personen ist zu überlegen, ob der Hinweis sinnvoll ist, dass die

Diversity kein Grund zur Ablehnung war. Im Übrigen ist zu überlegen, ob ein abgelehnter Bewerber/eine abgelehnte Bewerberin in den Talent Pool wandert.

5.2.2 Beurteilung der Fähigkeiten und Potenziale

Das Ziel für eine Unternehmung ist beim Rekrutieren stets, die passenden Mitarbeitenden für eine Stelle zu finden, also den richtigen Menschen am richtigen Platz. Dabei ist sicherzustellen, dass Diversity einbezogen wird. Gleichzeitig sollte ein Diversity-Merkmal allein nicht das ausschlaggebende Kriterium sein. Das würde für viel Unmut in der Belegschaft sorgen – auch, wenn sie bereits diverse Talente enthält. Die Fähigkeiten und Kenntnisse sollten stimmig sein. Selbstverständlich finden sich nicht-diverse Menschen im Talent Pool. Es geht um Ausgewogenheit und nicht um zwanghafte Auswahl. Das ist ebenso wichtig wie unbewusste Vorurteile zu vermeiden. Dies soll der Vollständigkeit halber erwähnt werden.

Bei der Stellenbesetzung spielen neben den fachlichen Qualifikationen persönliche Kompetenzen eine Rolle, die man auch als Soft Skills oder Schlüsselqualifikationen bezeichnet. Dabei lassen sich fünf Bereiche unterscheiden (Betriebswirtschaft lernen 2023).

1. Die soziale Kompetenz befähigt einen Menschen, angemessen interagieren zu können. In alltäglichen wie in beruflichen Situationen ist es nötig, adäquat zu kommunizieren, und zwar verbal wie nonverbal. In diesen Kompetenzbereich fallen auch die Fähigkeiten, im Kollegenkreis zu kooperieren, sich teamorientiert zu zeigen und mit Konflikten konstruktiv umzugehen. Auch Kritikfähigkeit gehört dazu, sowohl in der Hinsicht, Kritik annehmen wie auch in der, sie angemessen äußern zu können.
2. In der Selbstkompetenz zeigt sich die individuelle persönliche Einstellung eines Menschen, die sich natürlich auch im beruflichen Umfeld auswirkt. Man bezeichnet sie auch als Empowerment. Es handelt sich sowohl um die Bereitschaft wie auch um die Befähigung, sich den Anforderungen im beruflichen (wie im privaten) Leben zu stellen und angemessen mit ihnen umzugehen. Sie zeigt sich, indem man eigene Entwicklungschancen und Begabungen nutzt. Hierzu gehört, selbstständig und verantwortungsvoll handeln zu können sowie ein gesundes Selbstvertrauen zu haben. Ebenso ist das eigene Wertesystem hier angesiedelt. Religiöse und weltanschauliche Überzeugungen spielen dabei eine Rolle.
3. Bei der Methodenkompetenz handelt es sich um die Befähigung, Aufgabenstellungen und Herausforderungen sinnvoll anzugehen. Mit welchen Mitteln werden Lösungen geplant und wie wird die Planung umgesetzt, sind hier die Kriterien.
4. Bei der Medienkompetenz geht es um die Fähigkeit, die zeitgemäßen Kommunikationskanäle und Medien angemessen zu nutzen. Darstellungen mit den üblichen, aktuellen Mitteln müssen erstellt werden können. Für das Realisieren werden Entscheidungsfähigkeit, Reflexionsvermögen und Problemlösungskompetenz benötigt.

5. In der Handlungskompetenz geht es darum, in konkreten Situationen adäquat zu reagieren. In der betrieblichen Praxis treten häufig ungeplante Situationen auf, deshalb
   ist diese Kompetenz von großer Bedeutung. Diese Fähigkeit ist unabdingbar, um die
   geforderte Leistung laut Stellenbeschreibung zu erbringen. Zudem wird von den Mitarbeitenden erwartet, aktiv Verantwortung für ihre Aufgabe zu übernehmen.

Bei der Einteilung der Kompetenzen gibt es Überschneidungen, die eine oder andere
Fähigkeit kann man in verschiedene Bereiche einordnen. Manche Softskills sind häufig
gefragt. Dazu gehören Leistungsbereitschaft, Zuverlässigkeit, Organisationsfähigkeit
und Zeitmanagement. Wer Umgang mit Kundschaft hat, sollte auch Verhandlungs-
geschick und Kundenorientierung sowie die entsprechen rhetorischen Fähigkeiten
mitbringen. Einige Unternehmungen zählen heute schon interkulturelle Kompetenz zu
den Softskills.

Im Hinblick auf Diversity ist zu beachten, dass andere Kulturen und Ethnien andere
Vorstellungen von einigen Softskills haben. In deutschen Unternehmungen gilt im Allgemeinen Pünktlichkeit als gefragte Kompetenz. Das ist in anderen Ländern anders. Allerdings muss man sagen, dass es einen Trend dazu gibt, die Einteilung von Kern- und
Funktionsarbeitszeit zu praktizieren, sodass ein Erscheinen auf die Minute genau (bzw.
lieber etwas früher) immer weniger verlangt wird. Auch andere Kompetenzen können bei
verschiedenen Menschen sehr unterschiedlich bewertet werden. Hier besteht die Gefahr,
verschiedene Kompetenzen von unterschiedlichen Personen zu erwarten oder ihnen von
Haus aus zuzuschreiben. Beispiele sind Hilfsbereitschaft, Durchsetzungsvermögen und
Belastbarkeit. Sie gehören zu denen, die – auch unbewusst – leicht geschlechtsspezifisch
zugeordnet werden.

Männer und Frauen können sich eine Eigenschaft selbst zuschreiben (bzw. die Anforderung an sich selbst stellen, sie zu zeigen). Es können aber auch gegenüber den Geschlechtern männlich und weiblich verschiedene Erwartungen bestehen. Das gleiche
Problem kann sich bei Menschen aus anderen Ländern zeigen. Es besteht die Gefahr,
unbewusst z. B. weniger Durchsetzungsvermögen und mehr Hilfsbereitschaft zu
erwarten.

Bei Belastbarkeit laufen Menschen mit Behinderung oft Gefahr, unterschätzt zu werden. Ein Beispiel sind Menschen aus dem Autismus-Spektrum. Viele von ihnen haben
Schwierigkeiten, Geräusche, Licht oder/und Gerüche so leicht zu verarbeiten wie Menschen ohne diese Behinderung (Autismus-Kultur 2023). Deshalb finden sie oft keinen
Arbeitsplatz. Dabei gibt es Hilfen, angefangen von Kopfhörern über geräusch- bzw. licht-
arme Räume bis zur Einteilung von Arbeitszeiten, in denen weniger Reize herrschen. Ist
das Problem gelöst, erbringen die Menschen die geforderten Leistungen. Oft ist die Leistung hoch, weil sie die Fähigkeit zu starker Fokussierung besitzen.

Bei den geforderten Softskills ist es wichtig, dass sie zur Stelle passen. Wer eher eine
Einzelleistung erbringen soll, braucht keine ausgeprägte Teamfähigkeit mitzubringen. Wer
vorrangig mit Zahlen zu tun hat, muss nicht gleichzeitig besonders kreativ sein.

Um als Personalmanagement nicht mit unbewussten Bewertungen so umzugehen, dass bestimmte Softskills mit bestimmten Personengruppen verbunden werden, indem sie ihnen zu- oder abgesprochen werden, empfiehlt es sich, einen Persönlichkeitstest zu nutzen. Der sollte am besten nicht als Vorauswahl dienen, sondern erst im Zusammenhang mit den Vorstellungsgesprächen eingesetzt werden. Ein Test ist ein ergänzendes Modul, um zu einer Entscheidung zu kommen. Aufgrund dessen sollte niemand ausgeschlossen werden. Vielmehr sollte der Test dazu dienen, die in Frage kommenden Personen besser einschätzen zu können. Dabei geht es in erster Linie darum, sie zu verstehen und weniger, eine Bewertung vorzunehmen (Haufe.de 2023). Gerade bei den Softskills ist es nicht empfehlenswert, eine Wunschliste aufzustellen und sie mit den Ergebnissen des Tests abzugleichen. Die Missverständnisse könnten zu groß sein.

Bei einem Persönlichkeitstest ist es wichtig, einen möglichst objektiven auszuwählen. Wenn die bewerbenden Personen nur Ja-nein-Antworten ankreuzen sollen, birgt das eine größere Gefahr des Verfälschens. Es gibt Tests, die differenzierter vorgehen. Sie legen Aussagen vor, die in Stufen von „vollständig zutreffend" bis „gar nicht zutreffend" zu bewerten sind (z. B. der „Bochumer Inventar zur berufsbezogenen Persönlichkeitsbeschreibung").

Um bei der Auswahl von zukünftigen Mitarbeitenden vorurteilsfrei zu bleiben, bietet sich das Anfertigen einer Shortlist an. Sie ist ein Modell, um so gut wie möglich Chancengleichheit zu gewähren. Zudem gewinnt das Personalmanagement beim Anfertigen auch selbst noch einmal eine klare Vorstellung. Auf dieser Liste wird notiert, was genau für die Stelle nötig ist. Dabei handelt es sich um die fachlichen Qualifikationen und die wichtigsten Softskills. Jegliche die Person betreffenden Merkmale (Herkunft, Alter, Geschlecht, welche Universität etc.) werden außer Acht gelassen. Unternehmen, die persönliche Kriterien auf ihre Shortlist setzen, handeln damit bereits diskriminierend. Die Shortlist dient als Auswahlinstrument für die eingehenden Bewerbungen unter dem Gesichtspunkt, Personal mit den passenden Kompetenzen zu finden und Diversity einzubeziehen.

Aus der Shortlist kann eine Shortlisting-Scorecard-Tabelle entwickelt werden. Auf ihr listet man die erwünschten Faktoren auf und gewichtet sie mit einem Punktesystem. Dann stellt man die Faktoren aus den Bewerbungsunterlagen gegenüber. Ist beispielsweise Erfahrung auf einem speziellen Gebiet erwünscht, so bekommt der Bewerbende mehr Punkte, wenn er mehr Erfahrung vorweist (Join 2021).

Nimmt man beim Shortlisting lediglich Ausbildung und Berufserfahrung als Kriterien für eine Befähigung an, so läuft man Gefahr auszugrenzen. Verschiedene Ausbildungen in verschiedenen Ländern können sehr unterschiedlich ausfallen. Zudem ist es möglich, sich Kompetenzen mit Erfahrung anzueignen.

Setzt man auf ein Assessment-Center, so sollten die Durchführenden auf jeden Fall ein Diversity-Training durchlaufen haben. Beim Einsatz von Software und künstlicher Intelligenz drohen Fehlerquellen. Vor allem Bewerbende mit guter Eignung fallen heraus, wenn sie nicht in das übliche Ausbildungs- und Berufsschema passen. Es ist unerlässlich, menschliche Überprüfungen der Ergebnisse vorzunehmen.

Literatur

Aktion Mensch 2022, Digitalisierung bietet Chancen für Menschen mit Behinderung, abgerufen
    26.08.23, 2023, https://www.aktion-mensch.de/inklusion/arbeit/zahlen-daten-fakten 2022
Antidiskriminierungsstelle des Bundes 2023, abgerufen 25.08.2023, https://www.antidis-
    kriminierungsstelle.de/
Autismus-Kultur 2023, Autismus und Wahrnehmung, abgerufen 15.09.2023, https://autismus-kultur.
    de/wahrnehmung-autistischer-menschen/?utm_content=cmp-true
bagbbw 2023, Bundesarbeitsgemeinschaft der Berufsbildungswerke 2023, abgerufen 26.08.2023,
    https://www.bagbbw.de/
Betriebswirtschaft lernen 2023, Schlüsselqualifikation, abgerufen 15.09.2023, https://www.be-
    triebswirtschaft-lernen.net/erklaerung/schluesselqualifikation/?utm_content=cmp-true
BIH 2022, Beschäftigungspflicht, abgerufen 16.08.2023, https://www.bih.de/integrationsaemter/
    medien-und-publikationen/fachlexikon/detail/beschaeftigungspflicht/#:~:text=Jeder%20Arbeit-
    geber%20mit%20jahresdurchschnittlich%20mindestens,(%C2%A7%20154%20SGB%20IX)
Bundesministerium der Justiz 2023, Betriebsverfassungsgesetz §§ 75 und 93, abgerufen am
    25.08.2023, https://www.gesetze-im-internet.de/betrvg/__75.html
Bundesregierung 2024, Artikel 3 GG, abgerufen 01.07.2024 https://www.bundesregierung.de/
    breg-de/themen/75-jahre-grundgesetz/artikel-3-gg-2267592
Charta der Vielfalt 2023, abgerufen 24.08.2023, https://www.charta-der-vielfalt.de/fuerarbeitge-
    bende/vielfaltsdimensionen/
Diversität und Inklusion 2023, Diversität und Inklusion in der Rekrutierung: warum Sie darauf ach-
    ten sollten, abgerufen 09.09.2023, https://www.surveymonkey.de/mp/diversity-recruiting/
Eine Welt der Vielfalt (2023), Netzwerk, abgerufen 24.08.2023, https://www.ewdv-diversity.de/ue-
    ber-uns/netzwerk
Haufe.de 2023, Dr. Roland Franke: Fünf Tipps für die Personalauswahl mit Persönlichkeitstests, ab-
    gerufen 15.09.2023, https://www.haufe.de/personal/hr-management/recruiting-personalaus-
    wahl-mit-persoenlichkeitstests_80_544590.html
HR-ROCKET 2023, Beachtung von Diversity bei der Erstellung von Stellenanzeigen, abgerufen
    25.08.2023; https://www.hr-rocket.com/diversity-recruiting/#einleitung-diversity-recruiting
Issworld 2023, Wie Recruiting mit Diversity und Inklusion die Welt besser funktionieren lässt, ab-
    gerufen 25.08.2023, https://www.issworld.com/de-de/insights/insights/cr-stories/how-hiring-
    for-diversity-and-inclusion-makes-the-world-work-better
Join 2021, Faires Shortlisting leicht gemacht, abgerufen 17.09.2023, https://join.com/de/recruit-
    ment-hr-blog/faires-shortlisting-leicht-gemacht
JOIN 2022, 13 Schritte für besseres Diversity-Recruiting, abgerufen 31.08.2023, https://join.com/
    de/recruitment-hr-blog/diversity-recruiting-strategie
Karrierebibel 2022, Stereotyp: Definition, Beispiele + Tipps, abgerufen 09.09.2023, https://karriere-
    bibel.de/stereotyp/
Netzwerk-Diversity 2023, Netzwerk Diversity an Hochschulen, abgerufen 26.08.2023, https://netz-
    werk-diversity.de/
Personalwirtschaft 2021, Diversity: Wie Netzwerke das Verständnis füreinander fördern; abgerufen
    20.08.2023, https://www.personalwirtschaft.de/news/recruiting/diversity-management-commerz-
    bank-netzwerke-97102/25/
Profiling-Institut 2022, Stereotype Geschlecht: Männer werden für talentierter gehalten, abgerufen
    09.09.2023, https://www.profiling-institut.de/geschlechter-stereotype/
Rechtswörterbuch 2023, Öffentlicher Dienst, abgerufen 22.08.2023, https://www.rechtswoerter-
    buch.de/recht/o/oeffentlicher-dienst/#:~:text=Der%20%C3%B6ffentliche%20Dienst%20um-
    fasst%20alle,K%C3%B6rperschaft%2C%20Anstalt%20oder%20Stiftung%20arbeiten

Spektrum.de 2000, Vorurteile (Bernd Six und Iris Six-Materna), abgerufen 09.09.2023, https://www.spektrum.de/lexikon/psychologie/vorurteile/16528

Stellenanzeigen.de 2022, Unconscious Bias im Recruiting: So überwinden Sie unbewusste Vorurteile 2022, abgerufen am 09.09.2023, https://www.stellenanzeigen.de/arbeitgeber/wecruit/unconscious-bias-im-recruiting-ueberwinden/#:~:text=Personaler%20m%C3%B6gen%20Menschen%2C%20die%20ihnen%20%C3%A4hnlich%20sind&text=Zahlreiche%20Studien%20belegen%2C%20dass%20M%C3%A4nner,seine%20Chancen%2C%20eingestellt%20zu%20werden

Studieren.de 2023, Ich will Beamter werden, abgerufen 22.08.2023, https://studieren.de/beamter-werden.0.html

Surveymonkey 2023, Diversität und Inklusion in der Rekrutierung, abgerufen 14.08.2023, https://www.surveymonkey.de/mp/Diversity-recruiting/

Talention 2022, 7 Gründe, warum Sie ein Talent Network haben sollten, abgerufen 01.09.2023, https://www.talention.de/blog/7-gr%C3%BCnde-warum-sie-ein-talent-network-haben-sollten

Inspiration von Talenten

6

6.1 Schaffung einer inklusiven Unternehmenskultur

6.1.1 Förderung eines offenen und respektvollen Arbeitsumfeldes

Ein Unternehmen hat immer eine Unternehmenskultur. Es kann jedoch sein, dass es sie nicht bewusst lebt oder hinterfragt. Oft wird dann eine Kultur gepflegt, die nicht von Diversity geprägt ist. Viele Unternehmen erarbeiten einmal eine Unternehmensphilosophie und hängen sie dann in ihrem Empfangsbereich aus. Das garantiert jedoch noch nicht, dass sie danach handeln. Eine gute Unternehmenskultur erfordert Reflexion und bewusstes Handeln. Sie bringt ihre Ideale und ihre Handlungsweise weitgehend in Einklang.

Zum Fördern eines offenen und respektvollen Arbeitsumfeld gehören Faktoren, die nicht nur nach innen, sondern auch nach außen wirken. Wer Diversität im Arbeitsalltag lebt, zeigt das auch in großer Selbstverständlichkeit bei seiner Öffentlichkeitsarbeit. Auch aus diesem Grund sollten diverse Mitarbeitende, die ihre Arbeit verrichten, auf der Website abgebildet sein, sei es ein Rollstuhl fahrender Menschen vor einem PC oder eine ältere Person am Empfang. Auch bei der Medienarbeit vom firmeneigenen Newsletter bis zu Zeitungsartikeln sollten sie eingebunden sein. Es kommt darauf an, dass sie selbstverständlich als Mitarbeitende dargestellt werden. Eine Betonung wie „Wir beschäftigen auch diverse Menschen" kann sich als kontraproduktiv erweisen. Gerade die Betonung des „Anders-Seins" kann leicht als Respektlosigkeit verstanden werden.

Gelungene Inklusion von diversen Menschen bedeutet, dass man die Wahrnehmung nicht mehr auf die Diversity richtet bzw. die Menschen nicht daran misst. Stellt man sie in den Vordergrund, so provoziert man, dass der diverse Faktor als Ursache für ihre berufliche Handlungsweise gesehen wird. Diesen Zusammenhang zu bilden ist die Grundlage für Vorurteile und Stereotypen. Jemand macht etwas gut, schlecht oder mittelmäßig, weil

C. A. De Brabandt, B. Schemmel, *Chefsache Hyper-diverse Teams*, Chefsache, https://doi.org/10.1007/978-3-658-45343-5_6

er bestimmte Kenntnisse und Fähigkeiten hat und nicht, weil er divers ist. Ein ver-
antwortungsvolles Diversity Management strebt als Unternehmenskultur an, dass alle Beschäftigten Vielfalt als selbstverständlich betrachten (Charta der Vielfalt 2023) und diese
Einstellung auch nach außen zeigen.

Wenn sie in die Repräsentation des Unternehmens selbstverständlich einbezogen sind,
stärkt das die diversen Talente. Es fördert ihre Wahrnehmung und ihre Erfahrung, dass
man mit ihnen offen, vorurteilslos und respektvoll umgeht. Deshalb ist die Art und Weise,
wie ein Unternehmen sich Außenstehenden gegenüber darstellt, auch ein Teil des Arbeitsumfelds. Das wird oft unterschätzt. Mitarbeitende sprechen in einem nicht-beruflichen
Umfeld auch über ihre Arbeit. Dabei sollen sie sich mit dem Unternehmen identifizieren
können und mit einem guten Gefühl auf die Website und andere Medien verweisen.

Wenn diverse Mitarbeitende den neuesten Newsletter lesen, hat das Auswirkungen auf
ihre Identifizierung mit dem Unternehmen. Finden sie sich angemessen repräsentiert, dann
stärkt das ein respektvolles Arbeitsumfeld. Auch die diversen Mitarbeitenden, deren Diversity äußerlich nicht sichtbar ist, die aber einbezogen sind, erfahren, fühlen sich gesehen.

Selbstverständlich finden sich auch Auswirkungen bei den nicht-diversen Mitarbeitenden. Sie erleben, dass die Unternehmenskultur das Bekenntnis zu Diversity sichtbar werden lässt. Ziel ist auch zu gewährleisten, dass bei ihnen nicht der Eindruck auf-
kommt, diverse Menschen würden stärker repräsentiert, weil sie ihre passenden spezifischen Attribute mitbringen. Selbstverständlich müssen sich nicht-diverse Mitarbeitende
immer in der Unternehmensrepräsentation wiederfinden. Eine gute Grundlage ist es, sich
an den Zahlen des Personalmanagements zu orientieren und davon eine gewisse Verhält-
nismäßigkeit abzuleiten. Es gibt beispielsweise Betriebe, die viele Menschen mit Behinderung beschäftigen. Dann ist es angemessen, sie auch im angemessenen Verhältnis in der
Öffentlichkeitsarbeit darzustellen.

Innerhalb der internen Kommunikation empfiehlt es sich, von Zeit zu Zeit über Erfolge
zu berichten, und zwar besonders von Teams mit diversen Mitgliedern. Kleine Geschich-
ten, die etwas über die Bewältigung einer konkreten Aufgabe erzählen, führen nicht nur zu
leicht lesbaren Informationen, sondern auch zu einer offenen Arbeitsatmosphäre. Das
selbstverständliche Zusammenwirken am Arbeitsplatz bei solchen Darstellungen zeigt
und fördert gleichzeitig ein offenes Arbeitsumfeld.

Im Innenverhältnis geht es weiterhin darum, allen Mitarbeitenden ein respektvolles
Arbeitsumfeld zu bieten. Behinderte Menschen erhalten selbstverständlich die nötigen
Hilfsmittel wie höhenverstellbare Schreibtische oder spezielle Tastaturen. Doch auch
nichtbehinderte Mitarbeitende wissen eine gute Ausstattung ihres Arbeitsplatzes zu schätzen. Keinesfalls darf eine diverse Person den Eindruck gewinnen, hierbei benachteiligt zu
sein. Ebenso darf dieser Eindruck aber auch nicht bei nicht-diversen Personen entstehen.
Eine ergonomische Arbeitsplatzgestaltung sollte beispielsweise nicht auf ältere Mitarbeitende oder solche mit Behinderung begrenzt sein.

Im Idealfall respektieren die Mitarbeitenden sich gegenseitig. Ihre Kommunikation
untereinander ist ein wichtiger Bestandteil, der zum Wohlfühlen am Arbeitsplatz beiträgt.
Hier ist zu bedenken, dass Menschen zusammenkommen, die in ihrem Privatleben völlig

verschiedene Werte priorisieren können. Dafür darf niemand kritisiert werden. Die Verschiedenheit kann schon damit beginnen, ob jemand Kinder hat oder nicht. Unterschiedliche Überzeugungen, Weltanschauungen, Religionen und soziale Gegebenheiten wie die Art des Wohnens, Hobbys und der Freundeskreis treffen aufeinander.

Das individuelle Arbeitsumfeld (und selbstverständlich die gesamte räumliche Gestaltung) sollte nicht so aussehen, dass andere Mitarbeitende sich irritiert oder gar diskreditiert fühlen könnten. Also sind entsprechende Bilder, Sprüche und Texte an allen Arbeitsplätzen zu vermeiden. Gleichzeitig sind Attribute, Verhaltensweisen und Äußerungen zu respektieren, solange sie andere nicht herabwürdigen. Wenn jemand sich für einen bestimmten Sportverein begeistert, eine bestimmte Frisur trägt oder kein perfektes Deutsch spricht, dann sind das beispielsweise keine Faktoren, die andere Mitarbeitende beeinträchtigen. Insbesondere bei Teamarbeit ist eine respektvolle Kommunikation wichtig. Gleichzeitig sollten alle Mitarbeitenden den Eindruck gewinnen können, dass sich Respekt durch alle Hierarchieebenen zieht. Das Reinigungspersonal ist ebenso respektvoll zu behandeln wie die Führungsebene. Flache Hierarchien tragen zu dieser Einstellung oft bei.

6.1.2 Wertschätzung von Vielfalt und Individualität

Im Arbeitsalltag spielt das Gefühl, wertgeschätzt zu werden, eine große Rolle. Zum einen geht es um die Akzeptanz, was die Leistung betrifft. Niemand sollte für weniger leistungsfähig gehalten werden, weil er divers ist. Sobald eine solche vorurteilsbehaftete Einstellung der Fall ist, wird die Leistungsfähigkeit falsch, nämlich zu niedrig, eingeschätzt. Zum anderen geht es um Wertschätzung der Persönlichkeit. Gerade bei diversen Personen gilt es, sie in ihrer Gesamtheit zu akzeptieren und ihnen diese Einstellung auch zu vermitteln. Der Mindestlevel ist, sie nicht wertend wahrzunehmen.

Das bedeutet, eine offene Geisteshaltung gegenüber anderen Menschen zu pflegen, auch wenn die eigenen Wertvorstellungen nicht mit deren Ansichten oder Handlungen übereinstimmen. Im betrieblichen Alltag ist es erforderlich, die anderen Mitarbeitenden als eigene Persönlichkeiten wahrzunehmen und zu respektieren (Charta der Vielfalt 2023).

Das beinhaltet auch das Bewusstsein darüber, dass Vielfältigkeit sich in verschiedenen Formen von Individualität zeigt. Gerade dieser Tatbestand hat zur Folge, dass Unternehmen zu mehr Lösungsansätzen und Produktivität kommen. Das Unternehmen sollte insbesondere intern auch immer wieder darauf hinweisen. Gleichzeitig sollten die verschiedenen Individuen untereinander Wertschätzung üben, damit die Zusammenarbeit so konfliktfrei wie möglich bleibt.

Dabei muss immer mitgedacht werden, dass auch viele Menschen, die nicht unter die Kategorie „divers" fallen, durchaus eine sehr individuelle Persönlichkeit mit nicht alltäglichen Besonderheiten aufweisen können. Sie brauchen unter Umständen ebenfalls besondere Bedingungen. So gibt es z. B. Menschen, die keine Teamplayer oder etwas besonders geräuschempfindlich sind.

In der Praxis erfolgt die Förderung der Wertschätzung, indem möglichst viele Mitarbeitende miteinander Kontakt haben (Agentur Junges Herz 2021). Bei der Arbeit gibt es die Möglichkeit, Arbeitsgruppen zu verschiedenen Themengebieten einzurichten. Dabei stellt es kein Problem dar, für eine diverse Besetzung zu sorgen. In der Routinearbeit steht natürlich im Vordergrund, welche Kompetenzen gefragt sind. Doch auch hierbei kann man unter dem Gesichtspunkt von Diversity evaluieren und, darauf basierend, Zusammensetzungen in einer Abteilung/einem Team verändern.

Neue Mitarbeitende von vorneherein mit einer gelebten betrieblichen Diversität vertraut zu machen, stärkt die inklusive Atmosphäre, und zwar unabhängig davon, ob die neu Hinzukommenden selbst diverse Talente sind oder nicht. Gerade beim ersten Kennenlernen fallen oft Unterschiede auf, was Wortwahl und Verhaltensweisen betrifft. Nicht jede unerwartete oder nonkonforme Handlung oder Äußerung beruht auf Diversity. Viele Angewohnheiten sind einfach individuell und lediglich gewöhnungsbedürftig.

Eine weitere Maßnahme in diesem Zusammenhang besteht in einer turnusmäßigen abteilungsübergreifenden Vorstellung der neuen Mitarbeiter untereinander. Hier treffen ebenfalls diverse und nicht-diverse Menschen aufeinander, die alle eine Gemeinsamkeit mitbringen, nämlich zur Gruppe der neuesten Mitarbeitenden in der Unternehmung zu gehören.

In der Abteilung bzw. dem Team selbst sollte eine Einführungsveranstaltung für die Neuen vorgesehen sein. Das darf in einem überschaubaren Ausmaß geschehen, sei es Form einer Kaffeerunde, die vor dem ersten Teammeeting eingeplant wird, oder ein Imbiss zu einer passenden Zeit. In jedem Fall gehört diese Vorstellungsrunde in die Arbeitszeit.

Hierzu ist für das Personalmanagement eine Checkliste nützlich. Zum Beispiel stellen sich die Teilnehmenden zusätzlich einmal in ihrer Muttersprache vor oder berichten von einem kulturellen Ritus. Abhängig von der Jahreszeit bieten sich Ostern, Weihnachten und Festtage aus anderen kulturellen und religiösen Gegebenheiten an. Und/oder alle berichten von ihren Hobbys. Viele Punkte sind hier möglich. In jedem Fall werden Gemeinsamkeiten erkannt werden, über die Grenzen von Diversity hinweg. Denn Menschen feiern aus vergleichbaren Anlässen und haben vergleichbare Interessen, ihre Freizeit sinngebend zu gestalten. Solche Zusammenkünfte stärken nicht nur die Grundlage für das gemeinsame Arbeiten, sie fördern auch die gegenseitige Wertschätzung.

6.1.3   Aufbau einer Kultur des Vertrauens und der Zusammenarbeit

Vertrauen gehört zu den wichtigsten Gefühlen, die es im menschlichen Leben gibt. Es vermittelt das Gefühl, Rückhalt zu haben. Urvertrauen bezieht sich darauf, dass Menschen sich von einer höheren Macht oder dem Schicksal beschützt glauben. Auch wenn sie in schwierige Situationen kommen, gehen sie davon aus, dass alles einen Sinn hat und eine gute Wendung nehmen wird. Vertrauen ist im zwischenmenschlichen Bereich ebenso wichtig, weil es die Überzeugung, Rückhalt von anderen Menschen zu haben, beinhaltet.

Vertrauen hat auch einen zukunftsbezogenen Aspekt. Wenn eine Handlung anderer Menschen in der Zukunft schwer einzuschätzen ist, löst das Unsicherheit und unter Umständen Ängste aus. Wer sich sicher in seinen Handlungen ist, ist auf Vertrauen nicht so sehr angewiesen. Doch Menschen kommen früher oder später in Situationen, in denen ihnen diese Sicherheit fehlt. Das gilt insbesondere für diverse Menschen.

Vertrauen beeinflusst die Handlungsfähigkeit. Wer Vertrauen hat, traut sich buchstäblich etwas zu und ist in der Lage, bei komplexen Aufgabenstellungen mit unterschiedlichen Lösungsansätzen eine eigene Wahl zu treffen, ohne dass sich Ängste aufbauen. Insbesondere die Erfahrung, dass der Korrektur einer selbst getroffenen Entscheidung – z. B. durch Vorgesetzte – keine negativen Konsequenzen folgen, fördert Vertrauen. Eine Entscheidung zu korrigieren ist eine sachliche Maßnahme. Eine negative Konsequenz wären Vorwürfe oder Bloßstellung.

Vertrauen zu haben, macht aber auch verletzbar. Wenn es enttäuscht wird und einer eigenen Entscheidung beispielsweise sehr wohl negative Bewertungen erfolgen, trifft das die Person – vielleicht sogar schwer. „Vertrauen impliziert eine risikoreiche Wahl, wobei das Risiko darin liegt, bei enttäuschtem Vertrauen persönlich negative Konsequenzen tragen zu müssen" (Spektrum 2000).

Im beruflichen Alltag ist es wichtig, dass eine vertrauensvolle Atmosphäre herrscht. Die Mitarbeitenden sollten das Gefühl haben, dass sie sowohl bei ihrer Routinearbeit als auch bei speziellen Aufgaben sowie in schwierigen Situationen auf Rückhalt zählen können. Das ist nicht nur ein moralischer Aspekt. Mangelndes Vertrauen beeinträchtigt die Handlungsfähigkeit des Individuums. Das Unternehmen wird dadurch ebenfalls weniger handlungsfähiger und infolgedessen weniger produktiv sowie bei der Suche von Lösungen weniger kreativ.

Sobald Menschen sich ausgegrenzt fühlen, schwindet mit dem Vertrauen das Selbstwertgefühl und damit die Schaffenskraft. Das gilt für private wie berufliche Zusammenhänge. Deshalb ist es besonders wichtig, diversen Menschen Vertrauen entgegenzubringen. Oft haben gerade sie dieses Gefühl nicht hinreichend aufbauen können oder im Laufe ihrer Erfahrungen mindestens teilweise verloren.

Ein Unternehmen sollte von einer Unternehmenskultur getragen sein, die Vertrauen schenkt, und zwar innerhalb der hierarchisch gleichgestellten Mitarbeitenden wie auch über Hierarchiegrenzen hinweg, bis hin zur Beziehung zwischen der obersten Führungsriege und Mitarbeitenden auf unteren Ebenen. Das ist die beste Grundlage für gute Zusammenarbeit.

Welche Kultur in einem Unternehmen gepflegt wird, ist sowohl sichtbar wie auch erlebbar, und zwar auch für Außenstehende. Es gilt, drei Ebenen zu unterscheiden. Dazu nahm der Organisationspsychologe Edgar Schein eine Einteilung vor (Missionsustainable 2021).

Auf der gut sichtbaren und wahrnehmbaren Ebene finden sich vor allem die sprachlichen Gepflogenheiten, die Organisationsstruktur und die daraus folgenden Prozessabläufe, die Aufteilung der Räumlichkeiten und der Dresscode. Dazu gehören auch interne Netzwerke und die technologische Ausrüstung.

Dem Aufbau dieser Strukturen liegen bestimmte Werte und Normen zugrunde. Diese stellen die tiefer liegende, nicht sichtbare Ebene der gelebten Kultur dar. Welche das sind, machen Unternehmen mehr oder weniger öffentlich. Bewusste Entscheidungen werden oft für alle zugänglich dargestellt, sowohl virtuell auf der Website wie auch z. B. im Eingangsbereich vor Ort. So werden christliche Einrichtungen immer auch auf die Faktoren hinweisen, die ein christliches Menschenbild ausmachen, z. B. Nächstenliebe. Inklusive Unternehmungen sollten Diversity als einen Wert erwähnen. Auch Standards gehören zu dieser Ebene, z. B. Beschwerde- und Qualitätsmanagement. Weiterhin kann es schriftlich fixierte Erklärungen geben, z. B. definierte Verhaltensregeln, die in der Unternehmung gelten. Explizite Bekenntnisse sind auch zu grundlegenden Einstellungen, die Werte und Normen betreffen, möglich. Ein Beispiel sind die CSR-Richtlinien (CSR-Richtlinie 2023). Seit 2017 für einige hundert große Unternehmungen sowie Banken und Versicherungen verbindlich, müssen darin umweltbezogene und soziale Faktoren dargelegt werden. Beispiele sind Konzepte für die Rechte von Arbeitnehmenden und Maßnahmen gegen Korruption.

Unter dieser Ebene liegt die tiefste Schicht. Sie beinhaltet die unbewussten grundlegenden Einstellungen. Diese haben einen starken Einfluss darauf, wie eine Unternehmenskultur gelebt wird. Die tatsächliche, reale Ausgestaltung muss nicht immer mit dem übereinstimmen, was in Statuten und Konzepten vorgesehen ist. Diese Einstellungen werden häufig nicht hinterfragt. Sie beziehen sich z. B. auf die individuellen Vorstellungen von Kommunikation innerhalb von gleichen oder verschiedenen Hierarchieebenen, auf das Anwenden von Vorstellungen über verschiedene Geschlechterrollen oder die Frage, wer wie viele Überstunden macht.

In einem Unternehmen, das Diversity schätzt und diverse Menschen vorurteilsfrei behandeln will, geht es darum, diese tief liegende Schicht zu erreichen. Diverse Faktoren dürfen nicht dazu dienen, Mitarbeitende in einer Gruppe ausgrenzen oder sie sogar am Weiterkommen zu hindern. Deshalb ist es wichtig, Diversity immer wieder als Selbstverständlichkeit zu behandeln. Das ist der Weg, um eine diverse Unternehmenskultur auf allen Ebenen zu leben. Dann kann sich gegenseitiges Vertrauen etablieren und eine gute Zusammenarbeit innerhalb des unmittelbaren Arbeitsumfelds wie auch über hierarchische Grenzen hinweg aufgebaut und gepflegt werden.

6.2   Führungskräfte als Inspirationsquelle

6.2.1 Authentische und empathische Führung

Der erste Punkt, der auf der Führungsebene geklärt sein muss, ist, dass Diversity grundsätzlich erwünscht ist. Sollte die Führungsriege aus mehreren Personen bestehen und nur eine bzw. die Minderheit setzt sich dafür ein, diverse Menschen zu beschäftigen, sind die Voraussetzungen schlecht. Dann ist die erste Maßnahme, dieses Thema zu diskutieren, die Vorteile von Diversity hinsichtlich des unternehmerischen Gewinns aufzuzeigen und die

Gesamtsituation der Unternehmung zu evaluieren. Ökonomische Faktoren hierbei priorisiert ins Spiel zu bringen, ist eine legitime Maßnahmen. Nicht alle Leitenden müssen von allen Aspekten überzeugt sein. Eigene Wertvorstellungen können im Widerspruch zu einzelnen diversen Faktoren stehen. Es ist immer schwierig, tief verwurzelte Vorstellungen in der eigenen Persönlichkeitsstruktur anzugehen. Das gilt selbstverständlich auch für leitende Unternehmensangehörige. Aber die Führung sollte sich darin einig sein, Diversity nicht nur zu dulden, sondern auch wertzuschätzen und zu fördern.

Im Einzelnen können die verschiedenen Verantwortungsbereiche geschickt auf verschiedene Köpfe verteilt werden. Auch leitende Menschen haben eine Familie und einen Freundeskreis, der bestimmte Werte und Normen teilt. Auch sie unterliegen der Gefahr, Unconscious bias zu pflegen. Und auch sie haben verschiedene Kompetenzen, was Kommunikationsstärke oder Organisationstalent angeht. Sie sollten einem Verantwortungsbereich zugeteilt werden, den sie vertreten können. Dazu gehört eine offene und ehrliche Diskussion innerhalb der Führungsriege.

Es kann auf den der Leitung untergeordneten Hierarchieebenen immer wieder die Situation geben, dass das Diversity Management nicht funktioniert. Es ist aber unabdingbar, dass alle leitenden Mitarbeitenden ebenso authentisch und empathisch führen, wie es die Führungskräfte vorleben. Um das zu erreichen, kann die Leitung einige Maßnahmen für die weiteren Leitungsebenen ergreifen.

1. Sie gibt ein Handout mit Argumenten für Diversity heraus. So haben alle etwas Konkretes in die Hand. Am besten stellt man es der Mitarbeiterschaft in einem Meeting vor. Auch hierbei braucht man nicht mit der Tatsache hinterm Berg zu halten, dass viele Betriebe mit Diversity guten wirtschaftlichen Erfolg vorzuweisen haben.
2. Sie macht sich ein Bild davon, wo sie unterstützende Mitarbeitende in der Unternehmung findet, und bindet diese besser in die entsprechenden Strukturen ein.
3. Sie stellt ein Team zusammen, das Projekte ins Leben ruft, die Diversity-Bezug haben (Zukunftsfaktor Vielfalt 2023).

70 % der Fachleute für Human Resources im Bereich Personalbeschaffung geben an, dass Hindernisse für das Recruiting von diversen Mitarbeitenden aus der Führungsebene stammen. Das Problem muss nicht einmal durchgehend darin liegen, dass hier entsprechende Vorurteile herrschen. Vielmehr fehlt auch führenden Menschen oft der Mut, neue Wege zu gehen (Diversität und Inklusion 2023).

Die Führungsriege sollte einen klaren Aktionsplan haben, wie sie Diversity ins Unternehmen einbindet, aufbaut und ein angemessenes Level hält. Dazu sind regelmäßige Evaluierungen notwendig. Eine Zusammenarbeit mit der Personalabteilung ist unabdingbar. Es ist zu definieren, welche Bereiche wie zu besetzen sind. Das kann auch kleinteilig sein, z. B. mehr Menschen mit Behinderungen in Kundenkontakt bringen oder mehr Frauen in den operativen Bereich. Die Ansätze sind selbstverständlich überall verschieden und müssen mit empirischen Daten herausgearbeitet werden. Gleichzeitig müssen sie realisierbar sein.

Alle leitenden Mitarbeitenden sollten vom Grundsatz her hinter diesem Aktionsplan stehen. Hier ist immer zu hinterfragen, ob quantitative Abstimmungen in der Führungsriege das geeignete Instrument sind, wenn es um solche wichtigen Inhalte wie Diversity geht. Auch für Leitungskräfte ist es oft adäquat, Coaching oder Supervision in Anspruch zu nehmen. Eine Supervision leitet Selbstreflexionsprozesse professionell an und sorgt dafür, dass sie positiv verlaufen. Sie dient auch dazu, klare Zielsetzungen zu benennen. Eine Supervision lässt man am besten mit Hilfe von externen Fachkräften durchführen.

Gerade solche Erfahrungen führen dazu, die eigene Unternehmenskultur nicht nur zu propagieren, sondern auch authentisch und empathisch zu vertreten und zu leben. Jede einzelne Begegnung mit Führungskräften ist für Mitarbeitende eine besondere Situation. Vertretende von höheren Hierarchieebenen sollten immer ausstrahlen, dass alle Mitglieder der Belegschaft gleichermaßen willkommen sind und in ihrer Persönlichkeit gesehen und respektiert werden.

Oft ist die Abteilung Öffentlichkeitsarbeit als Stabsstelle angesiedelt. Eine enge Kommunikation mit der Leitung ist dann gegeben. Die Mitarbeitenden dieser Stelle sind immer wieder gefordert, Diversity nach innen und außen sichtbar zu machen und gleichzeitig als Selbstverständlichkeit darzustellen. Das kann auch einmal ein Drahtseilakt sein. Dabei ist es wichtig, dass die Mitarbeitenden mit Wort und Bild empathisch vorgehen. Ihre Ausführungen und Darstellungen sollten als authentisch gelten, wenn es um das Einbeziehen diverser Menschen geht.

Selbstverständlich ist die Leitung dann am authentischsten, wenn sich diverse Menschen in ihren Reihen finden. Innerhalb der Führungsebene ist also Authentizität und Empathie ebenso gefragt wie von ihr gegenüber der Belegschaft.

Es darf jedoch nicht unterschätzt werden, dass solche Rollen für diverse Mitarbeitenden nicht immer einfach sind. Solange sich Diversity noch nicht als Selbstverständlichkeit durchgesetzt hat, laufen sie immer Gefahr, in ihren Entscheidungen kritisiert zu werden, und zwar gerade unter dem Kriterium Diversity. Es ist oft einfach, ihnen zu wenig Strenge oder zu viel Zuwendung im Hinblick auf andere diverse Menschen anzukreiden.

Mitarbeitende sollten sich immer darauf verlassen können, dass die Aufgabenverteilung korrekt ist und Unangenehmes auf alle Schultern gleichermaßen verteilt wird. Auch der Zugriff auf Ressourcen sollte gerecht sein. Wenn dies nicht stets und bei allen Mitarbeitenden gelingt, muss allerdings nicht immer der Faktor Diversity die Ursache dafür sein. Bei dem Blick auf Dinge, die zu verändern sind, ist Objektivität gefragt. Nicht immer ist Diversität die entscheidende Frage.

6.2.2   Förderung von Innovation und Kreativität

Die Förderung von Innovation und Kreativität ist grundsätzlich ein Instrument, um die Produktivität eines Unternehmens insgesamt zu steigern. Diesen Faktor unterschätzen viele Betriebe, die von ihren Mitarbeitenden nur Routinetätigkeiten erwarten und fortschrittliche Ideen nur Spezialisten und Spezialistinnen zutrauen.

Wie kann die Leitung Faktoren fördern, die sich von gleichbleibenden Alltagstätigkeiten abheben? Dafür gibt es punktuelle und längerfristige Maßnahmen.

Eine punktuelle Möglichkeit ist grundsätzlich, einen Workshop zu veranstalten. Das ist in der Regel für die Mitarbeitenden ohnehin eine willkommene Abwechslung. Dabei gibt es zahlreiche Möglichkeiten für passende Aufgabenstellungen. Zu beachten ist, dass in diesem Zusammenhang die Freude an den Aktionen im Vordergrund steht, die zu neuen Erkenntnissen und zur Steigerung der Motivation führen. In einem solchen Workshop sollte es nicht darum gehen, die Lösung für ein konkretes kleinteiliges betriebliches Problem zu finden. Vielmehr sollten hier Aufgabenstellungen im Fokus stehen, die einen gewissen Spielraum lassen.

Die Mitarbeitenden sollen die Erfahrung machen können, durch Freisetzung von Kreativität Lösungen zu finden. So kommen Ansätze zustande, die andere und unter Umständen weitergehende Kompetenzen als die offenbaren, die in der täglichen Routinearbeit gefragt sind. Bei diversen Menschen können Skills zutage treten, die mit ihrer Diversität in Zusammenhang stehen. Das ist eine wichtige Erfahrung für alle Mitarbeitenden. Es ist möglich, Aufgabenstellungen einzubeziehen, bei denen die Kompetenzen diverser Menschen gefragt sind. Das kann die besondere Merkfähigkeit eines Menschen mit Asperger-Syndrom, die Schnelligkeit oder Transportkapazität eines (E)-Rollstuhl fahrenden Menschen, besonderes kulturelles oder ethnisches Wissen oder die enorme Erfahrung von älteren Mitarbeitenden sein. Hier ist die Kompetenz eines erfahrenen Coachs gefragt, der extern, aber vom Personalmanagement gut vorbereitet sein sollte.

Gruppenarbeiten sind in einem solchen Workshop unerlässlich, ebenso wie das Wechseln der Gruppenzusammensetzung. Die Erfahrung, gemeinsam zu erstaunlichen und befriedigenden Lösungen gekommen zu sein, wirkt sich auf die Motivation aus, auch bei betrieblichen Gegebenheiten Kreativität einfließen zu lassen. Das setzt immer voraus, dass die leitenden Mitarbeitenden solche Prozesse fördern. Gerade die mittleren und unteren Führungsebenen sollten sie bewusst in Gang bringen und kreativitätsfördernde Mittel immer wieder einsetzen, z. B. Brainstorming.

Workshops sind auch ein gutes Mittel, um speziell die leitenden Mitarbeitenden im Bereich Kreativität zu fördern und innovative Ideen hervorzulocken.

Ein punktuelles Mittel ist weiterhin, unternehmensintern einen Wettbewerb auszuschreiben. Dafür gibt es hinreichend Themen. Einen Flur neu gestalten – etwa mit Fotos –, einen Bericht für den Newsletter verfassen oder ein neues Rezept für die Kantine vorschlagen sind Beispiele.

Eine längerfristige Maßnahme der Führungsriege, die Innovation und Kreativität fördert, betrifft die Zusammensetzung von Teams. Als geeignet hat sich die Bildung von Cross-Teams erwiesen (Zukunftsfaktor Vielfalt 2023). Hierbei finden sich jeweils zwei Mitarbeitende in einem Zweierteam zusammen. Eine Person unterscheidet sich von der anderen durch ein diverses Merkmal (Es können auch beide divers oder beide nicht-divers sein, wobei jedoch die Inklusion diverser Menschen weniger berücksichtigt wäre). Jede Person verbringt einen Teil ihrer Arbeitszeit beobachtend und, wenn möglich, beteiligt am Arbeitsplatz der anderen. Der völlig neue Blickpunkt auf einen routinemäßig ablaufenden

Arbeitsprozess setzt oft kreative Ideen wie auch konstruktive Kritik frei, selbstverständlich von beiden Teilnehmenden. Daraus können sich Verbesserungen ergeben.

Es gibt Unternehmen, die mit Partner-Unternehmen zusammen ein solches Cross-over über die Firmengrenzen hinweg praktizieren. Insbesondere wenn diverse Menschen hieran beteiligt sind, fördert das nicht nur innovative und kreative Prozesse, sondern auch die Inklusion diverser Talente.

Weiter können Führungskräfte Arbeitskreise bilden, in denen abteilungsübergreifend bzw. interdisziplinär eine Aufgabe zu bearbeiten ist. Oft zeigt sich gerade bei solchen Herausforderungen, wie kreativ eine Gruppe und insbesondere ein diverses Team arbeitet. Beispiele sind das Organisieren eines Betriebsfests und eine Neuplanung von Speisenangeboten in der Kantine. Auch Neu- oder Umstrukturierungen aller Arten von Betriebsabläufen sind geeignete Projekte. Die Einführung oder Betreuung von Qualitäts- oder Beschwerdemanagement ist in der Regel ein Arbeitskreisthema, auch wenn es eine hauptverantwortliche Person gibt. Bei diesen Inhalten ist die Beteiligung von diversen Mitarbeitenden unabdingbar.

Grundsätzlich sollte die Leitung keine Gelegenheit versäumen, bei einer Änderung, die wichtig ist bzw. die alle oder die Mehrheit der Mitarbeitenden betrifft, auf den kreativen und innovativen Aspekt hinzuweisen, der zu dieser konstruktiven Entwicklung beigetragen hat. Es wäre in solchen Situationen gut, gleichzeitig aufzeigen zu können, dass und wie Mitarbeitende und vor allem diverse Talente daran beteiligt waren.

6.2.3   Karriereentwicklung und Aufstiegsmöglichkeiten

Im Zusammenhang mit den Karrieremöglichkeiten von Frauen gibt es den Begriff der „gläsernen Decke". Er besagt, dass zwar keine objektiven Gründe dafür bestehen, warum Frauen nicht in Führungspositionen gelangen sollten, doch dass sie es dennoch nicht schaffen. Teilweise mag das immer noch an dem Selbstbild von Frauen liegen. Sie trauen sich zu wenig zu, lassen anderen gern den Vortritt oder stellen im Zweifel die Familienarbeit in den Vordergrund, sodass weniger Zeit für Erwerbstätigkeit bleibt. Doch es liegt auch immer noch daran, dass es bei Führungspositionen keine Parität gibt. Viel weniger Frauen als Männer kommen auf der Karriereleiter weiter.

Am 15. Mai 2015 trat ein Gesetz in Kraft, das die gleichberechtigte Teilhabe von Frauen und Männer in Führungspositionen vorsieht, und zwar in der privaten Wirtschaft wie im Öffentlichen Dienst. Dazu schrieb es ab 2016 einen Anteil von 30 % des unterrepräsentierten Geschlechts (realiter Frauen) vor (Bmfsfj 2023). 2022 lag der Frauenanteil in Deutschland jedoch durchschnittlich bei 24,1 % (Weltfrauentag 2022).

Wenn es nun schon schwierig ist, Frauen in Führungspositionen zu bringen, die ja ca. die Hälfte der Bevölkerung ausmachen, so wird es bei diversen Menschen, die sich objektiv in der Minderheit befinden, noch schwieriger. Entsprechend scheuen viele Unternehmen davor zurück, diverse Talente bei Aufstiegsmöglichkeiten zu berücksichtigen bzw. beziehen sie nicht einmal in entsprechende Überlegungen ein.

Es bedarf oft einer bewussten Entscheidung, diverse Menschen ausschließlich auf ihre Fähigkeiten und Kenntnisse hin zu beobachten und zu beurteilen, um ihnen gleichberechtigte Chancen einzuräumen. Falls die Unternehmung regelmäßige Beurteilungen durchführt, ist hier ein Instrument gegeben, auf Daten zurückzugreifen, wenn es um Beförderung geht. Gerade bei Aufstiegschancen ist es wichtig, dass die Leitungsmitglieder mögliche eigene unbewusste Vorurteile oder Vorstellungen von Stereotypen reflektieren und sich klare und objektive Kriterien für eine Beförderung setzen.

Dafür ist eine Shortlist gut geeignet, die sich schon im Auswahlprozess für neue Mitarbeitende anbietet. In einer Tabelle werden die Kriterien aufgelistet und erhalten nach einem Punktesystem eine Gewichtung. Die Kriterien sind auf die Frage hin kritisch zu überprüfen, ob aufgrund von Diversity ein Nachteil für eine Person entstehen könnte. Zum Beispiel ist es in manchen Kulturen üblich, innerhalb des Kollegiums freundschaftlichen Kontakt zu pflegen. Das ist dann aber nicht gleichbedeutend mit Distanzlosigkeit.

Eine Führungsriege, die auf Diversity Wert legt, handelt vorbildhaft und authentisch, wenn sie diverse Talente in Aufstiegsprozesse einbezieht. Diese Möglichkeit sollte im Betriebsklima als selbstverständlich gelten. Unterstützend sind alle Maßnahmen und Verhaltensweisen, die diverse Menschen als selbstverständliche Arbeitnehmende betrachten und behandeln und gleichzeitig möglichen Ausgrenzungen Vorschub leisten. Wenn diverse Menschen innerbetrieblich aufsteigen, darf es weder heißen, sie hätten die Stelle nur aufgrund von Diversity erhalten, noch, sie wären ihr aufgrund von diversen Merkmalen nicht gewachsen. Gleichzeitig kann auch die Situation auftreten, dass eine bestimmte Fähigkeit mit der Diversity einer Person zu tun hat. Dann ist aber die Fähigkeit der Entscheidungsfaktor. Gleichzeitig ist von der Seite diverser Leitender zu gewährleisten, dass sie im Umgang mit allen Untergebenen objektiv bleiben. Die Neubesetzung von leitenden Positionen sollte mindestens intern immer kommuniziert werden. Möglichkeiten das Intranet, Newsletter oder Meetings. Extern stehen z. ebenfalls Newsletter und auf jeden Fall die Website zur Verfügung. Auch die lokale Presse kann berichten.

Grundsätzlich gilt für die Kommunikation zwischen der Führungsebene und den Mitarbeitenden, dass sie von Vertrauen ebenso geprägt sein sollte wie von der gemeinsamen Überzeugung, dass Leistung zu erbringen ist. Wenn es Aufstiegsmöglichkeiten gibt, sollten alle Mitarbeitenden die Kriterien dafür kennen. In Unternehmungen, die Diversity bewusst realisieren, herrschen oft flache Hierarchien. Insofern treten solche Situationen weniger häufig auf. Es kann jedoch öfter vorkommen, dass organisatorische Aufgaben wie das Leiten von Arbeitskreisen zu übernehmen sind. Hier sollte die Leitung sorgfältig darauf achten, dass diverse Talente einbezogen werden.

Das Aufzeigen von Karriereentwicklung und Aufstiegsmöglichkeiten ist bereits bei Vorstellungs- und Einstellungsgesprächen ein guter Punkt. Es gibt Unternehmen, die jüngere Frauen vor der Einstellung fragen, wie ihre Familienplanung aussieht, und signalisieren, dass sie Kinder und Karriere für Frauen als nicht vereinbar ansehen. Umso mehr können diverse Menschen verunsichert sein, wenn sie aufsteigen wollen. Wenn diverse Menschen schon wichtige betriebliche Positionen einnehmen, ist das für die neu hinzukommenden immer ein beruhigender Faktor, selbst wenn sie selbst kein Weiterkommen anstreben.

6.3   Mentoring und Coaching für individuelle Entwicklung

6.3.1   Bedeutung von Mentoring-Programmen

Mentoring nimmt neben Coaching eine immer größere Bedeutung im Berufsleben ein. Diese Methode eignet sich auch gut für den Einsatz in Unternehmen mit diversen Mitarbeitenden.

Das Wort Mentor kommt aus dem Lateinischen und bedeutet Künstler. Doch heute versteht man unter Mentor bzw. Mentorin eine Lehrkraft, wenngleich sie nichts mit der Schule zu tun hat. Vielmehr handelt es sich um Fachkräfte. Sie unterstützen mit ihrer spezifischen Kenntnis und umfassenden Erfahrung Personen, die am Anfang des Berufslebens stehen. Das ist grundsätzlich innerhalb eines Unternehmens ein sinnvoller Weg. Neuankömmlinge werden von einzelnen gut eingearbeiteten Mitarbeitenden eine Zeitlang „betreut". Es geht dabei um das Aufzeigen verschiedener Wege und/oder des besten Wegs, Aufgaben zu erledigen. Weiterhin erfolgen Beratungen aller Art. In erster Linie geht es um das optimale Beherrschen des Sachgebiets. Trotzdem entsteht durch die Zusammenarbeit in der Regel eine persönliche Beziehung zwischen Mentor bzw. Mentorin und Mentee.

Mentoringprogramme dienen Unternehmen in erster Linie als Personalentwicklungsinstrument und dabei auch als Karriereförderung (Mentoring 2021). Für diverse Menschen sind sie in der Anfangsphase ihrer Betriebszugehörigkeit besonders gut, und im weiteren Verlauf auch dann, wenn sie als Talente geeignet sind, innerhalb des Betriebs aufzusteigen. Es gibt Unternehmen, die neue Mitarbeitende von Anfang an im Hinblick auf den Aufstieg begleiten lassen.

Mentoring für diverse Mitarbeitende muss immer den Faktor Diversity mitdenken und beinhalten. Sowohl bei diversen Berufseinsteigern und Berufseinsteigerinnen als auch bei diversen Personen, die leitende Stellungen erhalten sollen oder vor kurzem erhalten haben, ist vorrangig die fachliche Kompetenz zu stärken. Das mindert die Gefahr der Diskriminierung. Wer sich in seinem Fachgebiet und bei seiner Routinetätigkeit sicher fühlt, ist gegen mögliche Abwertungen gut gewappnet.

Ein Mentoringprogramm für diverse Menschen sollte aber ebenfalls Softskills wie Kommunikationsfähigkeit und Arbeitstechniken beinhalten. Auch soziale Fähigkeiten sind ein Thema. Die Weiterentwicklung im Bewältigen betrieblicher Aufgabenstellungen geht immer mit der Weiterentwicklung der Persönlichkeit einher. Deshalb ist es von großer Bedeutung, dass Mentor bzw. Mentorin und Mentee sich verstehen – insbesondere, wenn es um diverse Mentees geht. Ein allgemeines Ziel ist, dass Mentees sich in ihrer Rolle als Mitarbeitende wohlfühlen, einen klaren Weg im Betrieb vor sich sehen und das Selbstbewusstsein haben, ihn zu gehen, und zwar unabhängig davon, ob sie Aufstiegsbestrebungen haben oder nicht.

Eine Unternehmung kann eine externe Mentoring-Dienstleistung einkaufen. Doch in vielen Fällen ist es sinnvoll, ein internes Mentoringprogramm anzuwenden. Das kann man auf diverse Mitarbeitende abstimmen. Mentoren und Mentorinnen sollten das entsprechende Feingefühl mitbringen. Den Beteiligten am Mentoringprozess sollte bewusst sein, dass beide Seiten von ihm profitieren. Auch die Mentoren und Mentorinnen lernen viel hinzu und entwickeln ihre Fähigkeiten weiter, etwa im strukturierten Denken und im Bereich des Schulens. Weiterhin wird es immer wieder Situationen geben, in denen sie fachlich selbst hinzulernen, in vielen Fällen vor allem im digitalen Bereich.

Mentoring basiert auf der Begleitung über einen längeren Zeitraum. Knowhow ist ein wesentlicher Bestandteil. Mentoring hat keinen Fokus auf genau einen Punkt, der den Arbeitsplatz betrifft. Es zielt auf eine positive Entwicklung, die mehrere Fähigkeiten und Kenntnisse betrifft.

Infrage kommt bei einer diversen Mitarbeiterschaft zudem das „Reverse-Mentoring" (Zukunftsfaktor Vielfalt 2023). Hierbei bringt man Mitarbeitende verschiedener Hierarchieebenen zusammen. Dabei steht im Vordergrund, einen Perspektivenwechsel vorzunehmen. Die Beteiligten begegnen sich auf Augenhöhe. Solche Programme sind auch angebracht, um Verständnis zwischen den Geschlechtern zu fördern und selbstverständlich auch zwischen einem Geschlecht und Menschen, die sich zu LGBTQIA+ zählen.

Für die Inklusion von Frauen ist ein Beispiel zu Mentoringprogrammen, dass sich ältere männliche mit jüngeren weiblichen leitenden Betriebsangehörigen austauschen. Die Begegnung findet unter der Fragestellung statt: Was kann voneinander gelernt werden? Es geht nicht darum aufzuzeigen, dass der eine besser ist als die andere. Es geht darum, Verschiedenheiten zu akzeptieren und offen zu sein für Vorteile, die die andere Person mit ihrer Art der Leitung mitbringt. Für solche Prozesse ist es immer gut, externe Mentoren oder Mentorinnen zu wählen, denn es handelt sich beim Reverse-Mentoring um zwei Mentees, die nicht allein gelassen werden sollten. Externe Begleitungen sind objektiv und können den Prozess unvoreingenommen steuern. In vergleichbarer Weise kann auch Mentoring für diverse Mitarbeiterinnen zusammen mit nicht-diversen durchgeführt werden.

Grundsätzlich kann man auch Gruppen mit einem Mentoring-Programm begleiten lassen, z. B. leitende Mitarbeitende, Teams oder Arbeitsgruppen.

Jede Art von Mentoring fordert von den Mentees, sich konstruktiv in den Prozess einzubringen. Selbstreflexion gehört dazu und wird während des Prozesses angeregt. Selbstverständlich gilt das für nicht-diverse Menschen ebenso wie für diverse.

6.3.2 Coaching zur Förderung der beruflichen Entwicklung

Sowohl Mentoring wie Coaching sind Methoden, die Führungskräfte immer stärker einsetzen, um Arbeitnehmende und Unternehmung gut zu verzahnen. Sie kommen oft dann zum Einsatz, wenn Hochschulabsolvierende eine erste Stelle erhalten. Jedoch werden sie auch bei Berufsbeginnenden ohne Studium genutzt (Diversity Coaching 2023).

Grundsätzlich können sowohl die Leitung wie die diversen Menschen selbst gecoacht werden. Ebenso können Gruppen gecoacht werden, beispielsweise Abteilungen. Darüber hinaus gibt es die Möglichkeit, projektbezogen zu coachen. Dann begleiten die Coaches die Projektmitarbeitenden während der Zeit, in der das Projekt läuft. Im Zusammenhang mit Diversity kommt es immer darauf an, dass diverse Menschen gut inkludiert werden oder bleiben. Daher kann man die Methode pragmatisch einsetzen.

Die Leitung hat insofern eine große Bedeutung, als sie der Überzeugung sein muss, dass Diversity erwünscht ist und diverse Talente aktiv rekrutiert werden. Solange sich auf der Leitungsebene noch hemmende Vorbehalte finden, hat das Coaching der Leitenden Vorrang. Ist jedoch Diversity eine klare Haltung, die sowohl im Leitbild einen angemessenen Stellenwert hat wie auch vorbildhaft in der Praxis umgesetzt wird, so kann es sinnvoll sein, diverse Talente zu coachen, um ihr subjektives Empfinden, ein wertvolles Mitglied der Unternehmung zu sein, zu stärken. Gruppen sollten gecoacht werden, wenn Zweifel daran bestehen, dass ihre diversen Mitglieder hinreichend inkludiert sind.

Wo auch immer gecoacht wird, verspricht die Unternehmung sich letztlich davon, die Gesamtleistung des Betriebs zu optimieren. Betriebsinterne Faktoren, aus denen diese sich unter anderem zusammensetzt und die durch Coachen gut gefördert werden können, sind vor allem ein gutes Betriebsklima, Mut zur Kreativität, Motivation und die Identifikation der Mitarbeitenden mit dem Unternehmen. Zudem kann Coaching die Fluktuation von Mitarbeitenden reduzieren. Solche Maßnahmen, die auch die Entfaltung der Persönlichkeit beinhalten, haben als Zielsetzung immer eine gute Entwicklung sowohl der gecoachten Mitarbeitenden wie auch des gesamten Unternehmens. Wenn die positive Auswirkung auf die Unternehmung auch indirekt erfolgen mag, so sollte Coaching immer eine Win-win-Situation für die arbeitgebende wie die arbeitnehmende Seite als Ergebnis haben.

Coaching ist eine Beratungsmethode. Im Gegensatz zum Mentoring hat sie ein klar definiertes Ziel. Es kann sich auf fachliche Inhalte ebenso beziehen wie auf eine spezifische Situation am Arbeitsplatz oder einen gruppendynamischen Prozess. Coaching baut keine längerfristige persönliche Beziehung auf. Die coachende Person verhält sich neutral gegenüber den Coachees, hinterfragt aber kritisch Verhaltensweisen und Abläufe. Ein gesetztes Ziel soll erreicht werden.

Beim Coaching einer Führungsriege kann ein Ziel sein, dass Diversity bewusster gefördert und akzeptiert wird. Konkret würde sich das in einer Handlung zeigen, beispielsweise dem stärkeren Einbeziehen bei der Außendarstellung oder der Überarbeitung von Checklisten im Personalmanagement. Bei einer einzelnen Person kann es bedeuten, dass sie auf eine leitende Position vorbereitet werden soll, sich diese aber z. B. wegen ihrer Diversity nicht zutraut. Hier wäre das Ziel erreicht, wenn sie die Stelle annimmt.

Coaching findet auf Augenhöhe statt. Bei einer Gruppe kann es das Abbauen von Ressentiments gegen Diversity sein. Das Coaching hätte dann die optimale Inkludierung des/der diversen Menschen zum Ziel. Der Erfolg könnte sich darin zeigen, dass Mitarbeitende einen bestimmten Sprachgebrauch oder bestimmte Verhaltensweisen unterlassen bzw. bewusst einsetzen. Es ist oft sinnvoll, nach Abschluss des Coachingprozesses einen späteren Zeitpunkt zur Reflexion anzusetzen, in dem die Entwicklung verbalisiert und evaluiert wird.

Eine coachende Person gibt keine Richtung vor, kennt aber verschiedene Methoden, zu einem Ziel zu gelangen. Sie bietet keine Lösungen an, sondern Wege dazu, dass Mitarbeitende eigene Lösungsansätze finden. Dabei ist es unumgänglich, dass die Coachees zur Selbstreflexion bereit sind. Wer von einem Coach begleitet wird, findet einen eigenen, persönlichen Weg. Das gilt nicht nur für Individuen, sondern auch für Gruppen. Gruppendynamische Prozesse verändern die Einstellung jedes einzelnen Mitglieds. Ebenso wie Mentoring, ist Coaching nur sinnvoll und erfolgreich möglich, wenn die Coachees freiwillig teilnehmen.

Typische Ziele für Coaching sind (Mentoring 2021):

- die Einschätzung und Entwicklung persönlicher Kompetenzen (im Hinblick auf ein konkretes Ziel)
- Verbesserung von Führungsqualität
- Stress- und Zeitmanagement (z. B. im Hinblick auf die tägliche Routinearbeit)
- Bewältigung eines konkreten Konflikts (zwischen zwei oder mehreren Personen)
- Bildung eines neuen Teams
- Durchführung eines bestimmten Projekts
- Inklusion neuer Mitarbeitender

Im Hinblick auf Diversity steht beim Coaching immer im Vordergrund, dass diverse Talente fair und gleichberechtigt behandelt werden. Mentoring und Coaching können teilweise gleiche kommunikative Strategien verwenden. Sie können auch ineinanderübergehen. So kann etwa ein Mentoringprogramm enden und darauf ein Coaching erfolgen. Beide Methoden haben sich in der Praxis bewährt und als erfolgreich erwiesen.

6.3.3   Unterstützung bei der Selbstreflexion und Zielsetzung

Sowohl Mentoringprogramme wie auch Coaching sind eine wertvolle Unterstützung für diverse Talente. Sie dienen bereits der Selbstreflexion und dem Verfolgen eines Ziels. Doch sie sind zeitlich begrenzt, und es können in der Regel nicht grundsätzlich alle diversen Mitarbeitenden an solchen Maßnahmen teilnehmen. Doch im betrieblichen Prozess darf auch kein diverses Talent auf der Strecke bleiben. Es gilt, alle diversen Mitarbeitenden in ihrer Selbstreflexion und Zielsetzung zu unterstützen.

Zur Selbstreflexion gehören das Überdenken der eigenen persönlichen Prägungen, des eigenen Sozialisationsprozesses, des eigenen Handelns und der eigenen Entwicklungsmöglichkeiten (Erwachsenenbildung 2013). Das bedeutet, dass auch bei der beruflichen Selbstreflexion große Anteile der gesamten und damit auch der „privaten“ Persönlichkeit einfließen. Entsprechend sorgsam und sensibel sollten auch unternehmensbezogene Gespräche ablaufen. Nichtsdestotrotz ist Kommunikation der Schlüssel zur Stärkung diverser Talente in Betrieben.

Eine Möglichkeit, die auch die individuelle Zielsetzung diverser Menschen beinhaltet, sind Beurteilungsgespräche bzw. Personalentwicklungsgespräche. Viele Unternehmungen führen regelmäßig solche Gespräche durch. In diesem Rahmen können die diversen Mitarbeitenden individuell gestärkt werden. Sollte es Fähigkeiten und Kenntnisse geben, die mit der Diversity zusammenhängen, so ist hier eine gute Gelegenheit, das hervorzuheben. Gleichzeitig sollte auch besprochen werden, wodurch diverse Mitarbeitende sich gut inkludiert fühlen und wo sie noch Nachteile für sich sehen. Insbesondere die Wertschätzung durch Vorgesetzte stärkt diverse Talente. In einem solchen Gespräch können auch Sozialisationsprozesse und persönliche Erfahrungen benannt werden, zum Beispiel als Ursache für Ängste oder Beeinträchtigungen. Es wird auf diese Weise oft deutlich, dass Diversity kein Hinderungsgrund dafür ist, eine bestimmte berufliche Zielsetzung stringent zu verfolgen.

Eine weitere Möglichkeit besteht darin, regelmäßige Gespräche mit einer Person zu führen, die mit dem Thema Diversity hauptberuflich befasst ist. Das kann ein Gleichstellungsbeauftragter oder eine Gleichstellungsbeauftragte sein. Auch hier ist es von großer Bedeutung, sich nicht spontan, sondern regelmäßig innerhalb gleichbleibender Zeiträume zu treffen. Die Themen Selbstreflexion und Zielsetzung sind grundsätzlich geeignet, auf der Tagesordnung zu stehen.

Auch hierbei ist eine vertrauliche Atmosphäre wichtig. Diverse Menschen haben seit ihrer Kindheit oft Erfahrungen gemacht (und machen sie noch), die von denen nicht-diverser Menschen erheblich abweichen. Es ist häufig gut, sie zu verbalisieren. Durch solche Bewusstwerdungsprozesse erkennen die diversen Talente Verbindungen zu eventuellen Ressentiments, die sie erfahren. Das hilft ihnen, sich besser davon abzugrenzen und ihnen kommunikativ zu begegnen.

Gleichzeitig sollte diversen Mitarbeitenden immer mitgeteilt werden, wo ihre Diversität zu einer positiven Entwicklung beigetragen hat, sei es in einer punktuellen Situation oder bei einer langfristigen Angelegenheit. Hierfür sind vertrauliche Gespräche gut geeignet, in denen es möglich ist, andere kommunikative Mittel zu nutzen als bei Anwesenheit weiterer Mitarbeitenden. Die Diversität kann hier unbeobachtet und fokussiert zum Thema werden.

Bei der täglichen Routinearbeit ebenso wie bei der Mitarbeit in Arbeitsgruppen können die jeweiligen Leitenden positiv auf diverse Mitarbeitenden einwirken. Eine individuelle Rückmeldung ist immer möglich, sei es unter vier Augen oder in Form einer anerkennenden Äußerung vor einer Gruppe. Eine Anerkennung bezieht sich vor allem auf gute Leistungen oder besonderes Engagement. Dabei steht der Nutzen für die Unternehmung und damit für alle Mitarbeitenden im Vordergrund. Wenn eine positive Äußerung vor einer Gruppe gemacht wird, so ist der Hinweis auf diesen Nutzen immer eine gute Ergänzung, um das Gemeinschaftsgefühl zu fördern.

Wenn es um Selbstreflexion und Zielsetzungen geht, so kann beides auch die nicht-diversen Mitarbeitenden betreffen, und zwar insbesondere im Hinblick auf die Inklusion der diversen Betriebsangehörigen. Hierzu bieten sich die gleichen Gesprächsmöglichkeiten an. Auch nicht-diverse Personen brauchen die Möglichkeit, sich zu reflektieren, vor allem wenn es um ihre Beziehung zu diversen Mitarbeitenden geht.

Solche Gespräche sollten keinen juristischen Charakter haben, sondern immer darauf zielen, dass die Mitarbeitenden ihre Ressourcen erkennen, um Diversität im Unternehmen zu realisieren und aktiv zu unterstützen.

Grundsätzlich sollten alle Mitarbeitenden eine Anlaufstelle kennen, die sie nutzen können, um persönliche Herausforderungen, die mit Diversity am Arbeitsplatz zu tun haben, zu besprechen, und zwar ohne Konsequenzen fürchten zu müssen. In einem solchen vertraulichen Gespräch geht es um die Erkenntnis, dass diverse oder nicht-diverse Menschen nicht „richtige" oder „falsche" persönliche Komponenten mitbringen, sondern verschiedene. Das Anderssein zu akzeptieren, ist das erste Ziel. Das zweite ist, es schätzen zu lernen.

In der Selbstreflexion der diversen Talente kommt oft zum Tragen, dass sie ihr eigenes Anderssein zu akzeptieren lernen müssen. Ist das gelungen, so können sie sich als wertvolles Mitglied der Unternehmung wahrnehmen und ihre Ressourcen optimal einbringen.

Literatur

Agentur Junges Herz 2021, MASSNAHMEN FÜR DIVERSITY: WIE UNTERNEHMEN DIVERSITY FÖRDERN KÖNNEN, abgerufen 28.05.2024, https://www.agentur-jungesherz.de/blog/massnahmen-fuer-diversity-wie-unternehmen-diversity-foerdern-koennen/

Bmfsfj 2023, Sechste Jährliche Information der Bundesregierung über die Entwicklung des Frauenanteils an Führungsebenen und in Gremien der Privatwirtschaft und des öffentlichen Dienstes, abgerufen 28.05.2024, https://www.bmfsfj.de/resource/blob/209010/a6daaf83b8e8111e49 5f5055192ff3c8/bericht-sechste-jaehrliche-information-data.pdf

Charta der Vielfalt 2023, Vielfalt und Diversity – eine Frage der Sichtweise, abgerufen am 28.05.2024, https://www.bochum.de/Charta-der-Vielfalt/Vielfalt-und-Diversity%2D%2D-eine-Frage-der-Sichtweise

Charta der Vielfalt 2023, Zukunftsfaktor Vielfalt, abgerufen am 22.09.2023, https://www.charta-der-vielfalt.de/fileadmin/user_upload/Studien_Publikationen_Charta/Charta_der_Vielfalt_-_KMU-Brosch%C3%BCre_2020.pdf

CSR-Richtlinie 2023, CSR-Richtlinie, abgerufen 28.05.2024, https://www.umweltbundesamt.de/umweltberichterstattung-csr-richtlinie

Diversität und Inklusion 2023, Diversität und Inklusion in der Rekrutierung: warum Sie darauf achten sollten, abgerufen 28.05.2024, https://www.surveymonkey.de/mp/diversity-recruiting/

Diversity Coaching 2023, Stärkenorientiert zum Erfolg! Abgerufen am 28.05.2024, https://business-elf.de/diversity-coaching/

Erwachsenenbildung 2013, Diversitätskompetenz, abgerufen am 28.05.2024, https://erwachsenenbildung.at/themen/diversitymanagement/grundlagen/divkompetenz.php

Mentoring (2021), Was ist der Unterschied zwischen Mentoring und Coaching? Abgerufen 28.05.2024, https://www.jobteaser.com/de/advices/was-ist-der-unterschied-zwischen-mentoring-und-coaching

Missionsustainable 2021, Unternehmenskultur & Diversity – Wie wichtig sind geteilte Werte? Abgerufen 28.05.2024, https://missionsustainable.de/2021/02/26/unternehmenskultur-diversity-wie-wichtig-sind-eigentlich-geteilte-werte/

Spektrum 2000, Vertrauen, Essay, Christoph Clases und Theo Wehner2000, abgerufen 28.05.2024, https://www.spektrum.de/lexikon/psychologie/vertrauen/16374

Weltfrauentag 2022, Weltfrauentag: Frauenquote in Führungspositionen liegt bei 24,1 Prozent, ab-
    gerufen 28.05.2024, https://www.crif.de/pr-events/pressemitteilungen/2022/march/07/weltfrau-
    entag-frauenquote-in-fuehrungspositionen-liegt-bei-24-1-prozent/
Zukunftsfaktor Vielfalt 2023, Von der Vision zum Alltag, abgerufen 28.05.2024, https://www.charta-
    der-vielfalt.de/fileadmin/user_upload/Studien_Publikationen_Charta/Charta_der_Vielfalt_-_
    KMU-Brosch%C3%BCre_2020.pdf

Entwicklung von Talenten

7

7.1 Individuelle Entwicklungspläne

7.1.1 Bedarfsermittlung und Identifikation von Entwicklungsbereichen

Von Seiten der Unternehmungsführung sollte die Entwicklung der Mitarbeitenden mindestens anhand von Personalentwicklungsgesprächen verfolgt werden. So zeigt sich der individuelle Stand, woraus sich eventuell Weiterbildungsbedarf ergibt. Bei regelmäßiger Durchführung kann man auf bereits festgelegte Zielvereinbarungen zurückgreifen.

Die Festlegung von Maßnahmen erfolgt selbstverständlich in Übereinstimmung mit dem/der Mitarbeitenden. Solche Qualifizierungsmaßnahmen drücken immer Wertschätzung aus. Sie sollen nicht Defizite ausgleichen, sondern Potenziale fördern. Dies ist ein besonders wichtiger Aspekt beim Umgang mit diversen Mitarbeitenden. Entwicklungsgespräche enthalten neben einer Fremd- auch immer eine Selbsteinschätzung. Sollte sich zeigen, dass diverse Talente ihre Potenziale unterschätzen, so können sie durch entsprechende Maßnahmen (Coaching, Kurse usw.) gestärkt werden. Diverse Menschen neigen eher dazu, sich zu unterschätzen.

Parallel kann eine Person oder eine Arbeitsgruppe mit dem Thema Qualifikation betreut werden, sodass die Weiterentwicklung von Fachwissen und Skills kontinuierlich verfolgt wird. Mit der Etablierung eines solchen Aufgabenbereichs wird ein besonderer Fokus auf die speziellen Fähigkeiten jeder Person gelegt. Das ist eine gute Grundlage für das Fördern der diversen Talente.

Für die Karriereentwicklung sind Qualifikationen in der Regel unabdingbar. Für diverse Talente stellt sich die Frage, inwieweit Diversity in die neue Position einfließt. Diese

© Der/die Autor(en), exklusiv lizenziert an Springer Fachmedien Wiesbaden GmbH, ein Teil von Springer Nature 2024
C. A. De Brabandt, B. Schemmel, *Chefsache Hyper-diverse Teams*, Chefsache, https://doi.org/10.1007/978-3-658-45343-5_7

Frage muss individuell geklärt, sollte aber auf jeden Fall angesprochen werden. Diversity kann keine wesentliche Rolle oder aber eine große Rolle spielen. In jedem Fall sollte mit der Person der Stellenwert von Diversity bei einer Beförderung besprochen werden, damit sie eine klare Ausgangsposition beziehen kann. Wenn beispielsweise eine Rollstuhl fahrende Person befördert wird, so kann es sein, dass die Behinderung damit gar nichts zu tun hat. Soll aber ein Kundenkreis bedient oder erweitert werden, bei dem Menschen mit Behinderung eine Rolle spielen, ist es ein wichtiger Faktor.

Die Weiterentwicklung der Mitarbeitenden ist mit der Zukunftsperspektive des Unternehmens in Einklang zu bringen. Das kann für eine bestehende Stelle ebenso gelten wie bei einer Umsetzung oder Beförderung. Aus den Ergebnissen der Personalentwicklungsgespräche und zusätzlich aus den Erkenntnissen von Diversity-Beauftragten sowie in Zusammenarbeit mit Beauftragten für Qualifizierungsmaßnahmen ist nun nach einer geeigneten Person Ausschau zu halten. Dabei ist zu bedenken, ob es diverse Talente gibt, die geeignet sind. Insbesondere muss der Aspekt einbezogen werden, ob und wieweit eine spezielle Diversität für die entsprechende Abteilung bereits berücksichtigt wurde. Hier sind die gleichen Kriterien wie beim Rekrutierungsprozess zu beachten.

Betrachtet man die Zukunftsperspektiven von Unternehmungen allgemein, so muss man feststellen, dass sich die Anforderungen in den nächsten Jahren verändern werden, und zwar vor allem aufgrund der Digitalisierung. Mehr als 75 % der Betriebe benötigen hierzu weitere kompetente Mitarbeitende, und mehr als die Hälfte müssen neue Tätigkeitsfelder etablieren. Doch weniger als 40 % beschäftigen sich damit, ihren dahingehenden Qualifizierungsbedarf zu ermitteln. Zu den gefragten Qualifikationen gehören neben Problemlösungsfähigkeit und Eigeninitiative die Kompetenzen Resilienz, Kreativität und interkulturelle Kommunikation (Kofa 2023).

Unter diesem Gesichtspunkt dürften die Unternehmungen, die Diversity einbeziehen, im Trend der Zeit liegen und mit ihren diversen Mitarbeitenden gut aufgestellt sein. Denn diverse Unternehmen sind überdurchschnittlich gut darin, Lösungen durch kreative Ansätze zu finden. Zudem erweisen diverse Talente, wenn sie erst einmal gut inkludiert sind, oft als resilient.

Interkulturelle Kommunikation spricht für sich selbst. Wer diverse Mitarbeitende beschäftigt, hat auf diesem Gebiet in der Regel bereits hinreichende Anknüpfungspunkte und Erfahrung. Das Personalmanagement muss jedoch darauf achten, welche Kulturkreise und Ethnien bereits vertreten sind und ob es weitere für die Unternehmung erschließen sollte. Selbstverständlich sind Schulungen deshalb nicht unnötig. Wenn Menschen aus anderen Kulturkreisen ihre kommunikativen Fähigkeiten ausbauen, ist sowohl der Leitung als auch den Mitarbeitenden ein guter Dienst erwiesen. Das Unternehmen hat gute Voraussetzungen, sich auf den entsprechenden Märkten zu behaupten.

Die gefragten Fähigkeiten zur interkulturellen Kommunikation betreffen gute Kenntnisse der deutschen und anderer Sprache. Der Fokus liegt jedoch auf der Vermittlung zwischen verschiedenen Kulturen auf mehreren Ebenen. Dazu gehört neben den sprachlichen Kenntnissen auch das Wissen, wie man etwas vermittelt. Während deutsche (und allgemein westliche) Sprechende eher direkt sind, drückt man sich z. B. in Japan und Vietnam indirekt aus. Es gibt große Unterschiede zwischen dem, was als höfliches Verhalten gilt. Beispielsweise überreicht man eine Visitenkarte hierzulande mit einer Hand, in Ostasien immer mit beiden Händen. Interkulturelle Kommunikation ist ein weites Feld für Qualifikationsmaßnahmen, auch bei den entsprechenden diversen Talenten selbst.

7.1.2 Zielsetzung und Messbarkeit der Entwicklung

Die übergeordnete Zielsetzung einer Diversity fördernden Unternehmung ist, Inklusion und Vielfalt zu entwickeln bzw. weiterzuentwickeln. Dabei stellt die Vielfalt eine Mischung der Mitarbeitenden in Bezug auf besondere, oft einzigartige Attribute dar. Inklusion bedeutet, dass Unterschiede nicht nur selbstverständlich einbezogen werden, sondern auch geschätzt sind. Das gilt sowohl für diverse wie für nicht-diverse Mitarbeitende. Es liegt so lange der Fokus auf diversen Mitarbeitenden, wie es noch nicht gelungen ist, ihre Diversität als ein einzelnes Attribut zu betrachten, so wie nicht-diverse Mitarbeitende ebenfalls verschiedene einzelne Attribute mitbringen. Da die gesellschaftliche Entwicklung nicht diesem Stadium entspricht, brauchen diverse Talente immer noch eine besondere Unterstützung, sofern sie es wünschen.

Um diese Zielsetzung möglichst sicher zu erreichen, kann ein Unternehmen eine Selbstverpflichtung eingehen. Sie enthält eine Diversity-Strategie, bei der die einzelnen Arbeitsbereiche festlegen, welchen Beitrag sie zur Realisierung leisten können.

Ziele können beispielsweise sein:

- In den kommenden x Jahren (der Zeitraum sollte überschaubar sein) eine Anzahl zu erhöhen, und zwar
- an älteren/behinderten/aus einem anderen Kulturkreis stammenden/weiblichen (oder andere Kriterien bedienenden) Mitarbeitenden
- und sie um x Prozent (die Vorgabe sollte realisierbar sein) zu steigern,
- und zwar im Zusammenhang mit neuen Stellenbesetzungen, mit Teilnahmen an Weiterbildungsmaßnahmen, mit Ausbildungsmaßnahmen oder Ähnlichem (Kofa 2023).

Die Einführung eines Diversity-Managements und die Entwicklung von diversen Talenten erfordert nicht nur eine Strategie, sondern auch eine gewisse Zeitspanne. Diese Entwicklungsphase bedeutet für alle Beteiligten einen Lernprozess. Ziele, die sich die Unternehmung gesetzt hat, müssen evaluiert werden.

Für das Erfassen und Umsetzen benötigt man Daten. Selbstverständlich kann das Personalmanagement nachhalten, wo welche Mitarbeitenden eingesetzt sind, in welchem Verhältnis diverse Personen zu nicht-diversen stehen und um welche Diversität es sich jeweils handelt und, darauf basierend, auf welche diversen Talente man bei der Rekrutierung bzw. Umsetzung zu achten hat.

Faktoren, die die positive Entwicklung in Bezug auf Diversity betreffen, sind teilweise gut messbar, teilweise aber nur indirekt. Jedenfalls sollte man sie beobachten und evaluieren. Positive Entwicklungen zeigen sich unter anderem an den folgenden Indikatoren (Kofa 2023).

- Die Anzahl der vakanten Stellen von Fachkräften ist gesunken. Die Anzahl an Stellen, die passgenau besetzt sind, ist gestiegen. Die Zeit von einer Stellenausschreibung bis zur Stellenbesetzung ist gesunken. Damit ist insgesamt die Fluktuation der Arbeitnehmenden gesunken.
- Die Zahl der Bewerbungen ist gestiegen, insbesondere, weil die Bewerbungen von diversen Menschen bzw. die aus vorher unterrepräsentierten Gruppen gestiegen sind. Die Zahl der diversen Talente, die innerhalb der Unternehmung aufgestiegen sind, befindet sich in einer guten Relation zum Aufstieg von nicht-diversen Talenten.
- Das Unternehmen kommuniziert das Thema Diversity erfolgreich nach außen. Beispielsweise sind diverse Mitarbeitende auf der Website und in Newslettern vertreten. Dem Unternehmen ist es gelungen, sich in der öffentlichen Wahrnehmung als inklusiv zu positionieren.
- Im Innenverhältnis ist das Thema Diversity positiv besetzt. Mitarbeitende schätzen die inklusive Stellenbesetzung und das gute Betriebsklima. Die Zahl an Anregungen und Beiträgen zu Problemlösungen von Mitarbeitenden ist gestiegen. Die Mitarbeitenden sehen Innovation und Kreativität als wichtige Beiträge zur betrieblichen Weiterentwicklung an. Sie haben erkannt und schätzen, dass beide Faktoren mit Diversity zusammenhängen (Hierzu können Befragungen der Mitarbeitenden durchgeführt werden, um Messbarkeit zu erzeugen).
- Aufgrund der Vielfalt konnten neue Kundenkreise erschlossen werden. Möglicherweise gibt es neue Geschäftskontakte im Ausland. Kundinnen und Kunden geben ein positives Feedback (für die Messbarkeit können Befragungen eingesetzt werden). Vielleicht hat die Unternehmung bereits eine Anerkennung oder einen Preis hinsichtlich Diversity erhalten.
- Kennzahlen zeigen, dass Umsatz und Gewinn sich positiv entwickelt haben. Betriebliche Prozesse konnten vorangebracht werden, beispielsweise durch Simplifizierung, Systematisierung, Hinzufügung eines wichtigen Aspekts oder durch Digitalisierung. Es kann festgestellt werden, dass Vielfalt bei dieser Gesamtentwicklung eine Rolle spielte.
- Gezielte Weiterbildungsmaßnahmen wurden durchgeführt, zeigten Erfolge und werden konsequent weitergeführt (Durchführung und Planung können gemessen werden). Das Diversity-Management funktioniert unter dem Aspekt, dass es eine Anlaufstelle speziell für dieses Thema gibt (hierzu können anonyme Auswertungen erfolgen, z. B. zu der Frequentierung und den besprochenen Themen).
- Das Betriebsklima hat sich verbessert, Konflikte konnten reduziert werden.
- Fall es ein Qualitätsmanagement gibt, dann zeigt es regelmäßig die Prozessqualität, die Arbeitsqualität und damit die Produkt- bzw. Dienstleistungsqualität auf. Hier sollte sich aufgrund von Vielfalt und Diversity eine positive Entwicklung zeigen.

7.1.3 Unterstützung durch Schulungen und Weiterbildungsmaßnahmen

Um Mitarbeitende gut zu unterstützen, empfehlen sich individuelle Weiterbildungspläne. Was Diversität betrifft, so sollten sowohl die diversen wie auch die nicht-diversen Personen geschult werden. Zielsetzung ist immer, eine Betriebsatmosphäre zu schaffen, in der diverse Talente ganz selbstverständliche Mitglieder des Unternehmens sind und ihre besonderen Fähigkeiten und Kenntnisse eingebunden, genutzt und wertgeschätzt werden. Selbstverständlich besitzen auch nicht-diverse Mitarbeitende ihre besonderen Fähigkeiten, die ebenso behandelt werden.

Weiterbildungen zu Diversity orientieren sich daran, wo die Ziele, eine entsprechende Unternehmenskultur zu etablieren, noch nicht erreicht sind. Daher sind sie beim Aufbau eines diversen Unternehmens besonders wichtig. Die Möglichkeiten des Mentoring und Coaching, die ebenfalls hilfreich sind, wurden bereits besprochen.

Für ein erfolgreiches Diversity Management sind Trainings empfehlenswert, bei denen sowohl diverse wie nicht-diverse Menschen zusammenkommen. Hier kann erlebt und geschult werden, wie routinemäßiges Zusammenarbeiten von Menschen mit unterschiedlichen Attributen aussieht. Solche Maßnahmen sind individuell abzustimmen.

Bei dieser Art von Weiterbildungen ist Kommunikation immer ein wichtiger Faktor. Alle Beteiligten sollten lernen oder ihre Fähigkeit erweitern, respektvoll mit anderen zu reden und dabei jeweils die besonderen Gegebenheiten zu bedenken. Unterschiedliche Menschen haben unterschiedliche Vorstellungen von Höflichkeit. Es geht oft um das Austarieren von Nähe und Distanz. Im betrieblichen Zusammenhang ist es wichtig, dass die Kommunikation stimmig ist, damit die beruflichen Qualifikationen in Gänze zum Tragen kommen.

Es gibt viele Punkte, in die Diversity untergliedert werden kann und die in Schulungen und Weiterbildungsmaßnahmen bearbeitet werden können. Beispiele sind:

- Was bedeuten Gleichbehandlung und Inklusion in der praktischen Arbeit?
- Welche Vorteile bringt Diversity in die Unternehmung?
- Wie macht es sich bemerkbar, einer gesellschaftlich im Allgemeinen dominierenden oder einer diversen Gruppe anzugehören?
- Wie kann man mit unterschiedlichen Attributen sinnvoll umgehen?
- Wo gibt es Überschneidungen und Gemeinsamkeiten?
- Wie kann eine gute Zusammenarbeit zwischen diversen und nicht-diversen Mitarbeitenden aussehen?
- Wie kann eine wertschätzende Verständigung gewährleistet und damit Konfliktpotenzial verringert werden? (Kofa 2023)

Selbstverständlich können diverse Talente auch individuell geschult und weitergebildet werden. Aufgrund des hohen Stellenwerts von Kommunikation ist die Unterstützung bei der Anwendung der deutschen Sprache von großer Bedeutung. Das muss nicht nur

Spracherwerb im Sinne von Wortschatz und Grammatik bedeuten, es kann auch Kommunikationsstrategien betreffen, beispielsweise hinsichtlich der Gespräche innerhalb eines Kundenkreises oder Stärkung von kommunikativen Strategien, wenn die persönliche Diversität zur Sprache kommt. In diesem Themenspektrum gibt es viele externe Angebote, z. B. Seminare oder Kurse.

Fachliche Kenntnisse und Fähigkeiten zu fördern ist extern und intern möglich, und zwar für alle Mitarbeitenden. Hier machen diverse Menschen keine Ausnahme.

Für diverse Talente ist Training on the job eine gute Möglichkeit, sich die Fähigkeiten und Kenntnisse anzueignen, die der individuelle Arbeitsplatz erfordert, an dem die Wissensvermittlung und Einarbeitung direkt erfolgt. Sie wird von vielen Unternehmen beim Einstieg in den Beruf und beim Nachwuchs von Führungskräften angewandt. Für diverse Menschen ist sie wertvoll, weil ihre Einarbeitung sich vollständig auf sie einstellt. Sie können z. B. jede Art von Frage stellen, ohne dass es ihnen unangenehm sein müsste. Bei ihrer Einarbeitung entstehen oft ganz andere Fragenstellungen als bei nicht-diversen Personen.

Für diese Phase im Onboarding (Anfangszeit) sollte die Unternehmung entsprechend erfahrene und empathische Mitglieder wählen. Dann kann eine diverse Person sich in diesem Prozess sicher fühlen. Ihre Attribute spielen entweder keine Rolle oder werden als ganz selbstverständlich behandelt. Die einführende und begleitende Person nimmt sich bei der Arbeit immer mehr zurück, gibt Feedback und lässt den/die Trainee schließlich selbstständig arbeiten. Die Lernenden können sich so ihre Aufgabe systematisch erschließen und schrittweise mehr Verantwortung übernehmen (personio 2023).

Weiterbildungsmaßnahmen, die oft genutzt werden, sind das Übernehmen zusätzlicher Aufgaben, z. B. als Vorbereitung für einen Aufstieg, und Job-Rotation. Bei Letzterer wechseln Mitarbeitende ihren Arbeitsplatz und die damit zusammenhängenden Aufgaben für eine bestimmte Zeit (agentur-jungesherz 2021). Diese Maßnahme kann man gezielt einsetzen und dadurch diverse Talente fördern. So können sie einen anderen Aufgabenbereich kennenlernen und dadurch mehr Sicherheit gewinnen. Beispielsweise kann jemand eine Zeitlang eine Außendiensttätigkeit ausführen. Vor einer geplanten Umsetzung ist dieses Verfahren sehr empfehlenswert. Die Rotation ist etwas anderes als ein Cross-over, bei dem zwei Mitarbeitende beteiligt sind, die den Arbeitsplatz tauschen.

„Selbstorganisiertes Lernen" kommt immer mehr ins Gespräch. Dabei übernehmen die Lernenden eine große Eigenverantwortung, was Inhalte und Systematik betrifft. Das Motto lautet, dass Arbeitende am Arbeitsplatz lernen sollen (Blink 2020). Hinsichtlich des Voranschreitens der digitalen Anforderungen kann man davon ausgehen, dass Unternehmen sich dieser Weiterbildungsform stärker zuwenden.

Für diverse Menschen ist zu überlegen, ob die Methode empfehlenswert ist. Gerade sie sollte man nicht beim Weiterlernen allein lassen. Doch sie kann auch in manchen Situationen oder für spezifische Themen das Richtige sein. Das ist mit den diversen Talenten gemeinsam zu eruieren.

7.2 Förderung von Diversity in der Personalentwicklung

7.2.1 Berücksichtigung von individuellen Hintergründen und Bedürfnissen

Das Personalmanagement muss immer im Blick haben, wie die aktuellen und künftigen Stellenbesetzungen aussehen bzw. aussehen sollen. Weiterentwicklung bedeutet nicht nur Aufstieg auf der Karriereleiter. Auch eine Umsetzung kann zu einer erfolgreichen Weiterentwicklung führen, sowohl für die persönliche Kompetenzerweiterung der Mitarbeitenden wie für die Effektivität und den Umsatz des Betriebs. Hilfreiche Instrumente, um alles im Überblick zu behalten, sind

- regelmäßige Gespräche mit den Mitarbeitenden (z. B. Personalentwicklungsgespräche),
- aktuelle Stellenprofile (Stellenbeschreibungen sollten entsprechend regelmäßig evaluiert werden),
- eine mittel- und langfristige Strategie des Unternehmens, was seine Organisation betrifft.

In diese Planung fallen die Überlegungen, wer für eine Umsetzung oder Beförderung in Frage kommt. Dabei sollten die diversen Mitarbeitenden gut im Auge behalten werden. Grundsätzlich treten Attribute immer weiter in den Hintergrund, je transparenter und wertschätzender sich die Unternehmenskultur darstellt. Jedes einzelne Talent ist im optimalen Fall bestens in den Betrieb eingebunden. Das lässt sich meistens am Erfolg der Unternehmung ablesen. Trotzdem kann sich niemand auf seinem Erfolg ausruhen. Gerade Firmen mit großem Engagement bei Diversity sollten die Personalentwicklung bewusst gestalten. Es gibt folgende Faktoren, die in der Abteilung Human Resources immer im Blick sein sollten, die sich aber auch gut steuern lassen (Charta der Vielfalt 2023).

Eine Gruppe, die unter dem Gesichtspunkt Diversity oft vergessen werden, sind Menschen, deren soziale Herkunft einen eher niedrigen Bildungsstand aufweist. Das geht in der Regel einher mit relativ wenig Vermögen und kaum Zugang zu gesellschaftlichen gehobenen oder machtvollen Positionen. Die Mitglieder dieser Gruppe müssen sich oft mit einem Arbeitsplatz begnügen, bei dem sie ihre Fähigkeiten nicht entfalten können. Deshalb ist es gut, sie von Anfang an zu fördern. Oft kommen sie aus nicht-akademischen Familien.

Es besteht die Möglichkeit, bei Praktikantinnen und Praktikanten auf die soziale Herkunft zu achten und zu überprüfen, wo gute Anlagen zu erkennen sind. Man kann sie dann als Auszubildende einstellen. Innerhalb der Unternehmung kann man sie gut fördern, indem man sie in spezielle Projekte und Arbeitsgruppen einbindet.

Die Führungsebene kann Kontakt zu sozialen Einrichtungen oder Unternehmungen halten, die Menschen aus unterschiedlichen sozialen Schichten beschäftigen, und Möglichkeiten einer Zusammenarbeit nutzen. Auch der Ausbau von Netzwerken unter diesem Gesichtspunkt ist schon hilfreich.

Im Zeitalter des demografischen Wandels spielt das Alter der Mitarbeitenden eine immer größere Rolle. Eine Balance zwischen denen, die sich gut innovative Wege erschließen können, vor allem im digitalen Bereich, und denen, die auf viel praktische Erfahrung zurückgreifen können, ist wichtig. Deshalb sind generationenübergreifende Maßnahmen oft erfolgversprechend. Dabei finden sich jedoch unterschiedliche Einstellungen und Wertvorstellungen. Hier gilt es, eine respektvolle Atmosphäre zu gewährleisten. Besonders hilfreich ist es, wenn sowohl die jüngere wie auch die ältere Mitarbeiterschaft die Erfahrung macht, dass die jeweils andere Gruppe hilfreich ist. Dazu kann man auch Mentoring-Programme einsetzen.

Ein weiterer Gesichtspunkt, der stark in der gesellschaftlichen Diskussion ist (2023), ist die Gleichbehandlung aller Menschen unter dem Aspekt geschlechtlicher Identität. Immer noch entscheidet das Geschlecht oft darüber, wie Verantwortung und Ressourcen betrieblich verteilt sind. Kriterien sollten aber Kompetenzen und Fachwissen sein. Wenn ein bestimmtes Geschlecht die meisten guten Positionen besetzt und viel öfter im Fokus steht als andere, entsteht vor allem auf unbewusster Ebene die Tendenz, dieses Geschlecht auch in weiteren Bereichen zu bevorzugen und die anderen auszugrenzen. Es ist die Gefahr der unbewussten Voreingenommenheit (Unconscious bias) zu bedenken. Deshalb sollten Aufgaben nicht unter dem Gesichtspunkt des Geschlechts vergeben werden, und Gruppen sollten gemischtgeschlechtlich sein.

Zum Geschlecht selbst gibt es bislang noch keine zufriedenstellende allgemeine Definition. Viele Menschen bezeichnen sich unter anderem als transgender, intergender oder nicht-binär. Hier ist die Selbstdefinition der Betreffenden zu übernehmen.

In der Kommunikation ist es wichtig zu gendern, und zwar intern wie extern. Ein Unternehmen, das in seiner Öffentlichkeitsarbeit das generische Maskulinum verwendet, ist unter dem Punkt Diversity nicht glaubwürdig.

Bei der Bezahlung sollte selbstverständlich sein, dass gleiche Entlohnung für gleiche Arbeit gilt.

Auf der sozialen Ebene ist zu berücksichtigen, dass auch Männer Elternzeit oder Teilzeit beanspruchen können, ohne damit an Ansehen zu verlieren oder andere Nachteile im Job zu bekommen. Ebenso sollten gleichgeschlechtliche Elternteile in Elternzeit gehen können.

Die Berücksichtigung von individuellen Bedürfnissen ist auch bei der Beschäftigung von Menschen mit Behinderung wichtig. Es kann sich um körperliche, psychische und geistige Behinderungen handeln, aber auch um Lernbehinderungen. Menschen, die körperliche, kognitive oder verhaltensbezogene Merkmale zeigen, die sich von gewohnten, unreflektierten Erwartungen abheben, werden schnell unterschätzt und auch schnell ausgegrenzt. Hier hilft schon bei der Rekrutierung die Zusammenarbeit mit Berufsbildungswerken und der Agentur für Arbeit.

Ein Gleichstellungsbeauftragter oder eine Gleichstellungsbeauftragte sorgt in der Regel für die Kontakte. Das Personalmanagement sollte immer wieder überprüfen, ob Stellen für behinderte Mitarbeitende geeignet sind. Es gilt, die Arbeitsplätze an die Mitarbeitenden anzupassen und nicht umgekehrt. In jedem Fall ist Barrierefreiheit zu gewährleisten. Das gilt sowohl für die Fortbewegung wie für die Sprache. Rollstuhl fahrende und gehbehinderte Menschen sollten problemlos alle Stationen des Betriebs erreichen können (was in jedem Fall auch kundenfreundlich ist), und die Arbeitsplatzanweisungen und die wichtigsten Schriftstücke sollten auch in leichter Sprache vorliegen.

7.2.2 Entwicklung von interkultureller Kompetenz

Zu den wichtigsten Fähigkeiten, die in einer Unternehmung mit diversen Mitarbeitenden angewendet, gepflegt und entwickelt werden müssen, gehört die interkulturelle Kompetenz. Es ist nicht nur unter ethischen Gesichtspunkten eine Selbstverständlichkeit, Menschen mit anderen kulturellen oder ethnischen Wurzeln zu akzeptieren und mit ihnen auf Augenhöhe zusammenzuarbeiten, es ist auch unter dem Gesichtspunkt des Fachkräftemangels eine betriebswirtschaftliche Notwendigkeit, Inklusion auch auf interkultureller Ebene zu realisieren.

Interkulturelle Kompetenz setzt sich aus mehreren Komponenten zusammen. Die wichtigste sind (Crossculture-academiy 2023):

- Auf der affektiven Ebene sind Toleranz, Sensibilität und Empathie notwendig.
- Auf der kognitiven Ebene sind Kenntnisse über die Sprache, das Land und die Landeskultur wichtig.
- Auf der kommunikativen Ebene braucht man entsprechende Fähigkeiten, die auch Konfliktbewältigungsstrategien einschließen.

Zu den Schlüsselqualifikationen bei der Aneignung kultureller Kompetenz gehören Weltoffenheit, Flexibilität sowie Lernbereitschaft. Auch Anpassungsvermögen ist gefragt sowie die Fähigkeit, einen Perspektivenwechsel vorzunehmen. Bei allen Komponenten und Qualifikationen können sich Schnittmengen ergeben.

Grundsätzlich kommt kulturelle Identität nicht nur dadurch zustande, in einem bestimmten Land geboren zu sein. Sie wird vielmehr durch mehrere Faktoren wie Erziehung, Bildung, Alter, Geschlecht, Erfahrungen im Erwerbsleben, politische Ansichten und sexuelle Orientierung geprägt. Insofern beinhaltet interkulturelle Anerkennung auch immer Akzeptanz des Individuums.

Am Arbeitsplatz bedeutet interkulturelle Kompetenz, Mitarbeitende aus anderen Kulturkreisen in ihren Handlungs- und Ausdrucksweisen zu verstehen, mit ihnen angemessen zu kommunizieren und zusammenzuarbeiten. Diese Fähigkeit ist oft auch beim Zusammenwirken im weiteren betrieblichen Umfeld gefragt, vom Kundenkreis bis zu zuliefernden Betrieben.

Ein Aspekt, bei dem sich unterschiedliche kulturelle Normen bemerkbar machen, sind Begrüßungsrituale. Während man sich in europäischen Ländern gern die Hand schüttelt, stellt man sich in Japan und China mit einer Verbeugung vor. Doch auch hierbei ist noch eine Differenzierung festzustellen. Die Verbeugung ist in Japan viel tiefer. Für beide Kulturen gilt, dass die ranghöchste Person als Erstes zu begrüßen ist. Werden Visitenkarten überreicht, so geschieht das mit beiden Händen, weil das als respektbezeugend gilt. Direkte Blickkontakte vermeidet man eher.

In den USA gibt man sich kurz die Hand und wendet eine Floskel an („How are you?"). Eine echte Antwort wird nicht erwartet, vielmehr reicht ein „Good, thanks, and you?". In arabischen Ländern ist es für Männer üblich, Männern die Hand zu geben, aber nicht Frauen. Frauen geben nur Frauen die Hand (Arabische Verhaltensregeln 2023).

Weitere Verschiedenheiten gibt es bei der Frage, wie man sich beim Essen verhält. Was wird gegessen? Welche Themen dürfen beim Essen angesprochen werden? Wann ist Smalltalk gefragt (Crossculture-academy 2023)?

Natürlich gibt es auch innerhalb Europas verschiedene kulturelle Vorstellungen. So ist es für Menschen aus dem südlichen Europa selbstverständlich, bei einem Meeting nicht sofort mit der Tagesordnung anzufangen, sondern erst einige persönliche Worte zu wechseln und einen kleinen Smalltalk zu führen. Das geht mit der deutschen Vorstellung von Pünktlichkeit oft nicht konform.

Auch die Kleidung ist eine Frage von Kultur. Im geschäftlichen Kontext gilt in der Regel gute bis hochwertige Kleidung als angemessen. Doch die Frage, was angemessen bedeutet, kann kulturell unterschiedlich interpretiert werden.

Grundsätzlich kann man nach einer Studie die folgenden Kategorien einteilen, die den kulturell unterschiedlichen Umgang mit Werten aufzeigen (psychologie.springer 2018):

- Im Zusammenhang mit Umgangsformen gibt es verschiedene Standards, Regeln und Normen, unsichere oder unklare Situationen zu bewältigen. In der Praxis kann beispielsweise ein Meeting eine neue, also unbekannte Situation sein.
- Für bestehende Machtstrukturen und -positionen gibt es unterschiedliche Akzeptanz und entsprechend unterschiedlichen Widerstand.
- Die Einstellung zu Kollektiven ist kulturell sehr verschieden. Das betrifft Softskills wie Pflichtgefühl und Loyalität gegenüber der Gesellschaft, der Familie und dem Unternehmen.
- Auch die Definition, wer alles zur Familie gehört, ist unterschiedlich.
- Ob die Geschlechter gleichberechtigt sind, ist kulturell und ethnisch unterschiedlich.
- Die Beschäftigung mit Zukunftsstrategien und -perspektiven ist in verschiedene Gesellschaften unterschiedlich erwünscht und realisierbar.
- Es werden unterschiedliche moralische Anforderungen an die Mitglieder kultureller und ethnischer Gemeinschaften gestellt. Hier geht es um Werte wie Fairness und Humanität.
- Der Umgang mit Leistungsdenken ist verschieden. Leistung ist nicht in allen sozialen Gruppierungen erwünscht und wird nicht immer belohnt. Damit hängt auch zusammen, inwieweit Problemlösungsdenken gefördert wird. Aus der Einstellung dazu resultiert wiederum die Haltung zu der Frage, ob Innovationen gesellschaftlich gewünscht sind oder es eher Bestrebungen gibt, sie zu verhindern.

Verschiedene mögliche Verhaltensweisen innerhalb eines Kollektivs führen zu Frage-stellungen. Welche Handlungen gelten als angemessen? Inwieweit und von wem wird bei-spielsweise dominantes Verhalten als Mittel der Durchsetzung akzeptiert oder sogar geschätzt?

Interkulturelle Kompetenz zu entwickeln bedeutet mindestens zu wissen, dass es sol-che Unterschiede gibt. Sie im Unternehmen zu etablieren bedeutet, das Verhalten von In-dividuen auf diesen Hintergründen verstehen und einordnen zu können.

Für alle Mitarbeitenden muss sichergestellt sein, dass demokratische Grundregeln gel-ten – seien sie diverse Talente oder nicht. Gleichberechtigung und Gleichbehandlung sind unverhandelbare Werte.

7.2.3 Aufbau von Netzwerken und Austauschmöglichkeiten

Das Nutzen von Netzwerken war schon im Rekrutierungsprozess ein Thema. Sie sind auch in der Personalentwicklung ein wichtiger Punkt, wenn diverse Talente unterstützt und gefördert werden sollen.

Ein Netzwerk besteht aus einer begrenzten Zahl aus Teilnehmenden, die untereinander Beziehungen pflegen. Das Networking selbst funktioniert, indem zunächst ein Netzwerk aufgebaut und dann auch gepflegt wird. Ein Netzwerk tendiert dazu, sich zu erweitern, da jeder Kontakt neue Kontakte erzeugen kann (agile-sales 2019).

Unternehmen sollten für ihre Mitarbeitenden interne Netzwerke ermöglichen. Das kann unter den verschiedensten Gesichtspunkten geschehen, von Teilzeitmitarbeitenden über werdende Mütter oder Väter im Erziehungsurlaub bis zu Menschen mit Migrations-hintergrund. Selbstverständlich ist Diversity keine Voraussetzung für ein Netzwerk. Alle Mitarbeitenden sind gleichermaßen gefragt. Das Personalmanagement behält jedoch den Überblick und hat selbstverständlich jederzeit Einblick. Dabei ist es gut, wenn es von sich aus Netzwerke anregt, die diverse Talente ansprechen. Die Initiierung der einzelnen Netz-werke wird mit der Personalabteilung zusammen vorgenommen. Dies vermittelt der Mit-arbeiterschaft, dass die Leitung Engagement – auch für Diversity – schätzt.

Das Ziel eines Netzwerks ist, sich gegenseitig auszutauschen und zu unterstützen. Des-halb ist es für Menschen mit gleichen Attributen (z. B. ein Herkunftsland oder eine se-xuelle Orientierung) oder in vergleichbaren Situationen (z. B. Mütter oder Väter) gut ge-eignet. Sie haben unter einem bestimmten Aspekt vergleichbare Erfahrungen und Heraus-forderungen und können über ihre individuellen Lösungsstrategien und Erfolge berichten. Solche sozialen Netzwerke sollen das Betriebsklima verbessern und die Mitarbeiterschaft enger zusammenbringen.

Netzwerke führen oft dazu, dass Mitarbeitende sich über Hierarchieebenen hinweg besser kennenlernen. Im Idealfall entstehen Netzwerke, in denen sich diverse Menschen mit unterschiedlichen Attributen zusammenfinden. Dadurch entwickelt sich eine Unter-nehmenskultur auch unter dem Aspekt weiter, dass das Unternehmen Lernprozesse be-grüßt, die auf Kommunikation und Verständigung basieren.

Ein Netzwerk kann auch Hobbys und Freizeit betreffen. Eine Möglichkeit ist Sport, eine andere Kochen. Dabei haben Mitarbeitende die Gelegenheit, sich im informellen Rahmen kennenzulernen, was die Akzeptanz von Diversity fördert. Im nicht-beruflichen Kontext können sich bestimmte Fähigkeiten deutlich zeigen, die im beruflichen Kontext dann eher gesehen, gefordert und höher geschätzt werden.

Grundsätzlich nutzen viele diverse Menschen außerbetriebliche Netzwerke, die ihnen weiterhelfen. Eine Unternehmung kann sie unterstützen, indem sie z. B. intern darüber informiert. Das kann vom Hinweis auf dem Schwarzen Brett bis zur ausführlicheren Darstellung im internen Newsletter auf allen Kommunikationskanälen geschehen.

Die Teilnahme an Netzwerken ist grundsätzlich freiwillig. Wer sich an einem beteiligt, sollte sicher sein, dass seine Beiträge wertgeschätzt werden. Deshalb ist es gut, dass es eine Ansprechperson für jede betriebsinterne Netzwerkgruppe gibt, die auf Offenheit, gute Umgangsformen und eine vertrauensvolle Atmosphäre achtet. Idealerweise ist sie gleichbedeutend mit der, die das Netzwerk mit ins Leben ruft. Absprachen mit dem Personalmanagement vor Implementierung sind also wichtig. Ein adäquater Rahmen für Netzwerke ist entscheidend, damit sie zu einem konstruktiven Innovationsfaktor werden.

Die Unternehmung kann auch externe Netzwerke aufbauen. Für kleine und mittlere Unternehmen ist das eine gute Möglichkeit, sich zusammenzuschließen, um beispielsweise Qualifizierungsmaßnahmen zu planen und durchzuführen. Insbesondere im Hinblick auf die Förderung von diversen Mitarbeitenden können hier Synergieeffekte erzeugt werden, etwa mit gemeinsamen Veranstaltungen wie Workshops (Kofa 2023).

Der Aufbau eines Netzwerks gehört zu den langfristigen Projekten, wenn Diversity gefördert wird. Gleichzeitig liegt es in der Natur dieses Kommunikationsweges, dass die Tendenz zur Ausweitung besteht. Je mehr Menschen sich beteiligen, desto mehr Verständigung besteht unter den Mitarbeitenden.

Zusätzlich zum Networking ist es gut, nicht-digitale, direkte Austauschmöglichkeiten bereitzustellen. Natürlich muss die Leitung hierbei überlegen, wie die Arbeitszeit damit vereinbart werden kann. Wenn es flexible Arbeitszeiten gibt, können Mitarbeitende sich auch einmal nach ihrem Feierabend treffen. Ein ansprechender Ort wäre ideal. Schon angeglichene Öffnungszeiten der Kantine helfen weiter. Denkbar ist auch, ein Zeitkontingent bei Meetings vorzusehen, in dem ein Austausch über Diversity-Themen erfolgt.

Die Ansprechpersonen der internen Netzwerk-Gruppen animiert man am besten, von Zeit zu Zeit ein physisches Treffen zu vereinbaren. Bei geeigneten Themen kann das Unternehmen dafür Räumlichkeiten zur Verfügung stellen.

7.3 Inklusion in der Talententwicklung

7.3.1 Barrieren abbauen und Chancengleichheit schaffen

Chancengleichheit bedeutet in der Praxis oft, Barrieren abzubauen. Dies zu tun, gilt es im wörtlichen wie im übertragenen Sinn. Für körperbehinderte Menschen sollte es keine physischen Hindernisse geben. Das ist oft nicht einfach umzusetzen. Vor allem Rollstuhl fahrende Personen brauchen barrierefreien Zugang zum Haupteingang sowie zu allen Etagen, was einen Aufzug erfordert. Ebenso benötigen sie adäquate Toilettenräume. Hier nachzurüsten kann kostspielig werden. Deshalb ist es für Unternehmungen, die auf Diversity Wert legen, günstig, sich von vorneherein in Lokalitäten anzusiedeln, die diese Bedingungen erfüllen.

In den Büros sollten Schreibtische, Schreibtischstühle und Hilfsmittel zur Verfügung stehen, an und mit denen Menschen mit Schwerbehinderung arbeiten können. Die Agentur für Arbeit fördert die Aus- und Weiterbildung sowie die Beschäftigung von Menschen mit Behinderung finanziell, um Chancengleichheit zu unterstützen. Hier lohnt sich das Einholen von Informationen bei der zuständigen örtlichen Behörde (Arbeitsagentur 2023).

Eine nicht-physische Barriere stellt sprachliches Unverständnis dar. Wenngleich nonverbale Kommunikation einen großen Anteil an der Verständigung insgesamt hat, so ist doch die Sprache selbst das wesentliche Medium, mit dem Menschen sich austauschen. Eine Unternehmung sollte stets im Auge behalten, dass sprachliche Missverständnisse so gut wie möglich vermieden werden, und kommunikative Teilnahme aller an innerbetrieblichen Prozessen gewährleisten. Das kann eine längere Entwicklung bedeuten. In diesem Fall ist sie als mittel- oder langfristiges Ziel in den Maßnahmenkatalog für Diversity aufzunehmen.

Um sprachliche Kompetenz zu fördern, sind oft Schulungs- und Weiterbildungsmaßnahmen erforderlich. Es ist jedoch auch eine Überlegung wert, ob man Englisch als Unternehmenssprache einführt, insbesondere, wenn alle Mitarbeitenden hier Basiskenntnisse besitzen. Dann kann man diese Sprache systematisch schulen. Gleichzeitig werden diverse Menschen, die eine andere Muttersprache sprechen, nicht benachteiligt. So entsteht sprachliche Chancengleichheit.

Zurzeit (2023) ist gesellschaftlich im Diskurs, dass es in Deutschland 7,5 Mio. Menschen gibt, die nicht oder nur unzureichend lesen und schreiben können (die-bonn 2023). Deshalb sind sie hauptsächlich als ungelernte Arbeitskräfte tätig. Analphabetismus sagt aber als Phänomen allein nichts über Lernfähigkeit aus. Unternehmen sind gefragt zu überlegen, inwieweit sie einen Beitrag zur Alphabetisierung leisten können. Wenn eine Beschäftigung nicht möglich ist, ist vielleicht die Beteiligung an gesellschaftlichen Maßnahmen möglich.

Sprachliche Barrieren treten auch oft subtiler auf (Personalwirtschaft 2023). Dabei können auch nicht-diverse Menschen betroffen sein, die eher introvertiert oder weniger selbstbewusst sind. Treffen diese Eigenschaften mit Diversity zusammen, so ist besonderer Wert auf den Abbau von kommunikativen Schranken zu legen. Eine dominante, ausgrenzende und von Hierarchie geprägte Sprache steht Diversity entgegen. Vor allem Menschen, die Gruppen leiten, sollten ihre Sprache immer wieder reflektieren und gegebenenfalls anpassen. Respektvolle und adäquate Sprache fördert ein empathisches Miteinander innerhalb des Kollegiums.

Ein Beispiel ist die gendergerechte Sprache. Neben dem generischen Maskulinum, bei dem es schon einer gewissen Aufmerksamkeit und Übung bedarf, um es zu vermeiden, gibt es zahlreiche frauenfeindliche Redewendungen und Sprichwörter, die im allgemeinen Sprachgebrauch verankert sind. Um die Klippen einer jahrhundertelang maskulin geprägten Sprache zu umschiffen, ist immer wieder Reflexion nötig. Schnell entstehen Sätze wie „In manchen Staaten grenzen die Menschen ihre Frauen aus", wobei es heißen müsste „In manchen Staaten grenzen die Männer die Frauen aus". Jedoch ermöglicht eine gute Fehlerkultur, dass auf sprachlichem Gebiet Lernprozesse gemacht werden.

Für die interne Kommunikation sollte gelten, dass maximale Transparenz herrscht. Die Mitarbeitenden sind deshalb im Idealfall über alle Maßnahmen und auch die kleinen Schritte, die Diversity im Unternehmen entwickeln, kontinuierlich auf dem Laufenden zu halten. Ein Beispiel sind Hinweise auf der Website, wenn es eine Neuerung unter dem Gesichtspunkt Diversity gibt. Alles, was Mitarbeitende auch auf niedrigschwelligem Niveau zur Inklusion beitragen können, ist schon ein guter Grund, es zu kommunizieren.

Für Chancengleichheit sorgen auch Gesprächskreise. Je nachdem, wie viele diverse Talente der Unternehmung angehören, kann man zwei Settings von Gesprächsrunden pflegen. Einmal eins, in dem sich Vertretende aller diversen Attribute zusammenfinden, und zum zweiten eins, das den Vertretenden eines einzelnen diversen Elements angeboten wird. Wer jeweils die Gruppenleitung übernimmt, bedarf einer sorgfältigen Überlegung. Oft ist eine externe fachkundige Anleitung im Sinne eines Coachs eine gute Wahl, damit die Mitarbeitenden den Mut aufbringen, ihre individuellen Bedürfnisse in einer vertraulichen Atmosphäre zu äußern. Grundlegende Ergebnisse sollten mit dem Personalmanagement kommuniziert werden.

Die Zeitschrift Capital hat sich ebenfalls mit Chancengleichheit beschäftigt. Eine Barriere, die auch Chancengleichheit verhindert, stellt demnach immer noch eine starre Arbeitszeit dar. Diversity in Unternehmungen verträgt sich nicht gut mit einer Kultur, in der es darum geht, wer am längsten und härtesten arbeitet. Vielmehr sollten klare Ziele und die Ergebnisse Kriterien für den Erfolg sein. Kreativität und auch Produktivität wird nicht dadurch gefördert, dass sie innerhalb immer gleicher Zeiten unbedingt zu realisieren sind. Ebenso wenig steigt die Wertschöpfung automatisch mit der Anzahl der Arbeitsstunden. Auch die Möglichkeit, im Home-Office zu arbeiten, ermöglicht vielen Mitarbeitenden, ihre Leistung optimal einzubringen, darunter berufstätigen Müttern. An Meetings muss nicht mehr zwingend physisch teilgenommen werden. Ein gemeinsamer Channel reicht aus, um Informationen weiterzugeben. Alle wichtigen Entscheidungen digital zu dokumentieren, sollte ein Grundsatz sein. So bleiben alle Mitarbeitenden auf dem Laufenden (Capital 2021).

Neben einer flexiblen Arbeitszeit ist das Angebot von Teilzeit eine Diversity-fördernde Maßnahme. Teilzeit ist nicht nur für Eltern eine gute Möglichkeit, Privatleben und Job zu vereinbaren. Viele diverse Menschen möchten sich gern privat weiterbilden und brauchen dafür Zeit.

Ebenso sollte eine Unternehmung Sabbaticals gewähren. Sie ermöglichen sowohl eine zusammenhängende Weiterbildung wie auch eine längere Reise. Beides kommt diversen Menschen entgegen. Manche Auslandsaufenthalte in der Heimat lohnen sich erst ab einigen Wochen.

Um Arbeitszeiten flexibel zu gestalten, braucht das Personalmanagement zu jeder Zeit einen guten Überblick über die Zusammensetzung der Teams und die Stellenprofile sowie Mitsprachemöglichkeiten im Hinblick auf die Organisationsstrukturen.

7.3.2 Schaffung eines unterstützenden Umfelds für die individuelle Entwicklung

Um diverse Talente erfolgreich in eine Unternehmung zu inkludieren, ist es erstrebenswert, dass sie sich wertgeschätzt fühlen. Dazu trägt ein offenes und unterstützendes Umfeld bei. Jede einzelne Person soll das Gefühl haben, ihre Fähigkeiten und auch ihre Persönlichkeit einbringen zu können.

Gerade beim Aufbau von Diversitätsstrukturen ist es nötig, diverse Menschen ausdrücklich willkommen zu heißen. Das bedeutet, dass eindeutige Richtlinien gegen Diskriminierung und Belästigung am Arbeitsplatz formuliert werden sollten (Shiftbase 2023). Sie sollten intern und extern transparent gemacht werden. Das Bekenntnis des Unternehmens zu Diversity sollte nicht nur Geschäftspartnerinnen und Geschäftspartnern sowie Kundinnen und Kunden geläufig sein, sondern auch zuliefernden Betrieben sowie Verbänden, Vereinen und weiteren relevanten Einrichtungen auf mindestens kommunaler und regionaler Ebene. Das schafft ein sicheres Umfeld für die diversen Talente.

Das Berufen auf Gesetzestexte ist das Mindeste, aber für die Glaubhaftigkeit nicht ausreichend. Das Unternehmen sollte sein Engagement mit klaren Worten ausdrücken. Das schafft eine elementare Vertrauensbasis für diverse Mitarbeitende. Niemand muss dann z. B. unangemessene Bilder oder unangenehme Witze fürchten.

Ein gutes Arbeitsumfeld ist sicher, zufriedenstellend und unterstützend. Studien zeigen, dass Mitarbeitenden drei Dinge besonders wichtig sind, nämlich (Experteer 2023)

1. eine interessante Tätigkeit,
2. Anerkennung für ihre geleistete Arbeit und
3. die Information über die wichtigsten Dinge und Ereignisse, die das Unternehmen betreffen.

Das gesamte Umfeld bei der Arbeit trägt dazu bei, dass Mitarbeitende zufrieden sind. Das betrifft den Arbeitsplatz selbst mit seiner Einrichtung, die Zusammensetzung des Teams, die Betriebsatmosphäre und die Unternehmenskultur. Ebenso ist ein regelmäßiges Feedback wichtig.

Für das unmittelbare Arbeitsumfeld können neben ergonomischen Büromöbeln auch kleinere Dinge wie eine Lampe, die hell genug ist, oder ein Ventilator für heiße Tage eine große Rolle spielen. Es sollte immer wieder aktiv nachgefragt werden, was diverse Mitarbeitende sich wünschen, denn das kann individuell völlig verschieden sein.

In Bezug auf die Kommunikation schafft es ein unterstützendes Umfeld, wenn die Mitarbeitenden oft beim Namen genannt werden. Vorgesetzte sollten ohnehin so viele Mitarbeitende wie möglich persönlich anreden können, auch über Hierarchieebenen hinweg.

Rituale schaffen Sicherheit und Vertrauen. Das gilt auch bei betrieblichen Abläufen. Schon kleine Rituale tragen zum Schaffen eines unterstützenden Umfelds bei. Teamleiter und Teamleiterinnen können etwa zu einem gemeinsamen Mittagessen motivieren, z. B. einmal pro Monat. Regelmäßigkeit im Sinne eines Jour fix unterstützt die Vertrauensbildung. Es spricht auch nichts gegen eine gemeinsame Pause für einige Minuten, um sich gemeinsam im Freien die Beine zu vertreten oder einmal ums Haus zu gehen. Das sind kleine Unterbrechungen, die der Produktivität keinen Abbruch tun, aber das Gefühl von Gemeinsamkeit entwickeln und stärken. Gerade die Gewissheit der Dazugehörigkeit trägt wesentlich dazu bei, dass alle Mitarbeitenden sich individuell entfalten und ihre Talente entwickeln können. Darüber hinaus fördern solche kleinen Erholungen von der Routinearbeit oft die Kreativität und Motivation, und das gegenseitige Vertrauen wird gestärkt. Wer Neid und Missgunst fürchten muss, wird zwangsläufig in seiner Entwicklung behindert. Wer ausgegrenzt oder gar gemobbt wird, muss seine Kompetenzen oft unterdrücken.

Gemeinsamkeiten nach Feierabend stärken das Gemeinschaftsgefühl und damit ein unterstützendes Umfeld für die einzelnen Mitarbeitenden. Viele Menschen lieben Spiele. Von einem Besuch der Kegelbahn bis zu einem Spieleabend sind viele Möglichkeiten denkbar. Es ist immer gut, wenn leitende Mitarbeitende sich hier beteiligen. Das fördert die Sicherheit, dass sie angesprochen werden dürfen. Solche Erfahrungen überträgt man schnell auf berufliche Situationen.

Eine der stärksten Antriebskräfte im Arbeitsalltag ist die Motivation. Deshalb ist Feedback so wichtig. Gerade diverse Mitarbeitende sollten immer wieder durch positive Rückmeldungen motiviert werden. Persönliche Wertschätzung steigert die Motivation. Oft sind es kleine Dinge, die Anerkennung ausdrücken, zum Beispiel die Gratulation zum Geburtstag. Ein unterstützendes Umfeld kann man mit einfachen Mitteln fördern, indem man motivierende Wohlfühl-Faktoren bedenkt.

Einer Umfrage zufolge (Barmer 2022) gehören dazu:

- kostenlose Getränke vom Arbeitgebenden,
- ein gutes Maß an Teamarbeit,
- Pflanzen in den Büroräumen,
- guter Kaffee,
- ansprechende Raumgestaltung und
- kleine Aufmerksamkeiten.

Die Bedeutung dieser scheinbaren Kleinigkeiten wird von Unternehmen häufig unterschätzt. Der Job ist für Arbeitnehmende ein wichtiger Bestandteil ihres Lebens, sie verbringen viele Stunden am Arbeitsplatz. Sie identifizieren sich mit ihrer Tätigkeit und suchen Erfüllung darin. Deshalb ist ihnen eine positive Gestaltung ihres Arbeitsumfelds sehr wichtig.

Als weitere Faktoren für ein gutes betriebliches Umfeld wurden genannt:

- gutes Arbeitsverhältnis zu Kolleginnen, Kollegen und Vorgesetzten,
- flexible Arbeitszeiten,
- guter Kontakt zu Mitarbeitenden auch nach Feierabend und
- Gesundheitsförderung.

Alle diese Faktoren können auch unter dem Aspekt Diversity umgesetzt werden. Vielleicht möchten diverse Mitarbeitende lieber guten Tee anstelle von Kaffee, möglicherweise bevorzugen sie bestimmte Pflanzen, oder sie haben spezielle, möglicherweise kulturell geprägte Vorstellungen zu Treffen nach Feierabend. Solche Dinge sind nicht schwer zu berücksichtigen und können viel bewirken.

Einige Unternehmen, darunter viele christliche, haben einen Raum der Stille eingerichtet, in den man sich für einen kleinen Zeitraum zurückziehen kann. Wenn man dem Beispiel folgt, richtet man ihn so ein, dass er religionsunabhängig ist.

7.3.3 Förderung von Selbstvertrauen und Selbstreflexion

Selbstvertrauen ist eine wesentliche Eigenschaft, um den Anforderungen in der Arbeitswelt standhalten zu können. Das gilt in besonderem Maße für diverse Menschen, die ja neben den routinemäßigen physischen, psychischen und kognitiven Anforderungen auch noch stabil im Hinblick auf ihre Diversität sein müssen. Das amerikanische Wörterbuch „Merriam webster" liefert eine differenzierte Definition von Selbstvertrauen (merriam-webster 2023). Demnach handelt es sich dabei um „ein Gefühl oder das Bewusstsein der eigenen Stärke ebenso wie um das Vertrauen in die eigenen Fähigkeiten".

Hier kommt zum Ausdruck, dass sowohl emotionale und wie kognitive Faktoren eine Rolle spielen. Selbstvertrauen kann als Gefühl im Vorbewussten verbleiben oder zu einer klaren Vorstellung im Bewusstsein eines Individuums existieren. Arbeitgebende sollten bestrebt sein, diversen Arbeitnehmenden den Prozess vom bloßen Gefühl zum Bewusstsein von Selbstvertrauen zu erleichtern bzw. ihn zu unterstützen. Das Gleiche gilt für das Vertrauen in die eigenen Fähigkeiten.

Zum Selbstvertrauen gehört Authentizität. Das bedeutet, das eigene Wertsystem zu akzeptieren und es im Zweifelsfall verteidigen zu können. Gleichzeitig sollte Selbstvertrauen sich nicht zu Arroganz steigern. Es gilt, ein gesundes Mittelmaß zwischen Durchsetzungsvermögen und Bescheidenheit zu finden (diversityjobgroup 2023). Selbstvertrauen und Selbstreflexion hängen also zusammen. Hier stellt sich für diverse Talente im Hinblick auf ihre besonderen Attribute eine zusätzliche Herausforderung.

Um ein angemessenes Selbstvertrauen entwickeln, aber auch Selbstreflexion zulassen zu können, sind Entscheidungsprozesse hilfreich. Diversen Mitarbeitenden sollte immer hinreichend klar sein, dass sie bei ihrem Aufgabenbereich Verantwortung tragen und Entscheidungen treffen. Arbeitsbedingungen und Unternehmenskultur tragen dazu bei, ein gesundes, d. h. adäquates Selbstvertrauen zu entwickeln. Gleichzeitig muss Selbstreflexion über getroffene Entscheidungen und deren Auswirkungen möglich sein. Hier ist eine offene Fehlerkultur von großer Bedeutung.

Bei Fehlern sollte im Vordergrund stehen, die Umstände, die dazu geführt haben, analytisch zu beleuchten und Strategien für zukünftige Vermeidung zu entwickeln. Das Zuweisen von Schuld wäre kein gutes Personalmanagement. Wer einen Fehler gemacht hat, trägt zwar die Verantwortung, doch es geht im weiteren Verlauf darum, die Betrachtung auf die Ursachen und die Veränderungsmöglichkeiten zu richten. Im Blick auf Fehler einen kausalen Zusammenhang zu einem diversen Attribut herzustellen, wäre fatal und das Gegenteil von Inklusion. Diverse Menschen sollten die Sicherheit haben, dass das nicht geschieht. Dann ist schon vieles für ihr Selbstvertrauen und ihre Fähigkeit zur Selbstreflexion getan. Das fördert auch ihr Vertrauen darin, Sachverhalte und Herausforderungen kommunizieren zu dürfen, sei es in ihrem Team oder gegenüber Vorgesetzten. Diverse Talente sind immer wieder zu ermutigen, von sich aus den Austausch zu suchen.

Gute Möglichkeiten, das Selbstvertrauen diverser Mitarbeitender zu stärken, ist, sie aktiv in Maßnahmen und Projekte einzubeziehen. Wenn auf der Website Diversity als Unternehmensprinzip dargestellt wird – was der Fall sein sollte –, so kann man immer wieder unterschiedliche diverse Menschen in die Darstellungen einbinden. Monatelang nur einige und immer dieselben diversen Menschen bei denselben Tätigkeiten zu präsentieren, wäre keine gute Öffentlichkeitsarbeit. Wechsel sind wichtig und erzeugen Glaubwürdigkeit und Authentizität.

Des Weiteren sollten immer wieder unterschiedliche diverse Mitarbeitende externe Aktivitäten der Unternehmung begleiten, beispielsweise Besuche bei Universitäten. In Newslettern kann man diverse Menschen vorstellen oder sie bei einem bestimmten Projekt zeigen. Neue Mitarbeitende sollten ohnehin innerhalb der internen Kommunikationskanäle vorgestellt werden, und dabei möglichst selbst zu Wort kommen, wenigstens in Form von Zitaten. Bereits solche vermeintlich kleinen Beiträge steigern das Selbstvertrauen.

Selbstverständlich fördern Selbstvertrauen und Selbstreflexion auch die vielen Maßnahmen, die bereits angesprochen wurden. Dazu zählen gezieltes Mentoring und Coaching, individuell abgestimmte Schulungen, die Motivation zur Teilnahme an internen Netzwerken und Gespräche in unterschiedlichen Kontexten. Zeitweiser Seitenwechsel bei Arbeitsplätzen gehört ebenfalls dazu. Schon Wahrnehmung bzw. Kenntnis, dass nicht-diverse Mitarbeitende hinsichtlich Diversity geschult werden, lässt das Selbstvertrauen diverser Personen steigen.

Erfolgsgeschichten erzählen gehört zur Öffentlichkeitsarbeit von Unternehmen. Diverse Menschen sollten systematisch und geplant Subjekte bei jeder Form von story telling sein. Im besten Fall geben Mitarbeitende und dabei selbstverständlich auch diverse Personen bei Darstellungen immer wieder ein gutes Vorbild ab. Wenn Marketing- und Werbekampagnen laufen, sind diverse Talente einzubeziehen.

Natürlich ist es auch für nicht-diverse Mitarbeitende nötig, adäquates Selbstvertrauen zu besitzen. Auch bei ihnen kann der Fall eintreten, dass es gestärkt werden muss. Was die

Selbstreflexion betrifft, so ist sie ebenfalls für nicht-diverse Mitarbeitende gefragt, und zwar mindestens hinsichtlich ihrer Einstellung zu Menschen mit besonderen Attributen und dem eigenen Beitrag, Diversity im Unternehmen zu fördern und zu unterstützen. Diverse Talente zu fördern, bedeutet niemals, nicht-diverse Talente zu vernachlässigen. Dieser möglichen Gradwanderung muss sich jedes Personalmanagement stellen.

Literatur

agentur-jungesherz 2021, JOB ROTATION – DEFINITION, VORGEHENSWEISE UND PRAXIS, abgerufen 28.05.2024, https://www.agentur-jungesherz.de/hr-glossar/job-rotation-definition-vorgehensweise-und-praxis/

Agile-sales 2019, NETWORKING IM UNTERNEHMEN 2019, abgerufen 28.05.2024, https://www.agile-sales-company.de/blog/netzwerken-im-unternehmen

Arabische Verhaltensregeln 2023, Business-Knigge für arabische Länder, abgerufen 28.05.2024, https://www.business-wissen.de/artikel/arabische-verhaltensregeln-business-knigge-fuer-arabische-laender/

Arbeitsagentur 2023, Förderung von Menschen mit Behinderungen, abgerufen 28.05.2024, https://www.arbeitsagentur.de/unternehmen/finanziell/foerderung-menschen-mit-behinderungen

Barmer 2022, Arbeitsmotivation: Was motiviert Berufstätige in ihrem Job?, abgerufen 28.05.2024, https://www.barmer.de/firmenkunden/gesund-arbeiten/gesundheit-im-beruf/arbeits-motivation-1056836

Blink 2020, Wie vermittelst du Mitarbeitern selbstorganisiertes Lernen, abgerufen 28.05.2024, https://www.blink.it/blog/mitarbeitern-selbstorganisiertes-lernen-vermitteln

Capital 2021, Wie Unternehmen jetzt für mehr Chancengleichheit sorgen können, abgerufen 28.05.2024 https://www.capital.de/karriere/wie-unternehmen-jetzt-fuer-mehr-chancengleichheit-sorgen-koennen

Charta der Vielfalt 2023, Was man tun kann, abgerufen 28.05.2024, https://www.charta-der-vielfalt.de/fuer-arbeitgebende/vielfaltsdimensionen/soziale-herkunft/

Crossculture-academiy 2023, Interkulturelle Kompetenz – warum überhaupt? (Definition, Beispiele, Modelle), abgerufen 28.05.2024, https://crossculture-academy.com/interkulturelle-kompetenz/

Die-bonn 2023, Alphabetisierung, abgerufen 28.05.2024, https://www.die-bonn.de/doks/2013-al-phabetisierung-01.pdf

diversityjobgroup 2023, Inklusion und Vertrauen in der Arbeitswelt, abgerufen 28.05.2024, https://diversityjobgroup.ch/inklusionund-vertrauen/

Experteer 2023, So schaffen Sie ein zufriedenes Arbeitsumfeld 2023, abgerufen 28.05.2024, https://www.experteer.de/magazin/management-skills-so-schaffen-sie-ein-zufriedenes-arbeitsumfeld/

Kofa 2023, DiversityManagement.pdf, abgerufen 28.05.2024, https://www.kofa.de/personalarbeit/unternehmenskultur/diversity-management/

merriam-webster 2023, self-confidence, abgerufen 28.05.2024, https://www.merriam-webster.com/dictionary/self-confidence

Personalwirtschaft 2023, Wie muss HR kommunizieren, um DEI im Unternehmen zu verankern? Abgerufen 28.05.2024, https://www.personalwirtschaft.de/news/hr-organisation/wie-muss-hr-kommunizieren-um-dei-im-unternehmen-zu-verankern-156593/

Personio 2023, Training on the job: Vorteile, Methoden und Voraussetzungen, abgerufen 28.05.2024, https://www.personio.de/hr-lexikon/training-on-the-job/

psychologie.springer 2018, Kulturelle Unterschiede und interkulturelle Kompetenz, abgerufen 31.10.2023, https://lehrbuch-psychologie.springer.com/sites/default/files/atoms/files/webexkurs_fichter_kulturelle_unterschiede_und_interkulturelle_kompetenz.pdf

Shiftbase 2023, Diversity am Arbeitsplatz: Stärke dein Unternehmen, abgerufen 28.05.2024, https://www.shiftbase.com/de/blog/diversity-am-arbeitsplatz

Praktische Herausforderungen und Lösungen

8

8.1 Umgang mit Vorurteilen und Stereotypen

8.1.1 Bewusstseinsbildung

Vorurteile und Stereotype gegen diverse Menschen beruhen auf Einstellungen, die sich gegen Andersdenkende und auch Andershandelnde mehr oder weniger radikal abgrenzen. Dabei steht nicht die Frage im Raum, ob diese Menschen etwas tun, was anderen schadet. Es geht lediglich darum, dass sie von bestimmten Vorstellungen, wie Personen zu sein und wie sich zu verhalten haben, abweichen. Deshalb handelt es sich um Diskriminierung. Vorurteile fragen nicht danach, ob z. B. Aussehen, eine religiöse Einstellung oder die (nicht-)Zugehörigkeit zu einem Geschlecht tatsächlich schädliche Auswirkungen haben. Dann würden sie sich selbst aufheben, denn man erkennt schnell, dass solche Zuschreibungen absurd sind. Vorurteile schreiben aufgrund von Attributen, aus denen man objektiv nichts ableiten kann, den Menschen mit diesen Merkmalen ungerechtfertigt Eigenschaften zu. In den meisten Fällen handelt es sich um negative Eigenschaften.

Wenn Unsicherheit darüber besteht, ob Vorurteile herrschen, ist ein Test hilfreich. Es gibt dafür mehrere Angebote.

Eine grundlegende Maßnahme gegen Vorurteile und Stereotype ist Aufklärung. Hier kommt Unternehmungen in der westlichen Welt entgegen, dass Aufklärung in säkularen Staaten einen hohen Stellenwert genießt.

Rollenbilder sind oft tief verankert. Um Diversity zu leben, ist es wichtig, sie aufzubrechen. Dazu kann das Personalmanagement bewusst jede Entscheidung auf dem Hintergrund hinterfragen bzw. treffen, ob es solche Vorstellungen bei sich selbst verankert hat, und dem entsprechend entgegenwirken. Zugleich sollte die Unternehmensleitung immer

C. A. De Brabandt, B. Schemmel, *Chefsache Hyper-diverse Teams*, Chefsache, https://doi.org/10.1007/978-3-658-45343-5_8

wieder über aktuelle – wissenschaftliche und praxisbezogene – Erkenntnisse aufklären, z. B. mit Artikeln im internen Newsletter. Sie kann auch externe Referierende einbeziehen. Die folgenden Themen sind immer noch aktuell (Synergie-durch-vielfalt 2023).

- **Frauen**. Es gibt einen gesellschaftlichen Druck, Frauen stärker am Erwerbsleben zu beteiligen. Doch oft beschränkt er sich auf den allgemein formulierten Begriff „Frauenförderung" und legt die Auslegung nahe, dass Defizite von Frauen aufgehoben werden müssten. Doch nicht die Frauen haben Defizite, sondern es bestehen Defizite bei ihrer Einbeziehung in die Arbeitswelt. Tatsächlich sind Frauen zu ca. 46 % erwerbstätig, doch nahezu drei Viertel in Teilzeit.

  Ein Beispiel für ein Bild, dem entgegenzuwirken ist, besteht darin, dass eine Frau typischerweise im Vorzimmer, aber nicht auf dem Chef(innen)sessel sitzt. Die Vereinbarkeit von Beruf und Familie, die oft für Frauen gefordert wird, ist nur ein Faktor, der zuweilen sogar stereotype Rollenverteilungen zwischen Frauen und Männern begünstigen kann.

  Stärker einzubeziehen ist die Frage, welche Motivationen Frauen dazu bringen können, ihre Karriere besser voranzutreiben. Förderlich sind strukturelle Faktoren, z. B. die Gewährleistung von Kinderbetreuung, aber auch das Durchbrechen geschlechtsspezifischer Denkmuster. Beispielsweise liegen bei Frauen oft Qualifikationen vor, die bei der Auswahl für Beförderungen vernachlässigt werden. Zuweilen liegt das mit daran, dass Frauen in Teilzeit arbeiten.
- **Alter**. Der zweite Faktor, über den Aufklärung erfolgen sollte, ist das Alter. Ab Mitte der 2020er-Jahre ist damit zu rechnen, dass ca. 40 % der Erwerbstätigen zwischen 30 und 50 Jahren alt sein wird und weitere 40 % älter. Die verbleibenden Erwerbstätigen werden 30 Jahre und jünger sein. Es ist also nötig, verkrustete Vorstellungen aufzubrechen. Dazu gehört der oft vorhandene Glauben, nur junge Menschen wären stark, leistungsfähig und geistig fit. Das Zusammenwirken von jüngeren und älteren Menschen sollte gefördert werden.

  Ältere Arbeitnehmende verfügen meistens über ein umfassendes Fachwissen und bleiben in stressigen Situationen souverän. Jüngere und ältere Arbeitnehmende können sich gut ergänzen. In den USA wurde das erkannt. Dort gibt es eine Kampagne mit dem Titel „Hire your mom", die dazu aufruft, ältere Frauen einzustellen, weil sie zuverlässig, belastbar und fleißig sind (HAZ 2023). Auch die Entlohnung ist zu überdenken. Dass Gehaltserhöhungen automatisch an fortschreitendes Alter gekoppelt werden, muss nicht der alleinige Grund für bessere Bezahlung sein. Hier könnte auch Leistung als Kriterium gelten.
- **Interkulturelle Fragen.** Interkulturelle Faktoren stehen in der Gesellschaft immer wieder zur Diskussion. In Deutschland hatten 25 % der Bevölkerung im Jahr 2018 einen interkulturellen Hintergrund. Dazu zählt man sowohl ausländische Menschen wie auch solche mit Migrationshintergrund. Hinzu kommen die Nachkommen aus Familien mit Migrationshintergrund wie auch eingebürgerte Menschen und Spätaussiedlerinnen und Spätaussiedler.

Es gibt mittlerweile viele Betriebe, die belegen, dass eine multikulturelle Belegschaft den Umsatz steigert und Entwicklungsprozesse voranbringt. Doch interne Bedenken sind oft noch durch Aufklärungsarbeit abzubauen. Interkulturelle Kompetenzen werden durch die Globalisierung immer notwendiger. Es entstehen immer mehr internationale Teams (allein schon auf virtueller Ebene).

- **Behinderungen.** Mittlerweile gibt es auf gesellschaftlicher Ebene den Begriff der Inklusion. Er steht für das selbstverständliche Einbezogensein aller Menschen in soziale Prozesse. Verschiedenheit sollte als Normalität gelten. Doch ursprünglich bahnten sich mit dem Wort „Inklusion" Menschen mit Behinderung den Weg in die öffentliche Wahrnehmung. Gerade für sie ist Aufklärung oft besonders wichtig. Eine körperliche Beeinträchtigung darf nicht dazu führen, dass man sie ignoriert, bagatellisiert oder auf defizitäre kognitive Fähigkeiten schließt. Menschen mit Behinderung sind oft besonders motiviert, erwerbstätig zu sein und Leistung zu erbringen. Kleinwüchsige Menschen sind immer noch nur deshalb nicht erwerbstätig, weil Unternehmen es nicht schaffen, ihnen angemessene Arbeitsmittel zur Verfügung zu stellen.

Auch andere Beeinträchtigungen führen häufig noch zu Vorurteilen. Beispiele sind Legasthenie und Dyskalkulie. Beide stellen eine Schwäche in einem Bereich dar, sagen aber nichts Grundlegendes über Intelligenz und Leistungsfähigkeit aus. In Deutschland sind ca. 12 % der Bevölkerung von einer der beiden Beeinträchtigungen betroffen. Ferner gibt es Menschen mit einer Lernbehinderung. Auch für sie sollte sich ein Arbeitsplatz finden lassen. In der Regel fühlen sie sich bei immer gleichbleibenden, überschaubaren Tätigkeiten wohl. Hier liegt die Aufklärungsarbeit darin, dass es keinen Grund gibt, deshalb auf sie herabzublicken. Ihre Leistung ist nicht minder wertschöpfend.

Dass ein Unternehmen, welches Wert auf Diversity legt, bei der Beschäftigungsrate die gesetzliche Mindestquote von 5 % Menschen mit Behinderung erfüllt, sollte selbstverständlich sein.

Daneben gibt es Menschen, die über eine besondere Begabung verfügt – die Inselbegabung. Eine Inselbegabung zeichnet sich durch ein hervorragendes Erinnerungsvermögen aus und weist dazu oft noch besondere Talente oder Fähigkeiten auf (socialnet 2020). Da autistische Menschen in der Regel nicht den üblichen Anforderungen entsprechen, was Kommunikation betrifft, werden sie häufig unterschätzt. So ist die Fähigkeit, die Sprache zielgerichtet einzusetzen, oft eingeschränkt, weshalb das Nutzen von Bildern sinnvoll ist. Weiterhin reagieren sie nicht in vollem (im Allgemeinen erwarteten) Umfang auf Kontaktangebote und Aufforderungen, weil sie mit der Geschwindigkeit und Quantität von verbalen Äußerungen oft überfordert sind. Sarkasmus, Ironie und Metaphern verstehen sie nicht (autistenhilfe 2023). Doch ihre besonderen Skills können in einem Betrieb in einem speziellen Bereich von Vorteil sein.

- **Sexuelle Orientierung.** Die sexuelle Orientierung ist die Diversity-Dimension, die in der Öffentlichkeit am wenigsten diskutiert wird. Sie ist immer noch tabuisiert. Die Menschen, die sich gesellschaftlich in dieser Hinsicht benachteiligt fühlen, benötigen ein gutes Arbeitsklima, und die Aufklärung über die Gleichwertigkeit von Menschen aller sexuellen Orientierungen ist auch in Unternehmen nötig. Diese Mitarbeitenden sollten nicht zu einer Doppelrolle gezwungen werden. Auch sie sollten beispielsweise die Fotos ihrer Liebsten auf ihren Schreibtisch stellen und von ihren Beziehungen und Urlauben ganz zwanglos berichten dürfen. Zudem sind homosexuelle Mitarbeitende oft deshalb für Unternehmen wichtig, weil homosexuelle Menschen eine ganze Kundengruppe darstellen.

Zurzeit (2023) ist die Frage im gesellschaftlichen Diskurs, welche Toilettenräume anzubieten sind. Es besteht noch keine Klärung und noch keine gesetzliche Regelung.

- **Religion und Weltanschauung.** Aufklärung sollte ein Unternehmen auch in Sachen Religion und Weltanschauung betreiben. Sie werden oft unter dem Gesichtspunkt Kultur subsumiert, doch das deckt nicht alle Aspekte ab. Vor allem religiöse Überzeugungen können sich auf andere Bereiche auswirken, z. B. auf das Sozialverhalten. Zugleich können sie mit besonderen Bedürfnissen verbunden sein, beispielsweise Zeiten und Räume für religiöse Rituale.

Religionen und Weltanschauungen sind ein besonders sensibler Bereich. In der Regel gehören sie zu den wichtigsten Ressourcen für motiviertes Handeln. Sie sollten nicht als Bedrohung angesehen werden, sondern als Form von Wissen, Erfahrung und Überzeugung. Deshalb ist die Unterrichtung über verschiedene Richtungen im Unternehmen wichtig. In Deutschland gehören ca. 36 % der Bevölkerung keiner Konfession an. Weitere ca. 29 % der Menschen sind einer christlichen Kirche zugehörig und 4 % dem Islam. Es werden jedoch weitere Religionen und Weltanschauungen gepflegt, darunter der Buddhismus.

Für Unternehmen stellt es im Allgemeinen einen Lernprozess dar, Aufklärungsarbeit als Teil ihres Aufgabengebiets zu sehen. Doch es zahlt sich aus.

8.1.2 Diversity-Schulungen

Schulungen sind Veranstaltungen, in denen eine Materie nicht nur allgemein, sondern auch im Detail erläutert wird. Dazu kommt die aktive Beteiligung der Teilnehmenden. Eine rein rezeptive Aufnahme von Stoff ist pädagogisch nicht sinnvoll. Nicht nur mitdenken, auch mithandeln sorgt dafür, dass der Lerneffekt erhalten bleibt. Anders als die Aufklärungsarbeit, die die kognitive Ebene der Mitarbeitenden anspricht und mit Informationen abgedeckt werden kann, sollte in Schulungen und Workshops immer auch die emotionale Intelligenz gefordert sein.

Die Industrie- und Handelskammern, aber auch andere Organisationen bieten nicht nur Schulungen und Workshops, sondern auch Materialien an. Besonders effektiv sind Gruppen mit diversen und nicht-diversen Teilnehmenden.

Schulungen und Weiterbildung waren bereits Thema. Hier soll darüber hinaus einmal ein möglicher Ablauf exemplarisch vorgestellt werden, und zwar anhand von interkulturellem Lernen (IKUD Seminare 2023).

1. Im ersten Schritt wird eine kritische Handlung vorgestellt, in der interkulturelle Begegnungen eine Rolle spielen. Die Teilnehmenden beobachten den Vorgang. Dann stellen sie ihre eigenen Wahrnehmungen und Interpretationen vor.

2. Danach erfolgt der Austausch über die verschiedenen Interpretationen. Hierdurch kommen neue Perspektiven in die Diskussion. So wird die Situation aus verschiedenen Blickwinkeln betrachtet, und die Wahrnehmung des Dargestellten kann erweitert oder verändert werden.

3. Es folgt die Reflexion der verschiedenen Aspekte, die zu unterschiedlichen Interpretationen führten. Hierbei kommen verschiedene kulturelle Gegebenheiten und deren Folgen explizit zur Sprache. Notwendige Ergänzungen werden vorgenommen. Die neuen Erkenntnisse werden dargestellt.

Lernziele können beispielsweise sein: einen unreflektierten Bewertungsprozess zu hinterfragen, die eigenen kulturellen Standards zu überdenken und die eigenen Erwartungen in interkulturellen Situationen zu reflektieren und/oder zu verändern.

8.2 Schaffung einer inklusiven Arbeitskultur

8.2.1 Führungskräfte als Vorbilder

In einem Unternehmen, das Diversity als selbstverständlichen Bestandteil ansieht, ist es unentbehrlich, dass die Führungsebene die entsprechende Haltung nicht nur unterstützt, sondern auch einfordert und vorlebt.

Es sollte also selbstverständlich sein, dass beispielsweise Mitglieder der Leitung in Teilzeit arbeiten, im Rollstuhl sitzen, weiblich sind oder einer gesellschaftlichen Minderheit angehören.

Gleichzeitig sollte eine klare Haltung erkennbar sein, sowohl intern wie auch extern. Die Positionierung zu Vielfalt als Wert an sich sowie zu den Vorteilen von Diversity für die Unternehmung stärkt allen Mitarbeitenden den Rücken. So kann man sich an lokalen Aktivitäten und Veranstaltungen beteiligen, die Organisationen oder Einrichtungen durchführen. Ein Beispiel sind Bündnisse für Weltoffenheit oder einzelne Initiativen zu Fairness, Vielfalt, Inklusion und Ähnliches. Aber auch die Unterstützung deutschlandweiter Aktionen ist denkbar (Charta der Vielfalt 2023).

Das Unternehmen sollte sich immer wieder an Wettbewerben und Foren teilnehmen, bei denen es um Inklusion und Diversity geht, z. B. für Best practice.

In jedem Fall sollte die Leitung eine Selbstverpflichtung zu Diversity formulieren und öffentlich machen, die Vielfalt als gesellschaftliche Notwendigkeit. Ziel wie auch als Gewinn für die Unternehmung kommuniziert. Je nach Unternehmen ist zudem eine moralische (oder auch christliche) Begründung sinnvoll. Diese Darstellung kann mit Mitarbeitenden zusammen erarbeitet und zu einem späteren Zeitpunkt evaluiert werden. Es ist gut, dabei präzise Ziele zu benennen und mit den infrage kommenden Abteilungen abzusprechen. Beispiele sind (Kofa 2023):

Das Unternehmen plant einzustellen:

- Personen mit Behinderung
- Auszubildende mit Migrationshintergrund
- ältere Arbeitnehmende
- andere diverse Talente

Das Unternehmen plant, in den nächsten Jahren

- flexiblere Arbeitszeitmodelle einzuführen,
- ein wertschätzendes Miteinander zu fördern (z. B. durch Schulungen und Workshops) und
- ein Mentoring-Programm zu installieren.

Für solche Planungen empfehlen sich Meilensteile sowie die sorgfältige Analyse der finanziellen Ressourcen und der personalwirtschaftlichen Situation. Vor allem sollten unbedingt der zeitliche Rahmen sowie konkrete Zahlen genannt werden. Zum Beispiel:

- eine Person mit Behinderung innerhalb der nächsten zwei Jahre
- zwei Auszubildende mit Migrationshintergrund innerhalb des nächsten Jahres
- Mindestens eine/n Mitarbeitende/n ab 50 in den kommenden 18 Monaten

Kommunikation gehört zu den wichtigsten Faktoren. Besonders zur Implementierung, aber auch zur Aufrechterhaltung und Pflege von Diversity sind abteilungsübergreifende Meetings ein hilfreiches Instrument. Deshalb sollen die Führungskräfte mit den einzelnen Abteilungen (deren Leitung sowie deren Mitarbeitenden) in regelmäßigem Kontakt stehen. Alle Mitarbeitenden sollten dazu motiviert werden, ihr Bestes zum Erreichen der Ziele beizutragen (Kofa 2023).

Das Verhalten der Führungsriege sollte zu jeder Zeit Vorbildcharakter haben. Für eine offene Selbstreflexion, die man auch gut annehmen kann, ist es sinnvoll, von Zeit zu Zeit eine Supervision durchzuführen.

Für leitende Mitarbeitende sind im Hinblick auf Diversity Fragestellungen hilfreich. Beispiele sind:

- Zollen wir regelmäßig Lob und Anerkennung für die Arbeitsleistung unter Berücksichtigung diverser Mitarbeitender?
- Fordern wir aktiv Beiträge der Mitarbeitenden für Diversity ein?
- Sorgen wir für ein positives, Diversity akzeptierendes und förderndes Betriebsklima?
- Sind die Beziehungen zwischen den Führungskräften und den Mitarbeitenden von Vertrauen geprägt?
- Macht die Leitung ihre Entscheidungen transparent, auch unter dem Aspekt von Diversity?

Der Mindset der Leitung wirkt sich immer auf das gesamte Betriebsklima aus. Ein konstruktiver Umgang mit Fehlern ist ein Punkt, der zu einem guten Arbeitsklima beiträgt. Gleichermaßen sollte eine grundsätzliche Offenheit gegeben sein.

Auch Sorgen und Ängsten müssen die Mitarbeitenden Ausdruck verleihen dürfen. Eine Möglichkeit dafür ist eine „Ideen- und Sorgenbox". Sie kann physisch wie eine Art schwarzes Brett installiert werden oder virtuell zur Verfügung stehen. Hier dürfen alle Mitarbeitenden Herausforderungen ansprechen. Auch Feedback sollte eingeplant werden.

8.2.2 Förderung des Austauschs und der Zusammenarbeit

Für eine gute Zusammenarbeit und den Austausch untereinander ist es wichtig, dass gegenseitiges Verständnis unter den Mitarbeitenden herrscht. Ebenso ist von Bedeutung, dass die Einzelnen zufrieden sind. Viele Themen, die diverse Menschen betreffen, sollten selbstverständlich im Betriebsablauf, in Leitpapieren und Checklisten integriert sein. Ziel ist es, Diversity zur Selbstverständlichkeit zu machen und Hinterfragen immer mehr in den Hintergrund zu rücken. Die Leitung kann dafür einiges tun (Charta der Vielfalt 2023).

Auf der Ebene des Personalmanagements empfiehlt es sich, Ansprechpersonen für Mitarbeitende bereitzustellen. Falls dafür keine eigenen Stellen geschaffen werden können, besteht die Möglichkeit, das Aufgabengebiet geeigneten Mitarbeitenden zuzuordnen. Dabei kann es sich um ein umfassendes Spektrum handeln, das alle diversen Menschen betrifft. Es kann aber auch differenziert werden. So kann es beispielsweise Gleichstellungsbeauftragte (mit dem Gebiet Gleichstellung der Geschlechter), Disability-Manager (mit dem Gebiet Behinderung) oder Beauftragte für Diversity (für alle diversen Menschen) geben.

Es kann auch eine betriebliche Beschwerdestelle eingerichtet werden, damit auch nicht-diverse Mitarbeitende eine Möglichkeit für Aussprache, Anregungen und möglicherweise Veränderungen haben. Zudem kann man eine allgemein zugängliche Feedback-Box einrichten, die auch anonyme Beiträge ernst nimmt. Ein Feedback-Gespräch entfällt hierbei.

Bei der Organisation der Arbeitszeit gilt es, verschiedene religiöse und kulturelle Feiern zu beachten. Mitarbeitende brauchen u. U. an bestimmten Tagen Urlaub. Ein interkultureller Kalender ist ein gutes Hilfsmittel für die Planung. Zusätzlich eignet sich ein öffentlicher Diversity-Kalender, der internationale Tage anzeigt, an denen Vielfalt gefeiert wird. An ihnen bieten sich betriebliche Veranstaltungen dazu an (agentur-jungesherz 2021).

Menschen mit Behinderung brauchen vor dem Gebäudekomplex einen reservierten Parkplatz. Für Mitarbeitende mit Kindern oder pflegebedürftigen Familienmitgliedern ist es wichtig, flexible Arbeitszeiten zu haben. Optimal ist eine Kinderbetreuungsstätte vor Ort. Ein Anteil an Home-Office fördert die allgemeine Zufriedenheit.

Bei Kampagnen sollten diverse Menschen immer beteiligt sein, von einer Werbeaktion über Arbeitsgruppen bis zur Beteiligung an Wettbewerben oder regionalen Aktivitäten. Erfolge wie Auszeichnungen und Preise, aber auch schon allein die Teilnahme kann die Öffentlichkeitsarbeit an vielen Stellen präsentieren.

Für die Kommunikation der Mitarbeitenden eignen sich Leitfäden, etwa zur gendergerechten Sprache. Dazu, wie auch zur deutschen Sprache allgemein, bieten sich auch Kurse an. Abteilungs- und hierarchieübergreifende Gesprächsrunden zum Thema Diversity können innerhalb oder außerhalb der Arbeitszeiten stattfinden.

Intern gilt es, die Vermeidung von Vorurteilen und Stereotypen nicht nur zu fordern, sondern bei Auftreten auch sofort aktiv einzugreifen. Insbesondere Führungskräfte müssen dazu immer auf dem neuesten Stand sein. Es gibt aufgrund der modernen Medien ständig neue Begriffe, die zu hinterfragen sind. Die Leitung sollte gute Kommunikationsstrategien beherrschen, aber auch in Bezug auf Inhalte beispielsweise zu kulturspezifischen Themen aktuell informiert sein.

Die Kantine ist ein wichtiger Ort, nicht nur der Versorgung, sondern auch der Begegnung. Verschiedene Menschen brauchen verschiedene Essensangebote, darunter vegan, vegetarisch, koscher, halal und auch Gerichte aus anderen Ländern bzw. Kulturkreisen. Es kann Wochen des „vegetarischen, afrikanischen etc." Essens geben.

Grundsätzlich stellt ein gutes Gesundheitsmanagement ein bewährtes Mittel dar, um Zusammengehörigkeitsgefühl und Teamfähigkeit zu fördern – abgesehen davon, dass es auch den Krankheitsstand senkt. Die Möglichkeiten reichen von Zuschüssen zu gesundheitsfördernden Kursen bis zur betriebseigenen Sporthalle bzw. einem Fitnessraum.

Eine gute Möglichkeit ist die Aktion „Lunch & Learn". Das ist ein Lernformat, das die innerbetriebliche Weiterbildung und Kommunikation fördert. Man kann es regelmäßig durchführen, z. B. alle zwei Monate. Dabei lädt die Leitung Mitarbeitende über Mittag zu einer kurzen Veranstaltung ein. Die Mittagspause zu erweitern ist hilfreich. Der Betrieb kann das Essen an diesem Tag zur Verfügung stellen, oder die Mitarbeitenden bringen es sich mit. Eine kurze Präsentation gibt einen kurzen, präzisen Einstieg, dann folgt eine Diskussionsrunde. Kurze, klare Themenstellungen sind für diese Maßnahme optimal. Für die Aktion eignen sich andere Räume als die Kantine, etwa ein Veranstaltungsraum. Da es eine Maßnahme in der Mittagspause ist, muss die Teilnahme freiwillig sein (akademie 2022).

Hier soll noch einmal erwähnt werden, dass die Job-Rotation eine hervorragende Maßnahme ist, um gegenseitiges Verständnis zu fördern. Dabei ist zu überlegen, vor allem Maßnahmen zwischen diversen und nicht-diversen Menschen zu durchzuführen. Man kann sie abteilungs- und geschäftsübergreifend verwirklichen und bei entsprechenden Geschäftsbeziehungen sogar auf internationaler Ebene.

8.2.3 Konfliktlösungsstrategien für diverse Teams

Grundsätzlich kann ein Unternehmen Konfliktpotenzial sowohl durch ein gutes, offenes Betriebsklima wie auch mit Gesprächsformen auf mehreren Ebenen (die bereits besprochen wurden) so niedrig wie möglich halten. Bei Konflikten kann auch zunächst die jeweilige zuständige Ansprechperson versuchen, ihn zu beheben, z. B. die/der Beauftragte für Diversity. Grundsätzlich sind Mentoring und Coaching eine Möglichkeit für die einzelnen Personen, die unter einem Konflikt mit einer anderen leiden. Die Unternehmung kann auch zum Instrument der anonymen Mitarbeiterbefragung greifen, um sich von Zeit zu Zeit einen Überblick über mögliche Konfliktpotenziale zu verschaffen und rechtzeitig einzugreifen. Trotzdem sind Konflikte nicht immer vermeidbar.

Konflikte ergeben sich häufig aus immer wieder auftretenden Meinungsverschiedenheiten, wodurch die Fronten sich oftmals verhärten und angemessene Kommunikation beeinträchtigt wird. Für solche Fälle bieten sich zwei Möglichkeiten an, nämlich zum einen die Kollegiale Fallberatung als betriebsinterne Maßnahme und zum anderen die Mediation, für die eine externe zertifizierte Person als Leitung gewählt werden sollte.

Eine bewährte Methode für Konfliktbewältigung ist die Mediation. Das gilt für private Vorkommnisse ebenso wie für betriebliche. Hierbei handelt es sich um ein vertrauliches und strukturiertes Verfahren. Die Vorgehensweise eignet sich bei Konflikten einerseits zwischen gleichberechtigten Mitarbeitenden und andererseits zwischen Mitarbeitenden und Führungspersonen.

Ziel ist es, eine einvernehmliche und zufriedenstellende Lösung für die Konfliktparteien zu finden, und zwar durch Kommunikation. In jedem Fall muss garantiert sein, dass die Mediation unabhängig und neutral ist. Das ist eine unabdingbare Voraussetzung (Wirtschaftslexikon 2023). Man sollte daher eine für Mediation zertifizierte Person engagieren (und sich nicht mit einer begnügen, die lediglich eine Fortbildung ohne Zertifikat vorweist). Am besten ist eine externe Fachkraft geeignet. Personen, die dem Betrieb angehören, könnten – wenn auch unbewusst – voreingenommen sein.

Die die Mediation anleitende Person sorgt dafür, dass beide Parteien gleichermaßen Verständnis erhalten. Das angestrebte Ziel besteht darin, dass die Konfliktparteien ihre Standpunkte schließlich gegenseitig wenigstens akzeptieren und im Idealfalle nachvollziehen können oder sogar verstehen. So kann eine Lösung gefunden werden, die für beide Seiten mindestens akzeptabel und im besten Fall zufriedenstellend ist. Eine Mediation sollte nie mit einer verlierenden Partei enden, sondern eine Win-Win-Situation erzeugen. Für Mediation gibt es ein Gesetz (Mediationsgesetz, BGBl I vom 21.07.2012, S. 1577). Darin ist Verschwiegenheit vorgeschrieben.

Aufgrund seiner Unparteilichkeit kann der Mediator/die Mediatorin zwischen den Personen vermitteln. Die Teilnahme an dem Prozess ist grundsätzlich freiwillig. Sie erfordert, dass die Beteiligten sich auf sachlicher, wie auf emotionaler Ebene darauf einlassen, eine gute Lösung für sich und den anderen/die andere zu finden.

Themenbereiche im Betrieb sind oft interkulturelle und generationsübergreifende Komplikationen. Bei unterschiedlichen Kulturen (und auch Religionen) treffen häufig verschiedene Identitätsgefühle aufeinander. Gründe sind in vielen Fällen verschiedene Interpretationen von:

• Normen und Sitten
• sprachlichen Gepflogenheiten
• Gebräuchen und Traditionen
• dem Gefühl von Zeit

- dem Gefühl von Ehre
- der Auffassung von Angemessenheit bei Handlungen

Bei Konflikten zwischen älteren und jüngeren Mitarbeitenden geht es oft um die Würdigung von Alter und Lebenserfahrung sowie um den respektvollen Umgang. Ebenso spielt eine Rolle, dass jüngere Menschen sich nicht hinreichend akzeptiert und in ihrer Kompetenz gesehen fühlen (bmev.de 2023).

Bei Differenzen, die Führungskräfte mit Untergebenen haben, ist die Kollegiale Fallberatung ein empfehlenswertes Instrument. Hier handelt es sich um ein selbstgesteuertes Coaching, das auf freiwilliger Basis erfolgt. Der Austausch ist auf eine Problematik hin zielgerichtet. Man stellt ein Team aus vier bis fünf Personen aus der gleichen führenden Hierarchieebene zusammen, das idealerweise interdisziplinär besetzt ist, und legt eine moderierende, eine fallgebende und die beratende Person bzw. beratenden Personen fest. Die zeitliche Vorgabe sollte bei 60 bis 90 min liegen.

Die fallgebende Person trägt ihre Problematik vor, beispielsweise die Schwierigkeit einer mitarbeitenden Person, sich in ihrem Team anzupassen oder eine neue Aufgabe zu übernehmen. Die Beratenden tragen nun aufgrund ihrer eigenen Erfahrungen Lösungs- und Handlungsmöglichkeiten vor. Die fallgebende Person erhält ein Feedback.

Bei diesem Verfahren sind gegenseitiges Vertrauen und die Vereinbarung von Vertraulichkeit grundlegende Voraussetzungen. Die fallgebende Person muss für neue Lösungsansätze offen sein, und die Beratenden müssen mit ihr und ihrem Problem respektvoll und empathisch umgehen. Gelingt das, so bietet diese Methode eine kostengünstige und auch zeitnahe Lösung von Konflikten. Die Teammitglieder können zudem ihren eigenen Führungsstil reflektieren und professionalisieren (gotscharek-company 2023).

8.3   Performance Management

8.3.1   Zielvereinbarungen

Um Diversity im Unternehmen grundlegend und langfristig anzulegen, sind Zielvereinbarungen für die verschiedensten Bereiche eine gute Orientierung. Darin ist festzuhalten, welchen Anforderungen man sich stellt, welche Veränderungen das mit sich bringt und was man erreichen will. Die Bewertung, was in einem bestimmten Zeitraum erreicht wurde, erfolgt im zweiten Schritt (vgl. nächstes Kapitel).

Die Grundlage der Zielvereinbarung ist eine Analyse des Ist-Zustands, der in einen Soll-Zustand übergehen soll. Sie beginnt damit, in welchen Abteilungen welche diversen Personen eingestellt werden sollen. Hierbei sind auch Versetzungen zu bedenken. Für das Onboarding (Ankommen im Unternehmen) sollte eine Zielsetzung sein, Richtlinien bzw. eine Checkliste festzulegen und einzuhalten. Dazu zählen Begrüßungsschreiben an neue Mitarbeitende, deren Einführung durch eine kompetente Person oder ein kompetentes

Team und die abteilungsübergreifende Vorstellung in der Unternehmung. Ebenso sollte das Offboarding (Ausscheiden) von Mitarbeitenden, soweit es vorhersehbar ist, gesteuert werden. Selbstverständlich ist es wertschätzend zu gestalten.

Es ist eine Herausforderung, Diversity als Selbstverständlichkeit im Betriebsalltag zu etablieren. Eine Zielvereinbarung sollte sein, das Diversity Management in das Tagesgeschäft einzubeziehen und ihm den nötigen Stellenwert einzuräumen. Dazu ist ein gutes Zeitmanagement nötig.

Das Einbeziehen von Diversity innerhalb der verschiedenen Gesprächsarten ist ein weiterer Punkt für Zielsetzungen. So kann etwa das Besprechen Diversity-bezogener Erfahrungen für ein Personalentwicklungsgespräch verbindlich festgelegt werden. Auch das Recht der diversen Mitarbeitenden, eine Ansprechperson vertraulich konsultieren zu dürfen, ist eine Zielvorgabe.

Weiterbildungs- und Unterstützungsmaßnahmen (beispielsweise Schulungen, Workshops, Mentoring und Coaching) sind grundsätzlich als Zielsetzung festzulegen. So weit wie möglich sind die Personen den Maßnahmen zuzuordnen, um eine zeitliche Planung möglich zu machen. Auch die Mitarbeitenden müssen sich darauf einstellen können. Eine Person, die speziell (ausschließlich oder zusätzlich) mit Weiterbildung und Ähnlichem beauftragt ist, ist eine gute Hilfestellung.

Das Betriebsklima soll von einer wertschätzenden Atmosphäre geprägt sein. Dazu kann man die entsprechenden Maßnahmen festlegen (u. a. Regeln für den Sprachgebrauch, Einbeziehen diverser Mitarbeitender in Aktionen und Arbeitsgruppen, Darstellung von diversen Mitarbeitenden in der Öffentlichkeitsarbeit).

Die Teilnahme an Aktivitäten aller Art zu Diversity gehört zur Planung der Ziele. In Deutschland gibt es beispielsweise den „Diversity-Tag“, an dem sich zahlreiche Medien beteiligen. Dabei stehen der Abbau von Diskriminierungen aller Art und die Förderung von Chancengleichheit im Vordergrund.

Eine wichtige Zielsetzung betrifft die wirtschaftliche Weiterentwicklung des Unternehmens. Wenn möglich, sollte es die Produktpalette unter dem Gesichtspunkt Diversity ausdehnen. Für viele entsprechende Artikel gibt es bereits einen Markt, sodass Chancen auf Erweiterung des Kundenkreises bestehen.

Ebenso sollen die Stakeholder immer wieder aufgefordert und motiviert werden, Diversity zu unterstützen. Stakeholder sind alle Personen, Gruppen und Institutionen, die mit den Aktivitäten eines Unternehmens direkt oder indirekt zu tun haben. Dazu zählen neben dem Kundenkreis unter anderem Handelspartner/Handelspartnerinnen, Lieferbetriebe, administrative Einrichtungen wie die öffentliche Verwaltung, Kapitalgeber, Vereine, Verbände und andere Vereinigungen, darunter auch politische. Auch eine stärkere Wertschöpfung ist ein Ziel, das zu Diversity passt. Weitere Vorhaben beziehen sich darauf, bei Ausschreibungen die Lieferbetriebe zu bevorzugen, die sich für Diversity einsetzen.

Die Leitungsebene kann sich bei der Kommunikation zur Zielsetzung machen, sich regelmäßig mit anderen Unternehmen über die Erfahrungen auszutauschen und Netzwerke zu erweitern.

Grundsätzlich ist es gut, Zielvereinbarungen so weit wie möglich zu operationalisieren. Dabei legt man überschaubare konkrete Schritte innerhalb eines Zeitabschnitts fest. So wird die Umsetzung erleichtert und besser überschaubar. Nach Ablauf erfolgt die Evaluierung.

8.3.2 Bewertungen

Um zu beurteilen, ob bzw. wie weit die Ziele, Diversity umzusetzen, erreicht wurden, müssen Bewertungen erfolgen. Hierfür ist ein systematisches Controlling die beste Lösung. Wo immer es möglich ist, sollte es Kennzahlen geben, damit eine möglichst objektive Messung erfolgen kann. Eine gute Unternehmenskultur verfügt über eine ganze Reihe von Kennzahlen, weil sie Datenmaterial darüber liefern, wie der Stand ist und wo nachgebessert werden müsste. Beispiele aus dem Personalmanagement sind Krankheitsdauer und Beschäftigungszeiten im Unternehmen.

Zur Bewertung der Verläufe kann man die folgenden Kriterien heranziehen (Charta der Vielfalt 2023).

- Der Gedanke der Vielfalt zieht sich durch die gesamte Organisation. Diversity prägt die Unternehmenskultur und die Betriebsatmosphäre. Sie ist in allen Prozessen erkennbar. Das Diversity Management ist als wesentliches Merkmal von der untersten Hierarchieebene bis zur Leitung implementiert. Hierbei haben die Führungskräfte eine besondere Verantwortung.
- Das Personalmanagement überprüft regelmäßig, wo sich Diversity-ferne, stark homogen geprägte Strukturen gebildet haben, und findet Strategien, sie aufzulösen. Entsprechende Prozesse können sich schnell verselbstständigen, sei es aus Unachtsamkeit bei dem Personaleinsatz oder aus unbewussten Motiven (wie durch Unconscious bias).
- Ziel ist, die Kompetenzen der Mitarbeitenden mit den betrieblichen Leistungsanforderungen optimal zu kombinieren, wobei diverse wie auch andere besondere Talente zu berücksichtigen sind.
- Diversity wird im Unternehmen transparent behandelt. Mindestens einmal im Jahr sollte eine ausführliche Information erfolgen. Es gibt mehrere Möglichkeiten zur Berichterstattung. Neben Newsletter, Intranet und Website können Strategien und Erfolge im HR Reporting (Personalbericht) erläutert werden. Hierin sind die Kennzahlen aufgrund von Datenerhebungen offengelegt.
- Außerdem eignen sich die Geschäftsberichte dafür. Zudem legen Unternehmen CSR-Berichte vor. Diese geben Aufschluss über die Einhaltung des Lieferkettensorgfaltspflichtengesetzes. Es verpflichtet deutsche Unternehmen dazu, Sorgfaltspflichten walten zu lassen, die die Menschenrechte achten (CSR 2023).
- Das Unternehmen geht verschiedene Wege, um Transparenz über sein Engagement für Diversity zu schaffen. Estern zählen dazu z. B. Pressemitteilungen und Informationen auf der Website. Innerbetrieblich informiert man z. B. in Veranstaltungen über die Diversity-Entwicklung und deren große Bedeutung.

- Die Unternehmung schätzt auch das allgemeine gesellschaftliche Engagement für Diversity. Das unternehmerische Handeln orientiert sich im Marktgeschehen daran. Die Unternehmung beteiligt sich an entsprechenden Aktionen.
- Die Belegschaft ist bei der Etablierung und Umsetzung von Diversity einbezogen. Dazu verhilft unter anderem die Unterstützung beim Aufbau der Netzwerke von Mitarbeitenden. Betriebliche Interessenvertretungen sind ebenfalls etabliert.

Hilfreiche Fragen für die Leitung sind im Hinblick auf den internen Prozess:

1. Welche Personen garantieren bereits die Umsetzung von Diversity in der gesamten Organisationsstruktur?
2. Was wird benötigt, damit diverse Mitarbeitende ihr volles Talent und Potenzial entfalten können?
3. Welche Bedingungen sind schon erfüllt, und welche müssen noch geschaffen werden?
4. Welche Veränderungen sind nötig, um die Bedingungen zu schaffen?

In Bezug auf den externen Prozess sind folgende Fragen hilfreich:

1. Welche Zielgruppen sind bereits hilfreich und welche müssen noch erschlossen werden?
2. Sind dem Marketing alle Bedürfnisse und Erwartungen der Zielgruppen bekannt? Welche sind noch herauszufinden?
3. Fehlen in der Personalbesetzung noch Mitarbeitende, die diese Bedürfnisse und Erwartungen abdecken?
4. Ist ein Teil der Mitarbeitenden in der Lage, ihre Talente und Potenziale für die Entwicklung neuer Produkte und neuer Geschäftsbeziehungen einzusetzen?

Sorgfältige Bewertungen und Evaluierungen dienen nicht nur der Etablierung diverser Talente, sondern führen auch zu einem guten Überblick über die Gesamtsituation des Betriebs.

8.3.3 Recognition

Recognition und Wertschätzung von Mitarbeitenden sind entscheidende Motivationsträger dafür, den Arbeitsprozess erfolgreich zu gestalten. Das gilt sowohl für diverse wie für nicht-diverse Personen. Leider wird beides häufig vernachlässigt. Während man bei Recognition von Anerkennung der Leistung sprechen kann, bezieht sich Wertschätzung auf die Akzeptanz der gesamten Persönlichkeit.

In Bezug auf Diversity ist nicht nur diversen Mitarbeitenden Recognition zu gewähren, sondern auch allen, die die Etablierung und Durchführung tatkräftig unterstützen. So wäre es bei einem gemischten Team nicht sinnvoll, nur einige Mitglieder zu würdigen, statt dem gesamten Team ein Lob auszusprechen. Dennoch sind diverse Menschen oft sensibler für Recognition bzw. fehlende Anerkennung.

Zum Stellenwert von Anerkennung gibt es einige internationale Erhebungen aus den letzten Jahren (atlassian 2023). Danach ist die Fluktuation von Mitarbeitenden bei Anerkennung zollenden Unternehmen um 31 % geringer als bei anderen. 21 % der Arbeitnehmenden, die keine Anerkennung spüren, haben in einer Studie innerhalb von einem Vierteljahr ihr aktuelles Unternehmen verlassen, während von denen, die sich anerkannt fühlten, dass nur 12 % taten. 81 % der Mitarbeitenden gaben an, dass sie zu intensiverer Arbeit bereit sind, wenn sie Anerkennung erhalten. Eine Unternehmenskultur, die Recognition pflegt, kommt bei 46 % von Arbeitssuchenden weitaus besser an, und 32 % sehen sich die Bewertungen des Betriebs vor der Bewerbung auf diesen Punkt hin an.

Recognition kann sich in verschiedenen Formen äußern. Würdig eines Lobs sind nicht nur außergewöhnliche Ergebnisse, die möglicherweise auch eine längere Zeitspanne beanspruchten, sondern auch gut gelungene punktuelle Resultate. Sie fallen in der täglichen Routinearbeit immer wieder an, und sie sollten nicht untergehen. Hier haben leitende Mitarbeitende die Möglichkeit, öfter Recognition zu zeigen.

Mündliches persönliches Lob oder auch vor Mitarbeitenden ist die „kleinste Einheit" von Recognition. Eine schriftliche Notiz oder eine Anerkennungs-Mail kommen immer gut an. Sie kosten nicht viel Zeit, aber ihre Wirkung ist nicht zu unterschätzen. Diese Art von Anerkennung – auch „Kudo" genannt – sollte immer zeitnah erfolgen, authentisch sein und präzise den Grund des Lobs benennen. Der Hinweis „Gute Leistung" ist z. B. eine allgemeine Aussage, die Alternative „super Präsentation zum Thema xy" benennt dagegen klar den Zusammenhang (kuveno 2023). Ein Diversity-sensibles Unternehmen achtet darauf, diversen Mitarbeitenden immer wieder solche positiven Feedbacks zu geben.

Es ist immer möglich, Diversity besonders zu berücksichtigen, indem man ihrer Förderung Anerkennung widmet. Eine Möglichkeit sind Boni. Hat jemand Kontakte zu einem neuen Kunden- oder Lieferkreis mit Schwerpunkt Diversity knüpfen können? Dazu ist eine separater Vergütungsbetrag denkbar.

Es können auch „Mitarbeitende des Monats" benannt werden, die sich um das Thema Diversity verdient gemacht haben. Über die Verbindung mit einer Gratifikation kann man nachdenken.

Würdigungen kann man auch in Form von Einladungen zu einem Essen oder einem Kurs zeigen. Vielleicht hat eine Abteilung sich besonders um Diversity verdient gemacht – dann wäre das eine Möglichkeit.

Führungskräfte können Recognition als Teil der Unternehmenskultur fördern, indem sie die Mitarbeitenden immer wieder dazu ermuntern, ihre Leistungen gegenseitig anzuerkennen. So findet Lob nicht nur hierarchieabhängig, sondern innerhalb der betrieblichen Peergroups (Gruppen von Gleichgestellten) statt.

Diversen Menschen Anerkennung zu zollen, wirkt einem oft tiefverwurzelten Vorurteil entgegen, das sie in der Gesellschaft oft erfahren, nämlich dass sie ein problembehaftetes Attribut mitbrächten und es selbst zu bewältigen hätten. Die Leistung, die diverse Talente erbringen, erbringen sie jedoch nicht, obwohl sie divers sind. Sie erbringen sie, weil sie so sind, wie sie sind, und zwar mit allen Attributen. Die Inklusion, die zu leisten ist, liegt in den Händen und der Verantwortung der Gesellschaft, wovon Unternehmen einen großen Teil ausmachen.

Literatur

Agentur-jungesherz 2021, MASSNAHMEN FÜR DIVERSITY, abgerufen 28.05.2024, https://www.agentur-jungesherz.de/blog/massnahmen-fuer-diversity-wie-unternehmen-diversity-foerdern-koennen/

akademie 2022, LUNCH & LEARN DOKUMENTATION, abgerufen 28.05.2024, https://akademie.hshl.de/wp-content/uploads/2022/09/Lunch-Learn.pdf

atlassian 2023, Teammanagement und Leitung, abgerufen 28.05.2024, https://www.atlassian.com/de/work-management/team-management-and-leadership/team-management-strategies/employee-recognition

bmev.de 2023, Elder Mediation, abgerufen 28.05.2024, https://www.bmev.de/mediation/einsatzbereiche/elder-mediation.html, Elder Mediation

Charta der Vielfalt 2023, Zukunftsfaktor Vielfalt, abgerufen am 28.05.2024, https://www.charta-der-vielfalt.de/fileadmin/user_upload/Studien_Publikationen_Charta/Charta_der_Vielfalt_-_KMU-Brosch%C3%BCre_2020.pdf

Charta der Vielfalt 2023, Von der Vision zum Alltag, abgerufen 28.05.2024, https://www.charta-der-vielfalt.de/fileadmin/user_upload/Studien_Publikationen_Charta/Charta_der_Vielfalt_-_KMU-Brosch%C3%BCre_2020.pdf

CSR 2023, Gesetz über die unternehmerischen Sorgfaltspflichten in Lieferketten, abgerufen 28.05.2024, https://www.csr-in-deutschland.de/DE/Wirtschaft-Menschenrechte/Gesetz-ueber-die-unternehmerischen-Sorgfaltspflichten-in-Lieferketten/gesetz-ueber-die-unternehmerischen-sorgfaltspflichten-in-lieferketten.html

gotscharek-company 2023, Selbstgesteuertes-coaching-durch-kollegiale-beratung, abgerufen 28.05.2024, https://www.gotscharek-company.com/blog-1/120-selbstgesteuertes-coaching-durch-kollegiale-beratung

HAZ 2023, Hannoversche Allgemeine Zeitung vom 23. November 2023

Kofa 2023, DiversityManagement.pdf, abgerufen 28.05.2024, https://www.kofa.de/personalarbeit/unternehmenskultur/diversity-management/

kuveno 2023, Übersetzung Kudos auf Deutsch: Wissen und Begriffsbedeutung, abgerufen 28.05.2024, https://kunveno.de/blog/%C3%BCbersetzung-kudos-auf-deutsch

Synergie-durch-vielfalt 2023, D&I zum Nachlesen, abgerufen 28.05.2024, https://synergie-durch-vielfalt.de/diversity-themen/religion

Wirtschaftslexikon 2023, Definition: Was ist „Mediation"? Abgerufen 28.05.2024, 2023, https://wirtschaftslexikon.gabler.de/definition/mediation-39811

Zusammenfassung und Fazit

9.1 Bedeutung der Entwicklung von diversen Teams

Das Einbeziehung von Diversity ist nicht nur ein Prozess, der demokratische Entscheidungen stärkt und Individuen gleichberechtigt behandelt. Diversity ist eine wirtschaftliche Notwendigkeit, die Unternehmen die Behauptung auf den nationalen und internationalen Märkten möglich macht. Zudem bringt Diversity Wettbewerbsvorteile mit sich. Erfolgversprechende betriebliche Strukturen erfordern das Arbeiten in Teams. Die Zusammenarbeit in diversen Teams bringt folgende Vorteile:

1. **Das Unternehmen spart Kosten.** Eine gute Inklusion sorgt für erhöhte Motivation der Mitarbeitenden, weil ein wertschätzendes Betriebsklima herrscht. Zudem werden Kosten aufgrund von Klagen gegen Diskriminierung und rechtswidrige Benachteiligung vermieden.
2. **Höhere Flexibilität.** Diversität in Teams führt zu flexibleren Reaktionen als in eher schwerfälligen homogenen Gruppen. Flexibilität wird in einer Zeit vielfältiger Strukturwandlungen immer wichtiger.
3. **Bessere Problemlösung.** In diversen Teams steigt die Kreativität und damit die Wahrscheinlichkeit, Probleme effektiv zu lösen. Die Innovationskraft ist größer.
4. **Leichtere Einstellungen.** Diverse Teams bieten ein weitaus größeres Potenzial, auf das das Personalmanagement zurückgreifen kann. Sie können kurzfristig gebildet werden und sich mit anderen Mitgliedern schnell wieder neu zusammensetzen.
5. **Kundenorientierung.** Eine vielfältige Mitarbeiterschaft kann eine vielfältige Kundschaft besser bedienen. Die verbesserte Kundenorientierung erschließt neue Märkte. In internationalen Geschäftsbeziehungen werden interkulturelle Kenntnisse und Kompetenzen immer bedeutender. Diverse Menschen vermeiden entsprechende Missverständnisse

C. A. De Brabandt, B. Schemmel, *Chefsache Hyper-diverse Teams*, Chefsache, https://doi.org/10.1007/978-3-658-45343-5_9

auf sachlicher wie auf zwischenmenschlicher Ebene. Sie sind als Teammitglieder deshalb unverzichtbar.

6. **Unternehmensimage.** Das Image des Unternehmens steigt, weil die Kundschaft immer stärker dazu übergeht, ethische und soziale Kriterien bei einer Kaufentscheidung einzubeziehen.

Ein Unternehmen ist also gut bedient, wenn es in seinem Talent Pool viele diverse Mitglieder verzeichnen kann.

9.2   Die wichtigsten Erkenntnisse

Für die wachsende Bedeutung von Diversity spielen veränderte Rahmenbedingungen in ökonomischen und politischen Zusammenhängen eine große Rolle. Darunter fallen:

- die Globalisierung
- Absatzmärkte und Arbeitsplätze, die internationaler werden
- der demografische Wandel
- ein verändertes Rollenverständnis der Geschlechter
- gestärktes Selbstbewusstsein bei Menschen mit Behinderung
- gestärktes Selbstbewusstsein bei Menschen, die sich zur LGBTQ+-Gruppe zählen
- wachsende ethnische Vielfalt durch Migration
- veränderte Wertvorstellungen und höhere Bedeutung des Individuums
- Gesetzesvorgaben
- eine von immer mehr Vielfalt geprägte Kundschaft
- Kooperationen von Unternehmen über nationale Grenzen hinaus

Diversity und Inklusion sind Faktoren, die in innovativen Unternehmungen nicht mehr vernachlässigt werden dürfen, wenn gravierende Nachteile in einem globalisierten Marktgeschehen vermieden werden sollen. Dazu bedarf es einer Unternehmensorganisation, die neben einer differenzierten Kundenorientierung das Wohl der Mitarbeitenden berücksichtigt. Die entsprechende Kultur beinhaltet eine selbstverständliche Wertschätzung von diversen Menschen.

In einem gut funktionierendes Diversity Management ist die Personalentwicklung auf Vielfalt eingestellt. Passende Instrumente und Vorgehensweisen werden eingesetzt, um diverse Talente zu finden und in der Unternehmung zu halten. Zugleich werden intern vorhandene bewusste oder unbewusste Vorurteile erfolgreich abgebaut. Das Betriebsklima zeichnet sich durch gegenseitige Wertschätzung und eine demokratische Grundhaltung aus. Verschiedene Maßnahmen werden eingesetzt, um die Mitarbeitenden in der Entwicklung ihrer fachlichen, sozialen und persönlichen Kompetenzen zu unterstützen.

Um das gegenseitige Verständnis zu fördern, werden organisatorische Strukturen wie die Bildung von Cross-Teams praktiziert. Die Arbeitsplätze sind so eingerichtet, dass nicht-diverse und diverse Menschen sich wohlfühlen können. Die Hierarchieebenen

werden möglichst flach gehalten, um Kreativität, Inklusion, Zusammenarbeit und Team-
bildung zu unterstützen. Vielfalt wird kontinuierlich gefördert und die Realisierung von
Diversity im Unternehmen wird evaluiert und weiterentwickelt. Die Öffentlichkeitsarbeit
bezieht diverse Menschen konsequent und kontinuierlich in alle Darstellungen ein. Die
Stakeholder sind über die Realisierung von Diversity mindestens informiert, im besten
Fall unterstützen sie selbst Diversität im Arbeitsleben.

Für ein Diversity Management ist Vielfalt in der Mitarbeiterschaft das A und O. Im
Unternehmen herrscht eine Umgangskultur, die auf gegenseitigem Respekt beruht. Auf
allen Ebenen wird eine konstruktive und offene Kommunikation gepflegt. Die Führungskräfte machen ihre Entscheidungen transparent. Sie nehmen ihre Vorbildfunktion wahr.

Diversity Management beruht darauf, unterschiedliche Einstellungen, Erfahrungen,
Kenntnisse und Kompetenzen zusammenzuführen und den dadurch erzeugten Synergieeffekt zu nutzen. Dabei gilt es, in der gesamten Belegschaft Gerechtigkeit walten zu lassen.
Deshalb sollten alle Mitarbeitenden mit ihrem Arbeitseinsatz zufrieden sein und sich als
wertvolles Mitglied in einer unternehmerischen Gemeinschaft fühlen, in der gemeinsame
Ziele gelten. Keine Person sollte an einem einmal vergebenen Arbeitsplatz verharren müssen, wenn sie sich weiterentwickelt hat. Für das Lösen von Konfliktsituationen stehen professionelle Möglichkeiten zur Verfügung. Die Leitung scheut sich nicht, externe Hilfe-
stellungen einzubeziehen. Das gilt z. B. für Fortbildungen und weitere Maßnahmen, die
das Unternehmen nicht aus eigener Kraft leisen kann.

Diversity beinhaltet mehrere Dimensionen. Obwohl Frauen etwa die Hälfte der Bevölkerung ausmachen, sind sie in vielen Fällen in das Diversity Management einzubeziehen,
weil sie unterrepräsentiert sind. Insbesondere bei Führungskräften ist das Geschlechterverhältnis nicht in der Waage. In vielen Ländern bietet sich das gleiche Bild im Hinblick
auf Menschen mit nicht-weißer Hautfarbe, z. B. noch stark in den USA. In Bezug auf das
Alter ist immer noch festzustellen, dass ältere Menschen weniger Chancen auf dem
Arbeitsmarkt haben. Zudem fallen unter den Aspekt Diversity die Faktoren sexuelle Orientierung und Religion. Außerdem erfahren Menschen mit Behinderung immer noch Aus-
grenzung. Neben diesen klassischen Merkmalen, die zur Wahrnehmung und oft negativen
Beurteilung von Diversität führen, gibt es auch sekundäre Dispositionen. So spielen
z. B. auch die soziale Herkunft und der Bildungsverlauf eine Rolle, sodass solche Komponenten ebenfalls einzubeziehen ist. Diversity Management ist deshalb immer auch ein
Beitrag, die Gesellschaft gerechter und humaner zu gestalten.

Diversity Management führt auch zu einer angemessenen Behandlung der gesamten
Belegschaft. Kommunikationskanäle für die Mitarbeitenden sorgen für ein gutes soziale
Miteinander. Vielfältige Angebote – wie z. B. Sportmöglichkeiten und verschiedene
Menüs in der Kantine – gehen auf die Bedürfnisse der Mitarbeitenden ein.

Diversity in Unternehmen führt zu positiven betrieblichen Ergebnissen. Diverse Teams
treffen fundiertere und kompetentere Entscheidungen als homogene Arbeitskreise, weil
viele unterschiedliche Aspekte in ein Projekt einfließen. Das hat gravierende Auswirkungen auf die Entwicklung und Weiterentwicklung von Produkten und Dienstleistungen. Unternehmen können daher effektiver in das Marktgeschehen eingreifen und
bessere Bilanzen erzielen, und sie erweisen sich als resilienter.

Diversity und Nachhaltigkeit gehen Hand in Hand. Nachhaltige Unternehmen sind immer stärker gefragt, denn die Kundschaft legt immer größeren Wert auf ökologisch und ökonomisch verantwortbare Produkte. In der Wissensgesellschaft wird schnell offensichtlich, wenn ein Artikel unter prekären Arbeitsbedingungen hergestellt wurde. Die Zielsetzung, nachhaltige Produkte zu produzieren, erfordert interdisziplinäre Zusammenarbeit und die Beteiligung diverser Menschen.

Unternehmen bedürfen einer Unternehmensethik, in der Diversität, Inklusion, Gerechtigkeitsdenken und Nachhaltigkeit einen präferierten Platz einnehmen. Diese Einstellung wird im Unternehmensleitbild verbalisiert. Eine Wertschöpfungskette, die Inklusion beinhaltet, hat positive Auswirkungen auf die Schonung von Ressourcen und letztlich auf den Unternehmenserfolg. Innerbetrieblich tragen dazu soziale Teilhabe und hohe Mitwirkungsmöglichkeiten bei. Eine Vertretung für diverse Menschen sollte gewährleistet sein, ebenso wie eine genderneutrale Grundeinstellung. Außerbetrieblich sollte eine innovative Unternehmung sich an sozialen Aktionen beteiligen.

Bislang zeigten sich eher risikofreudige Unternehmungen offen für Inklusion. Doch mittelständische Betriebe werden schon allein aufgrund des Fachkräftemangels nicht bestehen können, wenn sie die Anforderungen einer sich entwickelnden gesellschaftlichen und wirtschaftlichen Umgestaltung ignorieren. Auch wenn sie weniger Möglichkeiten haben als Großunternehmen, können sie doch viele Punkte der hier dargestellten Möglichkeiten realisieren. Denn der technologische und demografische Wandel wird nicht an ihnen vorübergehen.

Wenn die Personalentwicklung Diversity Management etabliert, dann schafft sie ein Gesamtkonzept. Ziel ist ein diskriminierungsfreies, wertschätzendes Arbeitsumfeld, in dem sich personale Vielfalt auf allen Ebenen der Unternehmung zeigt. Ein solches Konzept basiert auf der Wahrnehmung, Respektierung und Nutzung von Unterschieden und Gemeinsamkeiten der Menschen in der Belegschaft. Seine Prinzipien werden in der gesamten Struktur der Unternehmung sichtbar und erlebbar und finden sich in den Leitlinien wieder. Ein inklusionsbetontes Konzept erfüllt mindestens folgende Kriterien:

- Entwicklungsmöglichkeiten für Pluralismus
- Wertschätzung, Unterstützung und Einbeziehung von Diversitäten als grundlegende Arbeitsbasis
- Hoher Grad an integrativer Zusammenarbeit, z. B. in Netzwerken
- Kein Auftreten bzw. das konsequente Bekämpfen von interner Diskriminierung, sei sie direkt oder indirekt
- Konstruktive Kommunikation in Teams wie auch hierarchieübergreifend

Grundlegende Wege des Diversity Managements sind:

1. **Der Ansatz in der Leitungsebene.** Die Führungsebene muss Diversity Management wollen und für die Implementierung sorgen. Man kann nicht davon ausgehen, dass alle Unternehmen von heute auf morgen und in kurzer Zeit alles umsetzen können, was hier

vorgestellt wurde. Besonders in vielen mittelständischen Betrieben werden wahrscheinlich weiterhin nur auf der Leitungsebene zentrale Ziele und Werte festgelegt werden. Diversity Management ist daher als Sache von Chefinnen und Chefs zu betrachten. Sie sollten sich mit den Vorteilen der Beschäftigung von diversen Menschen auseinandersetzen und deren Einstellung und Förderung aktiv und transparent kommunizieren.

2. **Der Ansatz in der Belegschaft.** Diversity Management kann nur erfolgreich praktiziert werden, wenn alle Beschäftigten einbezogen und davon überzeugt werden. Dafür bedarf es gut funktionierender Kommunikationskanäle. Arbeitsgruppen und Netzwerke sind wichtig Inklusionsinstrumente.

3. **Der ganzheitliche Ansatz.** Diversity ist eine gesamtbetriebliche Thematik und ein struktureller Faktor. Wenn man dieses Prinzip einführt, muss es sich in allen Prozessen wiederfinden. Diversität muss zum selbstverständlichen und unverzichtbaren Bestandteil des gesamten Unternehmens werden, von der Unternehmenskultur bis zum operativen Bereich. Dabei helfen unterstützende Maßnahmen wie Schulungen und Mentoring. Auch externe Hilfen wie Coaching sind sinnvoll.

Ein Diversity Management lässt sich am leichtesten etablieren in Unternehmungen (wie auch in Organisationen), die

- Wachstum generieren,
- Forschung betreiben,
- ethische Grundsätze wichtig nehmen,
- Flexibilität zeigen und
- dezentrale Entscheidungen treffen.

Das Einbeziehen von Diversity kann nur in Schritten geschehen, doch es muss ein Gesamtkonzept sowie den Mut zu neuen Methoden und neuen Organisationsformen bis hin zu neuen Geschäftsmodellen mit neuen Denkweisen geben. Diversity Management bedarf einer langfristigen Einführung und Etablierung. Es beinhaltet den Weg von der bloßen Vermeidung von Benachteiligungen und Diskriminierungen bis zu einer wertschätzenden Kultur, die Vielfalt selbstverständlich einbezieht.

Dieses Buch stellt in der Gesamtheit seiner Diversity-Darstellung eine Zukunftsvision dar. Doch eine vielversprechende Zukunft sollte in der Gegenwart beginnen.

Gesetzliche Grundlagen 10

Der Rat der Europäischen Union beschäftigte sich Anfang des einundzwanzigsten Jahrhunderts mit der Frage von Gleichstellung. Er gab zwischen 2002 und 2006 folgende Richtlinien heraus, die sich an die EU-Mitgliedsstaaten wenden:

1. **Antirassismus-Richtlinie.** Sie schafft einen Rahmen, um rassistisch motivierte Diskriminierungen zu bekämpfen, ebenso wie Diskriminierungen, die sich auf die ethnische Herkunft beziehen.
2. **Richtlinie Beschäftigung.** Sie schafft einen Rahmen, um Diskriminierungen zu bekämpfen, die in einer Beschäftigung oder im beruflichen Zusammenhang auftreten. Diese Diskriminierungen können sich auf die Religion, die Weltanschauung, eine Behinderung, das Alter oder die sexuelle Ausrichtung einer Person beziehen.
3. **Die Gender-Richtlinie.** Sie schafft einen Rahmen dafür, dass der Grundsatz der Gleichbehandlung von Männern und Frauen gewährleistet wird. Das betrifft den Zugang zu Beschäftigungsverhältnissen und zur Berufsausbildung sowie die Arbeitsbedingungen und den Aufstieg innerhalb der Berufsausübung.

   Sie schafft zudem einen Rahmen für die Bekämpfung geschlechtsspezifischer Diskriminierung, wenn es um die Versorgung mit Gütern und Dienstleistungen geht. Das betrifft die Gleichstellung der Geschlechter außerhalb der Arbeitswelt.
4. **Die Richtlinie für fürsorgende Erwachsene.** Sie legt individuelle Rechte fest. Dabei geht es um
   - die Freistellung von der Arbeit für Väter (und gleichgestellte zweite Elternteile) anlässlich der Geburt eines Kindes (für den Zweck der Betreuung und Pflege),
   - die Freistellung von der Arbeit für Eltern anlässlich der Geburt oder Adoption eines Kindes (für den Zweck der Betreuung des Kindes),

C. A. De Brabandt, B. Schemmel, *Chefsache Hyper-diverse Teams*, Chefsache, https://doi.org/10.1007/978-3-658-45343-5_10

- die Freistellung von Arbeitnehmerinnen und Arbeitnehmern für die Pflege oder Unterstützung einer angehörigen Person oder
- flexible Arbeitszeiten für Arbeitsnehmende, die Eltern oder pflegende Angehörige sind.

Für die Bundesrepublik Deutschland gab es nach Herausgabe der Richtlinien mehrere Vertragsverletzungsverfahren. 2006 trat dann in Deutschland das Allgemeine Gleichbehandlungsgesetz (AGG) in Kraft. Es regelte erstmals umfassend den Schutz vor Diskriminierung aus rassistischen Gründen sowie wegen der ethnischen Herkunft, der Religion oder Weltanschauung, einer Behinderung, des Alters oder der sexuellen Orientierung, und zwar durch private Akteure. Das können Arbeitgebende, Vermietende oder Anbietende von Waren und Dienstleistungen sein, aber auch weitere Menschen.

In dem Gesetz ist festgelegt, dass Bewerbungsprozesse diskriminierungsfrei gestaltet werden. In bestehenden Arbeitsverhältnissen gibt es das Recht auf Schutz vor Benachteiligungen. Es muss eine in der Unternehmung allgemein bekannte Beschwerdestelle für solche Fälle geben. Gegen diskriminierende Mitarbeitende ist von Seiten der Leitung vorzugehen (Abmahnung, Versetzung oder Kündigung).

Der Diskriminierungsschutz durch das AGG gilt auch bei Geschäften des täglichen Lebens (z. B. Einkaufen, Besuche von Restaurants, Banken oder Niederlassungen von Versicherungen).

Literatur

Allgemeines Gleichbehandlungsgesetz (AGG), abgerufen 13.04.2024, https://www.antidiskriminierungsstelle.de/DE/ueber-diskriminierung/recht-und-gesetz/allgemeines-gleichbehandlungsgesetz/allgemeines-gleichbehandlungsgesetz-node.html
Richtlinien der Europäischen Union, abgerufen 13.04.2024, https://www.antidiskriminierungsstelle.de/

Über den Initiator der Chefsache-Reihe

Peter Buchenau gilt als der Indianer in der deutschen Redner-, Berater- und Coaching-Szene. Selbst ehemaliger Top-Manager in französischen, Schweizer und US-amerikanischen Konzernen, kennt er die Erfolgsfaktoren bei Führungsthemen bestens. Er versteht es wie kaum ein anderer auf sein Gegenüber einzugehen, zu analysieren, zu verstehen und zu fühlen. Er liest Fährten, entdeckt Wege und Zugänge und bringt Zuhörer und Klienten auf den richtigen Weg.

Peter Buchenau ist Ihr Gefährte, er begleitet Sie bei der Umsetzung Ihres Weges, damit Sie Spuren hinterlassen – Spuren, an die man sich noch lange erinnern wird. Der mehrfach ausgezeichnete Chefsache-Ratgeber und Geradeausdenker (denn der effizienteste Weg zwischen zwei Punkten ist immer noch eine Gerade) ist ein Mann von der Praxis für die Praxis, gibt Tipps vom Profi für Profis. Heute ist er auf der einen Seite Vollblutunternehmer und Geschäftsführer, auf der anderen Seite Sparringspartner, Mentor, Autor, Kabarettist und Dozent an Hochschulen. In seinen Büchern, Coachings und Vorträgen verblüfft er die Teilnehmer mit seinen einfachen und schnell nachvollziehbaren Praxisbeispielen. Er versteht es vorbildhaft und effizient ernste und kritische Sachverhalte so unterhaltsam und kabarettistisch zu präsentieren, dass die emotionalen Highlights und Pointen zum Erlebnis werden.

Die von ihm initiierte Chefsache-Serie beschreibt wichtige Führungsthemen der sogenannten Ebene 2. Dies sind hauptsächlich die weichen zusätzlichen Erfolgsfaktoren abseits von Umsatz, Finanzen und rechtlichen Gegebenheiten. Als Zielgruppe sind hier Kleinunternehmer, Vorgesetzte und Inhaber in mittelständischen Unternehmungen sowie Führungskräfte in Konzernen angesprochen.

Mehr zu Peter Buchenau unter: www.peterbuchenau.de

GPSR Compliance

The European Union's (EU) General Product Safety Regulation (GPSR) is a set of rules that requires consumer products to be safe and our obligations to ensure this.

If you have any concerns about our products, you can contact us on ProductSafety@springernature.com

In case Publisher is established outside the EU, the EU authorized representative is:

Springer Nature Customer Service Center GmbH
Europaplatz 3
69115 Heidelberg, Germany